WISSENSCHAFT UND STADT

Publikationen der Freien Universität Berlin
aus Anlaß der 750-Jahr-Feier Berlins

Herausgegeben vom

Präsidenten der Freien Universität Berlin
Prof. Dr. DIETER HECKELMANN

in Verbindung mit dem

Universitätsbeauftragten für die 750-Jahr-Feier
Prof. Dr. OTTO BÜSCH

Band 10

Colloquium Verlag

Berlin 1990

POESIE DER METROPOLE

Die Berlin-Lyrik von der Gründerzeit bis zur Gegenwart im Spiegel ihrer Anthologien

Mit einer Auswahlbibliographie Berliner Lyrik

von

HANS-MICHAEL SPEIER

Mit einem Geleitwort von
PETER BROCKMEIER

Colloquium Verlag

Berlin 1990

CIP-Titelaufnahme der Deutschen Bibliothek

Speier, Hans-Michael:
Poesie der Metropole / von Hans-Michael Speier. Geleitw. von
Peter Brockmeier. – Berlin: Colloquium-Verl., 1990
(Wissenschaft und Stadt; Bd. 10)
Enth.: Die Berlin-Lyrik von der Gründerzeit bis zur Gegen-
wart im Spiegel ihrer Anthologien. Auswahlbibliographie
Berliner Lyrik
ISBN 3-7678-0747-5
NE: HST; GT

© 1990 Colloquium Verlag GmbH, Berlin
Satz: Schulz & Ridzewski GmbH, Berlin
Druck: Color-Druck, Berlin
Einband: Schöneberger Buchbinderei, Berlin
Printed in Germany

Geleitwort

Berlin hat in rascher Entwicklung den Status einer Metropole errungen und ihn nach wenigen Jahrzehnten mit dem Status des Museums einer Metropole vertauschen müssen. Gottfried Benn, einer der bedeutenden Autoren, die in Berlin gelebt, die Stadt erfahren und ihre Eindrücke ebenso meisterhaft wie unverhohlen festgehalten haben, ließ seine Phantasie 1948 in die Zukunft schweifen:

»Wenn die Brücken, wenn die Bogen
von der Steppe aufgesogen ...«

Aber auch in dieser Vision wird die Vergangenheit, darunter vielleicht Benns eigene Evokation der »Morgue«, nicht vergessen:

»Eines kann man nicht vertreiben:
dieser Steine Male bleiben...«

Die Vermutung, daß sich die Erinnerung subjektiver Erfahrungen besonders im Gedicht erkennen, wenn nicht nachvollziehen lasse, hat unser Forschungsvorhaben »Berlin im Gedicht« in Gang gebracht. Daß wir – Hans-Michael Speier und der Verfasser dieser Zeilen – es mit einer fast unüberschaubaren Fülle rasch sich wandelnder Gesichte zu tun bekommen, haben wir nach wenigen Wochen bemerken können. Schon 1931 haben die Herausgeber einer »Anthologie neuer Großstadtdichtung« die Beschleunigung der Erfahrungen und ihrer poetischen Ausdrucksweisen notiert: »Bei den rasch gewandelten Anschauungen in unserer Zeit sind dem Menschen augenblicklicher Prägung an der Stadt andere Eindrücke, andere Gedankenfolgen wichtig als vor zwanzig, selbst vor zehn Jahren, seine Betrachtung erfolgt aus veränderter Perspektive.«[*]
Hans-Michael Speier hat in diesem Band die repräsentativen Veränderungen der Anthologien und der Perspektive ihrer Herausgeber sowie die sich wandelnden Anschauungen einzelner Autoren beleuchtet und gleichzeitig auf einige kommunikative Funktionen der Anthologien aufmerksam gemacht. Da literaturgeschichtliche Darstellungen häufig unter Gedan-

[*] R. Seitz/H. Zucker (Hrsg.), *Um uns die Stadt*, Berlin 1931, S. 7.

kenblässe, also unter materieller oder interpretatorischer Beschränktheit
leiden, kann das Archiv von mehr als 2000 Berlin-Gedichten, das im Rah-
men des Forschungsvorhabens angelegt worden ist, einen kaum zu unter-
schätzenden Informationswert gewinnen. Eine Auswahl von etwa 1300
Titeln wird in diesem Band der allgemeinen Nutzung zugänglich ge-
macht; ein erheblicher Anteil dieser Titel ist bisher noch nicht in Antholo-
gien veröffentlicht worden. Erfreulich erschien es uns auch, daß dem recht
spezialistischen Forschungsvorhaben noch im Jahr des Berlin-Jubiläums
Beachtung auch außerhalb der Freien Universität zuteil wurde: 1987
konnte Hans-Michael Speier 200 Beispiele aus unserem Archiv in einem
Bändchen der Reclam Universal Bibliothek unter dem Titel *Berlin! Berlin!*
Eine Großstadt im Gedicht veröffentlichen. Der Herausgeber dieser anre-
genden und originellen Anthologie und der Verfasser der vorliegenden,
solide dokumentierten und präzise argumentierenden Untersuchung ist
nicht nur ein sensibler Kenner der vielschichtigen Traditionen der moder-
nen Lyrik; neben dem literaturwissenschaftlichen Diskurs hat er auch die
Gestaltung des Themas »Berlin im Gedicht« bereichert und erneuert.
Erfolg und Ausstrahlung des Forschungsvorhabens beruhen auf seiner
Arbeit und seinem Engagement.
Ohne Ratschläge, ohne Hilfe und vor allem ohne kräftige finanzielle
Unterstützung wären Konzeption und Durchführung des Forschungspro-
jektes nicht möglich gewesen. Herrn Staatssekretär Dr. Hermann Josef
Schuster ist für nützlichen Rat, Frau Andrea Roeckner für die Aufarbei-
tung der EDV-Materialien und Frau Martina Landmann für tatkräftige
Dienste beim Sammeln des Materials herzlich zu danken. Die Zusam-
menarbeit mit verschiedenen Institutionen ist dankbar hervorzuheben.
Die Freie Universität Berlin selbst hat das Projekt über den Zeitraum von
zwei Jahren, 1985 bis 1987, in großzügiger Weise gefördert; sie hat diesen
Band in ihre Reihe »Wissenschaft und Stadt« aufgenommen. Mit dieser
Untersuchung möchten wir einen weiteren, einigermaßen angemessenen,
wenn auch nur ausschnitthaften Eindruck der literaturgeschichtlichen
Forschung vermitteln, die kraft dieser Förderung ermöglicht worden ist
und die über einen gewissen Autismus der Literaturwissenschaft hinaus-
weisen kann. Für freundlich gewährte Sachmittel, die die Arbeit wesent-
lich erleichtert haben, sei dem Stifterverband der Wissenschaft und der
Grundkreditbank Berlin bestens gedankt.

Berlin, im Mai 1989   *Prof. Dr. Peter Brockmeier*

Inhalt

ZWEITER TEIL
Eine Auswahlbibliographie Berliner Lyrik
von der Gründerzeit bis zur Gegenwart

ERSTER TEIL

Die Berlin-Lyrik
von der Gründerzeit bis zur Gegenwart
im Spiegel ihrer Anthologien

Einleitung

Thema – Forschungsstand – Methode

Im Bewußtsein der literarischen Öffentlichkeit haben Städteanthologien heute einen festen Platz, – kaum eine Metropole, die auf diese Form der Selbstdarstellung verzichten mag.[1] Für den Leser, der sich mit der Literatur und Literaturgeschichte eines Stadtraums bekanntmachen will, bieten diese Anthologien häufig einen ersten Orientierungsrahmen. Auch den literaturwissenschaftlichen Zugang zur jeweils besonderen Auffassung von Berlin im Gedicht vermag eine Betrachtung der Berliner Lyrikanthologien zu erleichtern, macht sie doch erste Umrisse der Stadtpoesie sichtbar: Da die Anthologien im Schnittpunkt von Herausgeberintention, Verlagsinteresse und der Erwartungshaltung einer (überwiegend) städtischen Öffentlichkeit geplant und produziert werden, geben sie übersichtlicher und »objektiver« als das einzelne, verstreut in einer Monographie oder Zeitschrift publizierte Berlin-Gedicht Auskunft über historische, politische, soziale und kulturelle Veränderungen, – diese »rufen gemeinhin auch neue Anthologien hervor«.[2]

Die allgemeine Beobachtung, daß eine Anthologie jeden in sie aufgenommenen Text in einem bestimmten Sinn funktionalisiere,[3] gilt auch und in besonderem Maße für die gattungspoetisch und motivgeschichtlich eingegrenzte Berliner Gedichtsammlung. Die Herausgeberintention legt nämlich die Rolle und das Bild der Stadt in einem bestimmten literarischen, historischen, politischen und sozialen Kontext fest, so daß im Extremfall das gleiche, in mehreren Anthologien gedruckte Gedicht einen jeweils anderen Interpretationshorizont erhalten kann.[4] Im Panorama der Gedichtsammlungen erscheinen auf diese Weise sehr verschiedene Städte mit dem Namen »Berlin«: Heraufkunft und Verschwinden von Motiven, Bildern und Metaphern bringen immer wieder neue »villes imaginaires«[5] hervor. Bereits daran ließe sich ablesen, daß das Verhältnis der »geschichtlich veränderliche(n) Dichtung« zum »geschichtlich veränderlichen Phänomen Stadt«[6] keineswegs monokausal, im Sinne einer mimetisch-artistischen Abbildung[7] zu begreifen ist, sondern vielschichtig auf das jeweilige historische Selbstverständnis und die Erwartungshaltung der städtischen Öffentlichkeit bezogen bleibt, was gerade jene Anthologien verdeutlichen, die poetische Portraits der Stadtlandschaft in kritischer Absicht, als Gegenbild zu verbindlich gewordenen Auffassungen oder als ästhetische Gestaltung problematischer, verdrängter oder erst gedachter Stadtwirklichkeiten entwerfen.

Die ersten Berliner Lyrik-Anthologien erschienen Mitte der 20er Jahre dieses Jahrhunderts. Dies ist insofern erstaunlich, als Großstadtthema und -problem der Literatur des längerem geläufig waren; in Frankreich z. B. entstand in der Mitte des 19. Jahrhunderts eine Pariser Stadtpoesie von weltliterarischem Rang,[8] die bereits auf eine reiche Vorgeschichte zurückblicken konnte. Die Verspätung der anthologischen Präsentation der Berliner Lyrik dürfte indessen mehrere Ursachen haben. Zum einen bildete sich, z. T. bedingt durch eine verzögerte industrielle Entwicklung,[9] in Deutschland eine Großstadtpoesie erst gegen Ende des 19. Jahrhunderts heraus. (Christoph Perels wies nach, daß die deutsche Großstadtliteratur um 1890 einsetzt in einem »Prozeß, der, vom Ersten Weltkrieg unterbrochen, sich bis zum Beginn der dreißiger Jahre erstreckt«;[10] Robert Minder vermutet sogar, daß die Position, die Alfred de Vignys Gedicht ‚Elévation‘ 1831 hinsichtlich der Genese der französischen Stadtpoesie einnimmt, für die deutsche Literatur erst mit den Stadtgedichten Georg Heyms eingeholt wird.[11]) Dies hatte zur Folge, daß die deutsche Großstadtpoesie auch erst spät die Anthologien erreichte, nämlich mit der 1903 erscheinenden Sammlung *Großstadtlyrik* von Heinz Möller und der Anthologie *Im steinernen Meer* von Oskar Hübner und Johannes Moegelin aus dem Jahr 1910.[12] In beiden Publikationen tritt Berlin als »die« Großstadt hervor, bei Moeller als einzige namentlich genannte Metropole, bei Hübner/Moegelin darüber hinaus in Form einer eigenen Abteilung mit Berlin-Gedichten.[13] Dennoch dürfte Freisfelds Beobachtung der »mangelnden Bereitschaft, das junge Berlin als Metropole zu akzeptieren und wie Paris oder London zu poetisieren«,[14] grundsätzlich zutreffen; gemessen an der Vehemenz, mit der etwa Paris von seinen Poeten verklärt oder verdammt wurde, setzte die dichterische Verarbeitung Berlins nach der Erhebung zur Reichshauptstadt 1871 eher zögernd ein.

Ein weiterer Grund für die verspätete Anthologienproduktion dürfte in der Entwicklung der Stadt selbst zu suchen sein, nämlich ihrem späten, heftigen Aufstieg von der Residenz zur Weltmetropole, der kaum Zeit zu literarischer Mythenbildung ließ, wie sie in der französischen Metropole[15] stattgefunden hat. In nur 50 Jahren entwickelte sich Berlin von einem »fast idyllisch in einem weitgehend von landwirtschaftlich genutzten Flächen

und Wäldern umsäumten Raum« (um 1870)[16] zur nach London zweit-
größten Stadt Europas und bedeutsamen Industriemetropole (um 1920).
Die Bevölkerung wuchs von der Reichsgründung, als auf dem Gebiet des
späteren Groß-Berlin etwa 932 000 Menschen lebten, auf 3,8 Mio. um das
Jahr 1919.[17] Dabei verläuft die Entwicklung von Verfassung und Verwal-
tung Berlins keineswegs ebenso zügig und ist durch eigentümliche Verzö-
gerungen und Umwege gekennzeichnet: Nachdem 1912 im »Zweckver-
band Groß-Berlin« die Stadt mit den sie umgebenden und an Wachstum
z. T. übertreffenden Dörfern, Gemeinden und Städten in einem lockeren
Verbund zusammengeschlossen worden war, erreichte erst das »Gesetz
über die Bildung der neuen Stadtgemeinde« von 1920,[18] daß sich Berlin
bevölkerungs- und verwaltungsmäßig auf eine Stufe mit anderen zentral-
europäischen Metropolen wie Paris und London stellen durfte, ja diese
hinsichtlich der Modernität von Stadt- und Verkehrsstruktur sogar über-
traf. Erst nachdem die Epoche der Mutation von der Groß- zur Weltstadt
mit ihren hier nicht weiter zu erörternden Implikationen politischer, his-
torischer und sozialer Art abgeschlossen war, schien Berlins »Selbstbe-
wußtsein« soweit gefestigt, daß es sich als kulturelles Zentrum[19] begriff
und in eigenen Anthologien als literarischer Raum darstellte.
Als bedeutsam – und bisher noch kaum untersucht – könnte sich für die
literarische Entwicklung auch die Zuwanderung von Schriftstellern erwei-
sen:[20] Ab 1880 hatten Autoren verschiedenster Regionen Deutschlands
ihren Wohnsitz nach Berlin verlegt. Nach 1900 rückte dagegen München
als literarisches Zentrum stärker in den Vordergrund, während zu Beginn
der zwanziger Jahre wiederum Berlin die Schriftsteller in verstärktem
Maße anzog.[21] –
Zur Verfahrensweise der folgenden Untersuchung und zu ihrem Antholo-
gie-Begriff seien einige Bemerkungen und Hinweise vorausgeschickt. Eine
Geschichte der Gattung Anthologie fehlt, – an dieser Feststellung von
Carl Diesch aus dem Jahre 1958[22] hat sich bis heute nichts geändert.
Deshalb kann für den Bereich der deutschsprachigen Anthologie das
zweibändige Kompendium von Joachim Bark und Dietger Pforte als noch
immer unüberholt gelten,[23] wenn es auch in einzelnen Aspekten durch
neuere Beiträge zu ergänzen ist.[24] Der Begriff der Lyrikanthologie wurde,
ausgehend von der Definition Pfortes,[25] für unsere Untersuchung weit ge-
faßt: Er subsumiert z. T. Sammlungen, die außer Gedichten Beiträge in
den Formen kurze Prosa, Essay, Brief, Dokument, Hörspiel oder Dramen-
fragment enthalten können, jedoch muß die Gattung Lyrik zumindest
gleichwertig darin vertreten sein. Für reine Lyrikanthologien gilt, daß we-
nigstens drei Autoren (wie in einem Fall[26]) daran mitgewirkt haben. Un-

tersucht wurden Anthologien Berliner Lyrik, die in der Bundesrepublik und der DDR erschienen sind sowie eine zweisprachige amerikanische Anthologie,[27] die z. T. unveröffentlichtes literarisches Material aus Ost- *und* Westberlin enthält. Unberücksichtigt blieben Almanache und Zeitschriften, selbst wenn sie in erheblicher Zahl Berlin-Gedichte enthalten,[28] weil Konzepte, Distributionsformen und Zielgruppen anderen Gesetzmäßigkeiten unterliegen als ein anthologisches Buch. Ausgeklammert wurden ferner lyrische Publikationen Berliner literarischer Vereinigungen und Institutionen, wenn sie – außer durch den Sitz der Organisation – in keiner direkten thematischen Beziehung zu Berlin standen,[29] sowie Anthologien, die ausschließlich Gedichte in der Berliner Mundart vorstellen.[30]

Für den Zeitraum von 1925–1987 wurden 34 Berliner Lyrik-Anthologien analysiert, und zwar unter den Gesichtspunkten Titel, Verlag, Ausstattung, (Einband, Illustration; bio-bibliographischer Anhang), Intention der Anthologisten (Vor- und Nachworte, Zielgruppen), Text- und Autorenauswahl, thematische Schwerpunkte, Struktur (Aufbau und Verknüpfung der einzelnen Teile), Einordnung in literarische Strömungen, Anthologien-Typus und -funktion, Rezeption:

1 *Berlin. Ein Heimatbuch.* Im Auftrag der Freien Vereinigung für Kunstpflege in Berlin hrsg. von Karl Meyer, Berlin 1925.

2 *Die Mark und Berlin im Spiegel der Dichtung,* hrsg. von Gustav Schaefer, Berlin 1926.

3 *Siebenhundert Jahre berlinischen Lebens im Spiegel des Gedichts,* hrsg. von Karl Nase, Berlin 1926.

4 *Hier schreibt Berlin.* Eine Anthologie von heute, hrsg. von Herbert Günther, Berlin 1929 (Neuausgabe: *Hier schreibt Berlin. Ein Dokument der Zwanziger Jahre,* neu hrsg. von Herbert Günther, München 1963).

5 *Berliner Gedichte,* hrsg. von Kurt Lubasch und Emil F. Tuchmann, Berlin 1931. (Unveränderte Neuauflage mit einem Nachtrag von Wulf Kirsten, Berlin [DDR] 1987.)

6 *Junges Berlin,* hrsg. und mit einem Nachwort versehen von Robert Kukowka, Berlin 1948.

7 *Begeistert von Berlin,* hrsg. von Uwe Berger, Manfred H. Kieseler und Paul Wiens, Berlin (DDR) 1952.

8 *Gedichte auf Berlin,* hrsg. von Walther G. Oschilewski, Berlin 1958.

9 *Gesicht einer Stadt. Gedichte über Berlin,* hrsg. von Günther Deicke und E. R. Greulich, Berlin (DDR) 1959.

10 *Hier schreibt Berlin heute. Eine Anthologie,* hrsg. von Rudolf Hartung, München 1963.

11 *Lunapark und Alexanderplatz. Berlin in Poesie und Prosa,* hrsg. von Bruno E. Werner und Ortrud Reichel, München 1964.

12 *Berlin zum Beispiel. Eine gesamtberliner Anthologie mit Beiträgen aus Lyrik, Prosa und Grafik,* hrsg. von Hannes Schwenger, Berlin 1964.

13 *Himmel meiner Stadt. Aus der Werkstatt der Gruppe ,alex 64',* hrsg. von Werner Kruse, Richard Christ und Günther Deicke, Berlin (DDR) 1966.

14 *Berlin-Buch der neuen Rabenpresse. Mit einem Calendarium auf das Jahr 1969,* hrsg. von Günter Bruno Fuchs unter Mitarbeit zeitgenössischer Autoren in Text und Grafik, Berlin 1968 (unveränderte Neuauflage mit verändertem Umschlag 1969).

15 *Du kannst mir mal für'n Sechser. Heitere Berliner Verse,* hrsg. von Gustav Sichelschmidt, Berlin 1970.

16 *Berlin, Stimmen einer Stadt, 99 Autoren – 100 Jahre an der Spree,* hrsg. von Ruth Greuner, Berlin (DDR) 1970.

17 *Die gespiegelte Stadt. 200 Jahre Gedichte über Berlin,* hrsg. von Gustav Sichelschmidt, Berlin 1971.

18 *Berliner Malerpoeten,* hrsg. von Aldona Gustas mit einer Einleitung von Karl Krolow, Herford und Berlin 1974.

19 *Stadtansichten. Gedichte Westberliner Autoren,* hrsg. von Peter Gerlinghoff, Günter Maschuff und Hans Ulrich Treichel, Berlin 1977.

20 *Umsteigen bitte. Gedichte aus Berlin,* hrsg. von Jürgen Beckelmann und Harald Schmid, Berlin 1980.

21 *Berlin, ach Berlin,* hrsg. von Hans Werner Richter, Berlin 1981.

22 *Das Mauerbuch. Texte und Bilder aus Deutschland von 1945 bis heute,* hrsg. von Manfried Hammer u. a., Berlin 1981 (3. aktualisierte Auflage 1986).

23 *Berliner Hausbuch. Geschichten und Gedichte, Lieder und Berichte aus Alt-Berlin und drum herum – mit vielen alten Bildern,* hrsg. von Dieter H. Klein, Freiburg 1982.

24 *Berlin-Zulage. Gedichte aus der Provinz,* hrsg. von Hans Ulrich Hirschfelder, Dieter Straub und Ernest Wichner, Berlin 1982.

25 *Die Hälfte der Stadt. Ein Berliner Lesebuch,* hrsg. von Krista Maria Schädlich und Frank Werner, München/Königstein 1982.

26 *Berlin, contemporary writing from Berlin,* hrsg. von Mitch Cohn, Sa Barbara 1983 (USA).

27 *Mauerechos. Junge Literatur auf gut Deutsch. Eine Anthologie,* hrsg. von Gerhard Haberbosch, Berlin 1984.

28 *Berliner Autoren-Stadtbuch,* hrsg. von der Abteilung Literatur der Akademie der Künste, Berlin 1985.

29 *Tausendäugig diese Häuser. Prag und Berlin in Lyrik und Prosa,* hrsg. von

Annegret Herzberg, Berlin (DDR) und Weimar 1985.

30 *Berlin, du deutsche deutsche Frau. Eine literarische Chronik der geteilten Stadt mit Texten und Bildern von Autoren aus Ost und West,* hrsg. von Ingrid Krüger und Eike Schmitz, Darmstadt und Neuwied 1985.

31 *Berlin im Gedicht,* hrsg. von Barbara und Walter Laufenberg, Frankfurt/ M. 1987.

32 *Berlin! Berlin! Eine Großstadt im Gedicht,* hrsg. von Hans-Michael Speier, Stuttgart 1987.

33 *Berlin im Gedicht. Gedichte aus 200 Jahren,* hrsg. von Jutta Rosenkranz, Husum 1987.

34 *Berlin. 100 Gedichte aus 100 Jahren,* hrsg. von Hanns Kristian Schlosser, Berlin (DDR) und Weimar 1987.

Eine erste Sichtung des Anthologienmaterials ergab folgende weiterführende Ergebnisse: Es lassen sich, unabhängig von Qualität, Auflagenhöhe oder Rezeptionsbreite der einzelnen Anthologien mehrere quantitative Publikationshöhepunkte ausmachen, die offenbar in einem noch näher zu bestimmenden Zusammenhang mit historischen, politischen und kulturellen Entwicklungen sowohl allgemeiner wie stadtspezifischer Art stehen: Von den 34 Anthologien erschienen fünf (Nr. 1–5) im Zeitraum 1925–1931, acht (Nr. 10–17) in den Jahren 1963–1971 und vierzehn (Nr. 21–34) zwischen 1981 und 1987; die übrigen sieben (Nr. 6–9, 18–20) verteilen sich z. T. auf größere Zeiträume und lassen auch Pausen in der Anthologienproduktion (z. B. zwischen 1932 und 1947) erkennen.

Wenn sich Anthologien aufgrund der subjektiven Verfügung der Herausgeber einer Kategorisierung letztlich entziehen, so soll sie doch hier aus heuristischen Gründen versucht werden. Unabhängig von ihren Erscheinungsdaten zeichnen sich demnach vier Funktionstypen von Berlin-Anthologien ab:[31]

a) Anthologien, die eine *historische Übersicht* geben wollen, indem sie Epochen und Zeitabschnitte in chronologischer Anordnung erfassen (z. B. die Nachkriegszeit (Nr. 22), einhundert (Nr. 9, 16, 31, 32, 34), zweihundert (Nr. 17, 33), dreihundert (Nr. 8) oder gar siebenhundert Jahre (Nr. 3); in einigen Fällen wird die chronologische Gliederung durch motivisch und/oder assoziativ bedingte Umstellungen durchbrochen (Nr. 5, 16, 17).

b) Anthologien, die sich als literarisches *Zeitbuch* verstehen, »Grenz- und Umschlagort literarischer Innovationen« (Pforte) bilden oder einen zeitkritischen Kommentar geben (Nr. 4, 6, 7, 10, 12, 14, 19, 21, 27, 30; Nr. 5 wäre als Mischform hier ebenfalls einzuordnen).

c) Manifestationen ortsansässiger *literarischer Vereinigungen und Gruppen,* die sich durch poetologische, berufsspezifische (z. B. Maler *und* Poet) oder regionale bzw. organisatorische Zusammenhänge definieren (Nr. 13, 18, 24).

d) Anthologien, die vor allem ein geographisch-regionales Interesse artikulieren und sich als *Heimatbuch* verstehen. Dieser Funktionstyp trägt meist einen beschaulichen und literarhistorisch »rückwärtsgewandten« Charakter und zeigt Tendenzen zur Idyllik in der Darstellung der Stadtlandschaft (Nr. 1, 2, 23). –

Aus arbeits- und publikationstechnischen Gründen war es notwendig, die Darstellung aufzuteilen. Der mit dieser Veröffentlichung vorgelegten ersten Hälfte der Untersuchung, die mit dem Jahr 1961 endet, sollte eine weitere folgen, die bis in die Gegenwart reicht. Die Auswahlbibliographie Berliner Lyrik umfaßt hingegen den gesamten Untersuchungszeitraum.

Von der Gründerzeit bis 1931

I. Vorläufer

1. Das poetische Berlin (1913)

Den ersten Berliner Lyrikanthologien gingen einige Publikationen voraus, die, obgleich nicht zu den Anthologien im definierten Sinne zählend, doch das Thema berühren und deshalb erwähnt werden sollen. Heinrich Spieros zweibändige Darstellung *Das poetische Berlin* (1913)[32] sammelt literarische Texte, Dokumente des literarischen Lebens sowie kritische Zeugnisse und gibt in populärwissenschaftlicher Form einen Abriß der literarischen Epochen Berlins, – der »literarische(n) Emporentwicklung« (S. 8) der Stadt von der Zeit Friedrich II. bis zur Kaiserzeit. Das Kapitel ‚Neuberlinische Lyrik‘ führt im zweiten Band auf knapp 30 Seiten durch die Berliner literarische Szene der Jahre 1880–1912. Mit Textbeispielen sind Bruno Wille, A. K. T. Tielo, Georg Reicke, Detlev von Liliencron, Theodor Fontane, Ernst von Wildenbruch, Richard Dehmel, Otto Erich Hartleben, Stefan George, Georg Heym und Ernst Schur vertreten. Poetologisch liegt der Schwerpunkt beim Naturalismus, der in seiner Entstehung, Programmatik und Geschichte am ausführlichsten dargestellt ist. Die Textbeispiele von Wille, Dehmel, Hart und Schur bestimmen denn auch weitgehend das poetische Bild Berlins. Mit ihnen kommt die junge Industriemetropole ins Bild, wenn auch aus der für die naturalistische Stadtperspektive charakteristischen Distanz (s. u.: S. 12). Dem stehen Texte gegenüber, die das Bild der Kaiserstadt verklären, wie diejenigen Fontanes (S. 136 f.) oder Liliencrons (S. 134 f.). Obwohl Spieros Darstellung als Ganzes »für heutige Vorstellungen viel zu undiszipliniert«[33] wirkt, gibt sie, trotz mancher Fehleinschätzung,[34] doch einen Überblick über das literarische Leben im Berlin vor dem Ersten Weltkrieg und erweist sich mit dem Abdruck einiger Stadtgedichte Georg Heyms sogar auf der Höhe ihrer Zeit.
In der Intention (wie auch in der zum Feuilleton tendierenden Form) schließt Spieros Darstellung im übrigen an Ernst Wechslers 1891 erschienene Publikation ‚Berliner Autoren‘ an, welche ebenfalls beweisen wollte, »daß Berlin auch *litterarisch* die Hauptstadt des Deutschen Reiches« sei,[35] –

eine Auffassung, die zu jenem Zeitpunkt offenbar noch der beredten Fürsprache bedurfte.

2. Berliner Dichterbuch (1919)

Das *Berliner Dichterbuch,* im Jahre 1919 (also unmittelbar nach dem Ersten Weltkrieg) herausgegeben von dem Zeitschriftenredakteur Adolf Arnim Kochmann sollte in der Form eines Almanachs für die ‚Literarische Gesellschaft Berlin-Charlottenburg' werben (deren Vorsitz Kochmann führte). Die Sammlung enthält neben Dramenfragmenten, Erzählungen und Aphorismen überwiegend Gedichte, von denen sich jedoch nur eines (Eduard Oskar Püttmann: *An der Spree,* S. 82 f.) auf das Berlin-Thema bezieht. Künstlerisch Wertvolles findet sich in diesem schmalen Band nicht, von den Autoren sind bloß der Pan-Redakteur Cäsar Flaischlen und der Lyriker, Prosaist und Essayist Richard Zoozmann als wenig bedeutende Schriftsteller noch namentlich bekannt. Auf diese Publikation sei hier lediglich unter dem Aspekt hingewiesen, daß die öffentlichen Äußerungen literarischer Vereinigungen, die neben den offizielleren Institutionen Laien und professionellen Autoren ein gemeinsames Forum bieten, eine spezifische Form regionaler Anthologien darstellt (was z.B. noch die Sammelbände der 1974 gegründeten Berliner ‚Neuen Gesellschaft für Literatur' [vgl. Anm. 29] belegen).

II. Die »Heimat«-Anthologien

1. Berlin – Ein Heimatbuch (1925)

Im Auftrag der »Freien Lehrervereinigung für Kunstpflege Berlin« gab Karl Meyer 1925 im Leipziger Verlag Friedrich Brandstetter[36] die Sammlung *Berlin. Ein Heimatbuch*[37] heraus, die neben Textbeispielen anderer Gattungen zweiunddreißig Berlin-Gedichte verschiedener Epochen enthält. In der Perspektive des Funktionstypus ‚Heimatbuch' stellt der Herausgeber vor allem Texte verklärend-besinnlicher Art zusammen: Erinnerungen aus der Stadtgeschichte *(Die erste Eisenbahn zwischen Berlin und Potsdam* von Adalbert Geyer, S. 86, *Friedrich I.* von Friedrich Gruppe, S. 22), Bilder historischer Orte und Denkmäler oder Genreszenen *(Die Musik der armen Leute* von Heinrich Seidel, S. 167, *Berliner Mägde* von Christian Morgenstern, S. 171). Dabei steht im Vordergrund, was vom Her-

ausgeber als »typisch« für Berlin empfunden wird, – vor allem das ältere
Stadtbild, während das, »was der Mehrheit aller Großstädte eignet (…)«,
wie die »Vergnügungsstätten«, ausgeschaltet bleiben soll *(Zum Geleit)*.
Andererseits wird versucht, auch Berlin als einer Industriestadt zumindest
teilweise gerecht zu werden, indem ein ruraler »Heimat«-Begriff auf die
Stadtlandschaft übertragen wird. Geradezu programmatisch formuliert
dies das als Proömium vorangestellte Gedicht *Heimat* von Ernst Schur:
»Ist Heimat nur Dorf und Land? / Nur die kleinen Städte? / Auch über
dem Meer der Mietskasernen / wölbt sich der Nachthimmel mit all den
Sternen«.[38]
Dieser Auflösung in monistisches Naturgefühl stehen in Meyers Antho-
logie Texte gegenüber, die sich stärker auf die Stadtwirklichkeit einlassen;
so führt Franz Lüdkes *Fabrikstadt* (S. 252) und die Beiträge der »Arbeiter-
dichter«,[39] wie Alfons Petzolds *Die verlassene Fabrik* (S. 227) oder Heinrich
Lerschs *Die Arbeit* (S. 228), an die Welt der Industrie- und Fabrikviertel im
Norden und Osten Berlins heran. Dagegen verharren Richard Dehmels
Der Arbeitsmann (S. 203) und *Predigt ans Großstadtvolk* (S. 258) in einer
inneren Distanz zur Stadt; letzteres erhält als eminent stadtfeindlicher
Text durch seine Anordnung an exponierter Stelle, nämlich am Schluß
der Meyerschen Sammlung, noch besonderes Gewicht.

2. Die Mark und Berlin im Spiegel der Dichtung (1926)

Die von Gustav Schaefer 1926 »im Auftrage des Pestalozzi-Vereins für die
Provinz Brandenburg und Berlin« herausgegebene Lyriksammlung *Die
Mark und Berlin im Spiegel der Dichtung*[40] versteht sich wie Karl Meyers
Publikation als Vertreterin des Anthologientyps ‚Heimatbuch‘, – darauf
verweisen bereits die dem Band vorangestellten Motti: ein Gedicht Johan-
nes Trojans mit dem Titel *Heimat* und ein *Märkischer Spruch*. Schaefers
Anthologie brachte es, wohl nicht zuletzt wegen ihrer volkstümlichen,
leicht verständlichen Texte, zu mehreren Auflagen.[41] Dreiviertel der
Sammlung sind der Mark Brandenburg, ihren »Landschaften, Städten
und Stätten«, ihrer »Sage und Geschichte« gewidmet. Erst der vierte und
letzte Teil thematisiert die Großstadt Berlin *(Berlin und die Berliner im Frie-
den und Krieg)* und stellt 65 Gedichte in sechs ineinander übergehenden
Themenkreisen vor: als Stadtpanoramen (S. 154–161), Jahreszeiten und
Festtage (S. 161–165), Architektur und Denkmäler (S. 165–175), die »Berli-
ner« (Genreszenen) (S. 171–175), einzelne Stadtbezirke und landschaftli-
che Sehenswürdigkeiten (S. 170–195), Kriegsgedichte (S. 195–202), wobei

die quantitative Gewichtung bei den Landschafts- und Naturschilderungen auffallend ist.

Den Beginn der Berliner Abteilung bilden zwei Gedichte von Julius Hart: *Auf der Fahrt nach Berlin* und die breitangelegte Hymne *Berlin*. Diesen beiden, in der Folgezeit in zahlreichen Anthologien gedruckten Texten stellt Schaefer eine Ode von Philipp E. Raufseysen (1743–1775) voran (S. 153), die Berlin in antikisierender Form und kühner Verquickung von Mythologien besingt (»Der Töchter Thüßkons mächtige Königin! / Berlin! Du großen donnerbewährten Tors / Und der süß-lächelnd holden Frya / Heilger Tempel! sei mir gegrüßt!«). Erst der solcherart patriotisch und metrisch gefestigte Leser darf mit Julius Hart in die Welt des industriellen Berlin eintreten bzw. »einfahren«, und es ist sicher kein Zufall, daß patriotische Gedichte auch wieder den Abschluß der Berlin-Abteilung bilden.

Das Gedicht Julius Harts beschreibt äußerlich den Vorgang der Annäherung an Berlin im damals modernsten Massenverkehrsmittel, der Eisenbahn.[42] Die Anfahrt auf die Stadt durch die märkische Landschaft, die Vororte mit ihren Mietskasernen (»engbrüstg'e Häuser, Fenster, schmal und klein«), über die zahlreichen Brücken und Kanäle (»Bald braust es dumpf durch dunkle Brückenbögen, / Bald blitzt es unter uns wie grauer Wasserschein«) wird in der Dynamik der Zugfahrt entsprechenden, rasch vorüberziehenden Details wiedergegeben. Daran knüpft das lyrische Ich Reflexionen, Erinnerungen und Zukunftswünsche, die mit der Einfahrt des Zuges in die Bahnhofshalle in einer vitalen Aufbruchsstimmung kulminieren (»Nun hoch die junge Stirn; / Ins wilde Leben laß dich mächtig tragen!«). Der einsträngig linearen Anordnung von Vergangenheit (Strophe I, II), Gegenwart (Sprung ins Präsens! Strophe III, IV) und Zukunft (Strophe VII, VIII) korrespondiert ein festes Reimschema von kreuzgereimten, iambisch fünfhebigen Versen. Der innere wie äußere Aufbau des Gedichts folgt damit einer wohldurchdachten konventionellen Komposition. Als ebenso konventionell, gemessen am programmatischen Anspruch der Naturalisten,[43] erweist sich das weitgehend der Naturlyrik entstammende Vokabular: Zwar wird bereits von »Fabriken, rauchgeschwärzt«, von den Emissionen der Schwerindustrie, die sich in Berlin angesiedelt hatte[44] (»die bleiche Luft drückt schwer und liegt wie bleiern«), gesprochen, aber die Bilder der modernen Stadtwelt sind überhöht: so stehen »Glashalle« für Bahnhof, »Millionen Flammenherde« für industrielle Fertigungsstätten, Straßen und Boulevards werden als »staub'ge Gassen« bezeichnet, Vergnügungsstätten als Orte von »Tanz und üpp'gem Reigen«, – selbst archaische Wortformen tauchen auf, wie »zeuch« für »ziehe«. Den Konvergenzpunkt, in den die beiden zentralen Metaphernketten (die

Stadt als »Meer« und als »Schlachtfeld«) zusammenlaufen, bildet das individuelle Schicksal, an dessen Machbarkeit wider die Vermassungstendenzen der Stadt im Sinne Darwinscher Lebenskampfvorstellungen festgehalten wird. In die eigene Daseinsproblematik eingefügt[45] erschließt sich dem lyrischen Ich die Stadtlandschaft panoramisch, gewissermaßen von ihren (räumlichen wie zeitlichen) Rändern her, und diese Distanz zwischen lyrischem Ich und Stadtraum – wie sie auch die Wohnorte der Naturalisten in der ländlichen Umgebung Berlins, etwa in Friedrichshagen, widerspiegeln – kennzeichnet allgemein die naturalistische Auseinandersetzung mit der Metropole. Formal an die Epigonenlyrik und an die Metaphorisierungen der Stadt bei den französischen Symbolisten anschließend[46] weisen bei Hart jedoch einzelne Momente, wie die Dynamik wechselnder Bildeindrücke, das Registrieren der durcheinanderjagenden akustischen Stadt-Phänomene (Strophe VI) und die Dissoziierung der Wahrnehmung in den letzten beiden Strophen, die sich gewissermaßen im Innenraum der Stadt bewegen, auf poetische Mittel voraus, die erst die Stadtlyrik des Expressionismus ausbilden sollte. Insgesamt jedoch wird bei Julius Hart das Verhältnis des Dichters zur Großstadt (einerseits optimistisch bejahend als Aufbruch in eine neue Zeit, andererseits pessimistisch anklagend hinsichtlich der Lebens- und Arbeitsbedingungen und der sozialen Antagonismen) noch weitgehend aus der Dichotomie von urbanem und ruralem Raum definiert.

In der Perspektive der Verbundenheit mit agrarisch geprägten »Heimatvorstellungen« kommt auch ein anderes Phänomen in den Blick, das – besonders damals – die Großstädte betraf und das in Berlin verstärkt hervortrat: die hektische Bautätigkeit und die damit verbundenen architektonischen und sozialtopographischen Veränderungen. Berlin erlebte in der Phase seiner Entwicklung von der »Residenz zur Agglomeration« (Erbe) eine Bevölkerungsexplosion, die mit derjenigen von New York verglichen werden konnte. Der Wohnungsbedarf und das Repräsentationsbedürfnis der neuen Reichshauptstadt hatten in den 70er Jahren zu überstürzter Bautätigkeit geführt, und es war vor allem auch das Wachstum der »Außenbezirke«, jener außerhalb des historischen Stadtzentrums liegenden Gemeinden, Dörfer und Kleinstädte, welche das Erscheinungsbild Berlins grundlegend veränderte und zu bedeutsamen Umschichtungen der Bevölkerung führte. Die Bautätigkeit entwickelte sich in verschiedener Richtung: Für die Lohnarbeiter wurden billige Massenquartiere, sogen. Mietskasernen (vor allem im Nord- und Südosten) erstellt, zum anderen bildeten die Vororte (besonders jene des Westens) Zuzugsgebiete für wohlhabendere Bevölkerungsschichten (die komfortablen Mietshäuser

des Kurfürstendamms oder des Tiergartenviertels mit z. T. villenartiger Bebauung.)[47]
Richard Zoozmann formuliert in seinem längerem Poem *Am Kreuzberg-Denkmal* (S. 167 f.) die Erfahrung dieser veränderten Stadtwirklichkeit:

Gewaltige Stadt –
Riesenkind weniger Jahre!
Mächtig nach allen Seiten
Reckst du die wachsenden Glieder
Und schnürst das flache Ackerland
Mit Eisen- und Steinwerk
Dichter und enger ein![48]

Bei Georg Reicke *(Berlin W.*, S. 169) sind die Bilder der im historischen Geschmack der Zeit errichteten großbürgerlichen Wohnstätten und der neuen Geschäftsviertel im wilhelminischen Repräsentationsstil eingebettet in nostalgisches Naturerleben: »Hier sind wir gegangen vor sieben Jahr / Durch wehendes Gras und in sickerndem Sand« / / (…) »Gekrönte Giebel, goldblinkend im Licht / Die Treppenhäuser, und Marmorstufen / Und glänzende Läden, und draußen dicht / Geschäftige Menschen und Hasten und Rufen«.
Den Abschluß der Berlin-Abteilung bilden Gedichte, die die Kriegsereignisse von 1864, 1870/71 und 1914–18 aus der Sicht der Stadtbewohner thematisieren. Hier ist der Herausgeber selbst mit zwei Texten vertreten *(Den Helden von Langemarck* und *Heimkehr der Garde*, S. 201 und S. 202), die in Uhland'scher Manier Kriegshelden und -taten besingen. Von diesen Kriegs-Gedichten dürfte heute nur noch Kurt Arnold Findeisens *Der Gebundene* (S. 200 f.) von einigem Interesse sein, das ein Berliner Arbeiterschicksal zwischen dem Leben im Hinterhof und dem Tod im Schützengraben schildert, während sich die anderen Texte zwischen patriotischen Klischees (Hans Brennert: *Garde – marsch!,* S. 199) und vordergründigem Kriegshumor bewegen (Julius Lohmeyer: *Die Berliner vor Metz,* S. 197).
Versucht man die Gesamtperspektive dieser Berliner Lyrikanthologie in den Blick zu nehmen, so ist festzustellen, daß das Bild der Stadt weitgehend auf die idyllischen Aspekte beschränkt bleibt – auf Themen und Motive wie: Ausflüge in die Erinnerung (Josef Buchhorn: »*Restauration zum Nußbaum*«, S. 167, *Fischerstrasse 28*, S. 166, Erich Ritter: *Friedhof vor dem Halleschen Tor*, S. 170, Franz Lüdke: *Am Grabe Kleists*, S. 182 u. a.) oder in die ländliche Umgebung und die Ruhezonen der Stadtlandschaft (Gottfried Doehler: *Frühling im Tiergarten*, S. 172, Erich Ritter: *Friedhof bei Schildhorn*, S. 183, Karl Müller, *Der Wannsee*, S. 181, u. a.). Mit dieser Akzentsetzung ist

bereits das wesentliche der Anthologie beschrieben: Wie Karl Meyers Sammlung sucht sie die Stadt unter einen ruralen »Heimat«-Begriff zu subsumieren, der jedoch seit 1900 durch die »Heimatbewegung« mit dezidiert großstadtfeindlichen Tendenzen (die Friedrich Lienhard programmatisch formulierte[49]) aufgeladen war. Dementsprechend kommt in Schaefers Sammlung weder die Industrie- und Kulturmetropole der Weimarer Republik ins Bild, noch werden zeitgemäße poetische Wahrnehmungsformen, wie sie die Großstadtlyrik seit 1910 ausgebildet hatte, erkennbar. Die Gedichte stammen von Vertretern der Naturalistengeneration oder greifen auf den Realismus (Theodor Fontane, Gottfried Keller) und die Epigonenlyrik zurück; man trifft in dieser Anthologie aus dem Jahre 1925 (!) ebensowenig auf Beiträge expressionistischer Lyriker und schon gar nicht auf Texte von Vertretern des Dadaismus[50] oder der sich bereits abzeichnenden Neuen Sachlichkeit (mit der Ausnahme einer Fontane-Parodie »Theobald Tigers«, d.i. Kurt Tucholskys, die die Mentalität der Inflationsjahre thematisiert: *Der alte Fontane*, S. 148 f.).

3. Siebenhundert Jahre berlinischen Lebens im Spiegel des Gedichts (1926)

Gleichfalls in Oehmigke's Verlagsbuchhandlung erschien 1926 die Sammlung *Siebenhundert Jahre berlinischen Lebens im Spiegel des Gedichts,* die mit 177 Texten den Zeitraum von der Gründung Berlins bis zum Erscheinungsdatum umfaßt.[51] Die Anthologie zeigt einen didaktischen Zug: Der Herausgeber Karl Nase, offenbar selbst im Schuldienst tätig,[52] verweist im Vorwort eigens auf den Wert des Buches für den pädagogischen Gebrauch;[53] er gab zudem eine kleine Auswahl als ,Schülerheft' heraus.[54] Dem entsprechen die »verbindenden Zwischentexte« (S. 5), die »Gedanken, Bilder und Gestalten der einzelnen Texte einzuordnen suchen in den Ablauf der berlinischen wie der deutschen Geschichte überhaupt« (ebd.).

Der chronologischen Gliederung folgend behandelt der letzte Abschnitt das großstädtische Berlin *(Berlin wird Reichshauptstadt und Weltstadt)*. Die Texte sind an der Folge der historischen Ereignisse orientiert, bilden aber auch motivische Schwerpunkte: die Jahre nach der März-Revolution (S. 184–190), die Bismarck'schen Kriege 1864, 1866 und 1870/71 (S. 191–198), der Erste Weltkrieg (S. 199–208), Weltkriegsende und Revolution (S. 208–211), Berliner Genrebilder, Wandel im Stadtbild, Denkmäler, historische Stätten (S. 212–250), der Einzelne in der Großstadt (S. 251–261), Stadtpanoramen (S. 261–270). Diese Auflistung läßt nur ansatzweise erkennen, daß mit dieser Sammlung zwei neue Aspekte für die Berliner Lyrikanthologie hinzugetreten sind: pazifistische Kriegslyrik und Arbeiterlyrik (die vereinzelt schon bei Karl Meyer vertreten war).[55]

Betrachtet man das poetologische Spektrum der Berlin-Texte, so sind es wiederum hauptsächlich Vertreter des Naturalismus, die das Bild bestimmen (Julius Hart, Bruno Wille, Richard Dehmel, Ernst Schur), aber es finden sich auch Beispiele expressionistischer Poesie (Georg Heym, Gerrit Engelke). Daß die Arbeiterdichtung erst in der Weimarer Republik voll zur Wirkung kam, führt Bernd Witte darauf zurück, daß sie den »Charakter eines subkulturellen Phänomens« verlor bzw. sich den »Normen des bürgerlichen Kulturbetriebs« einordnete.[56] In der Anthologie Nases erscheinen die Beiträge der Arbeiterdichter wie selbstverständlich und durch folgenden idealisierenden Zwischentext anthologisch integriert: »Der dieser Stadt in seiner ganzen leiblichen und seelischen Existenz am meisten unlöslich, schicksalhaft verbundene Mensch ist der Arbeiter. Drum mögen hier (…) Arbeiterdichter zeigen, wie der Arbeitsmensch von heute die Großstadt erlebt«.[57] Die Stadtlandschaft erscheint in diesen Texten nicht vor dem Hintergrund der Dichotomie Stadt – Natur, sondern vor jener der sozialen Gegensätze; es geht den Texten weniger um die Stadterlebnisse des einzelnen als um die Probleme der Arbeiterschaft oder des Arbeiter-»Typus« (Karl Bröger: *Alter Arbeiter*, S. 259, Max Barthel: *Der junge Arbeiter*, S. 260, Max Barthel: *Arbeiterseele*, S. 256). Stadtleben und -landschaft werden aus einer klassenkämpferischen Perspektive geschildert:

Sirenen heulen, Mietskasernen schaudern
wie aufgeschreckt von grellem Wort.
(…)
Fabriken ziehen händehungernd
die schwarzen Scharen gierig ein,
indes Schmarotzer, leer und lungernd,
verschütten ihren letzten Wein. (Bruno Schönlank, *Sirenen heulen*, S. 256).

Otto Großjohann (S. 257) macht eine jener Demonstrationen zum lyrischen Sujet, wie sie besonders zwischen 1918 und 1920 das Straßenbild Berlins beherrschten:

Die Straßen gefüllt
mit fiebernden Massen
(…)
Fahnen flattern
hoch über der Hydra
stets sich erneuernder Köpfe.
Ausdruckgebend knattern im Winde
rote Banner.

Eine agitatorische Schärfe wird in diesen Gedichten spürbar (z. B. bei Hans Hyan: *Lied der Arbeitslosen*, S. 246 f.), die Texte wie Richard Dehmels *Der Arbeitsmann* (S. 241) leer und deklamatorisch wirken lassen.[58] Auch die Kriegsgedichte haben, im Gegensatz zu jenen der Schaeferschen Sammlung, zum Teil einen völlig anderen Ton, etwa Julius Babs *Die Wagen* (S. 199 f.), wenn auch vereinzelt nationalistische Arbeiterlyrik präsentiert wird, wie Karl Brögers *Bekenntnis* (S. 201).

Als eine poetologische Erweiterung des naturalistischen Kanons, der bis dahin die Berlin-Anthologien dominierte, können vier Gedichte Georg Heyms *(Laubenfest*, S. 247 f., *Der Gott der Stadt*, S. 261 f., und zwei der unter dem Titel *Berlin* in der Gesamtausgabe publizierten Gedichte, S. 262 f) gelesen werden. *Berlin (II)*, in späteren Anthologien wiederholt gedruckt,[59] zeigt eine typische Berliner Industrielandschaft:

Beteerte Fässer rollten von den Schwellen
Der dunklen Speicher auf die hohen Kähne.
Die Schlepper zogen an. Des Rauches Mähne
Hing rußig nieder auf die öligen Wellen.

Zwei Dampfer kamen mit Musikkapellen
Den Schornstein kappten sie am Brückenbogen
Rauch, Ruß, Gestank lag auf den schmutzigen Wogen
Der Gerbereien mit den braunen Fellen.

In allen Brücken, drunter uns die Zille
Hindurchgebracht, ertönten die Signale
Gleichwie in Trommeln wachsend in der Stille.

Wir ließen los und trieben im Kanale
An Gärten langsam hin. In dem Idylle
Sahn wir der Riesenschlote Nachtfanale.

Ein betont negatives Stadterlebnis liegt dem Gedicht zu Grunde, das in kontrastierendem Nebeneinander Vergnügungsdampfer und »schmutzige Wogen«, »Rauch, Ruß, Gestank« und »Stille«, »Gärten«, »Idylle«, mithin die Freizeitwelt eines städtischen locus amoenus und die Fabrikwelt des 20. Jahrhunderts in der höchst artifiziellen Form eines Sonetts zusammenzwingt. Werner Kohlschmidt hat gezeigt,[60] wie die in den Quartetten vorherrschenden naturalistischen Elemente den pathetischen Metaphern der Terzette gegenüberstehen; Mautz stellte fest, daß bereits die scheinbar naturalistischen Wiedergaben Bedeutungselemente enthalten, die über eine bloße Beschreibung hinausgehen,[61] und die Überhöhung ins Mythologische und Eschatologische, wie sie am Schluß als prägende Signatur des Gedichts erscheint, bereits in einzelnen naturalistischen Elementen, ja sogar in den vermeintlich idyllischen Partien vorbereitet wird. Dabei verliert angesichts des Gewichts der Dingwelt (Fässer rollen wie aus sich selbst) und der Anonymität des Geschehens der Mensch an Bedeutung, die Stadtlandschaft wirkt »eigentümlich leer«,[62] wie etwa in der Pittura Metafisica Giorgio de Chiricos. Die Zuspitzung des Gegensatzes von Industriewelt und persönlichem Freiraum im letzten Terzett mündet in die katastrophistische Pointe des 14. Verses; das Idyll ist »eingeklemmt zwischen die es bedrohende, erdrückende Übermacht der Industriewelt«.[63]

Deutlich wird an den Textbeispielen Heyms, wie ein Gedicht durch die Anordnung im Kontext einer Sammlung funktionalisiert zu werden vermag: Einerseits kommt die Tatsache, daß »das stilprägende dissoziative Moment des [expressionistischen] Reihungsstils (...) (bei Heym) gerade fehlt«,[64] der auch diese Anthologie noch bestimmenden naturalistischen Poetik entgegen. Andererseits stehen Heyms Texte unmittelbar neben Beispielen der Arbeiterlyrik und naturalistischen Langgedichten, werden also als durchgehende Allegorisierungen im Sinne des Naturalismus gelesen.

Außer den frühexpressionistischen Texten Heyms, denen sich auch Gerrit Engelkes Straßenbahn-Poem (S. 218) zuordnen ließe, sowie der Arbeiterlyrik fallen an Nases Anthologie noch einige poetologische Erweiterungen in ganz anderer Richtung auf. Die Berlin-Gedichte Christian Morgensterns z.B. bedienen sich zwar der poetischen Mittel des Naturalismus, weisen aber in einen ihm denkbar fernen Zusammenhang:

Ich liebe dich bei Nebel und bei Nacht,
wenn deine Linien ineinander schwimmen, –
zumal bei Nacht, wenn deine Fenster glimmen
und Menschheit dein Gestein lebendig macht.
   (Berlin, S. 252)

Die Häuserreihen stehen als »Seelenburgen« da (Strophe II), als »Schachteln«, in die »ein Spiel geräumt« (Strophe III), die Nacht läßt die Vielheit der Einzelnen zur universellen »Einheit« verschmelzen (Strophe II). Die Stadtlandschaft erfährt in dem Gedicht ‚Berlin' eine Spiritualisierung, die aus dem Weg Morgensterns von einem innerlich verstandenen Christentum zur Anthroposophie Rudolf Steiners verständlich wird.

In einem veränderten poetologischen Kontext steht auch Rainer Maria Rilkes *Denn Herr, die großen Städte ...* (S. 248). Obwohl es verfehlt wäre, Stadt hier schlechthin mit Berlin gleichzusetzen, evoziert der Text doch die Welt der Mietskasernen (die Rilke bei seinen Berliner Aufenthalten zwischen 1897 und 1900 zweifellos wahrgenommen hat), – freilich in einem Zusammenhang, der über eine solche direkte Verortung hinausweist. Wenn es heißt:

Da leben Menschen, leben schlecht und schwer,
in tiefen Zimmern, bange von Gebärde,
geängsteter denn eine Erstlingsherde;
und draußen wacht und atmet deine Erde,
sie aber sind und wissen es nicht mehr

wird die soziale Not, die in den Mietskasernen zu Hause ist, als allgemeiner Ausdruck einer Entfremdung vom Leben begriffen; die Metropole erzeugt eine natur-feindliche Sphäre und Lebensangst.[65] Rilkes Stadtdarstellung zielt dabei weniger auf soziales Mitgefühl (dies bleibt bei Rilke ambivalent, denn gerade die äußere Armut wird ja z. B. im *Stundenbuch* positiv bewertet) als auf eine konservative Zivilisationskritik vor existentiellem Hintergrund.[66]

Bei der Betrachtung der Sammlung *Siebenhundert Jahre berlinischen Lebens im Spiegel des Gedichts* wurde – wie in dieser Untersuchung überhaupt – vor allem auf jene Texte hingewiesen, die gegenüber den vorhergehenden Anthologien neue Akzente setzen; auch in Nases Sammlung ist jedoch der Anteil an idyllischen und humoristisch-harmlosen Berlin-Texten sowie an naturalistischer und epigonaler Stadtlyrik hoch. Es gelangt aber mit dieser Publikation eine Entwicklungsphase zum Abschluß, in der das Berlin-Thema die Anthologien paradoxerweise über den Umweg der Heimatdichtung erreicht, die doch die Stadt, und hier vorzugsweise Berlin,[67] als dekadent inkriminiert hatte. Die Übertragung des »Heimatkonzepts« auf den Stadtraum, wie sie paradigmatisch Ernst Schurs Eröffnungsgedicht der Meyerschen Sammlung vorführte, erfolgte freilich um den Preis der Eskamotierung charakteristischer und zu diesem Zeitpunkt bereits verbreiteter poetischer Sujets, wie der Reklame und des Konsums, der Welt der Vergnügungsstätten, der Prostitution oder der Kriminalität, und zeigt damit eine Tendenz, die vor allem auf den »tugendgefüllten Raum«[68] zielt. Unter diesem Aspekt dürfte die (in einem weiteren Zusammenhang gemachte) Beobachtung Ina Maria Greverus' auch auf die bisher analysierten Berlin-Anthologien zutreffen: »Wenn Großstadt gepriesen wird, unterscheidet sich ihre ,Heilheit' nur wenig von einem Dorf, selbst wenn die Fabrikschornsteine die Funktion der Lindenbäume übernehmen müssen und die ,heiligen Chöre der Arbeit' statt von Bauern nun von Arbeitern getragen werden«.[69] Die nur wenige Jahre später erscheinenden Berlin-Anthologien lösen sich dagegen von diesem Muster und zeigen ein gänzlich verändertes poetisches Bild der Stadt.

III. Die späten zwanziger Jahre

1. Hier schreibt Berlin. Eine Anthologie von heute (1929)

Die 1929 von dem 23jährigen Lektor Herbert Günther als Erstlingsarbeit herausgegebene Anthologie *Hier schreibt Berlin. Eine Anthologie von heute*[70] ist als Zeitbuch konzipiert, womit sie sich grundlegend von den vorausgehenden Sammlungen unterscheidet.

Schon der Titel weist im Gestus der Reportersprache in eine völlig andere Richtung als die Titelgebung der »Heimatanthologien«. Die Stadt selbst wird literarisches Ereignis; so heißt es im Vorwort: »Die Stadt Berlin schreibt. Die Stadt diktiert« (S. 13). Günthers erfolgssicherer »erster Versuch einer literarischen Selbstdarstellung Berlins« (S. 14) umfaßt (unveröffentlichte[71]) Textproben von 54 zeitgenössischen lebenden Autoren, 17 sind mit Gedichten vertreten. Die Liste der Mitarbeiter darf für sich in Anspruch nehmen, eine »Elite von Autoren« der Weimarer Republik[72] zu präsentieren, – Autoren, die sich zu diesem Zeitpunkt, 1929, als »Berliner Autoren« verstanden.

Der Aufbau folgt einzelnen Gattungen oder Subgattungen,[73] wobei zwei Kapitel dem Berlin-Gedicht gewidmet sind: ‚Zeitgedicht‘ (S. 91–108) stellt zehn Texte vor, die sich stilistisch ausschließlich der »Neuen Sachlichkeit« zuordnen lassen, der Abschnitt ‚Berliner Lyrik‘ (S. 279–294) präsentiert außerdem auch Autoren des Naturalismus und Expressionismus (z. T. jedoch mit neueren Beiträgen).

Der Begriff »Neue Sachlichkeit« bedarf der einführenden Klärung, zumal er in den letzten Jahren als literarischer Forschungsgegenstand verbreitetes und kontroverses Interesse gefunden hat.[74] Die »Neue Sachlichkeit« erscheint zunächst als »Nachfolge- und Ablösephänomen« des Expressionismus, der zwar allgemein auf die Jahre 1910–1925[75] datiert wird, dessen lyrische Produktion aber bereits mit dem Ende des Ersten Weltkriegs fast vollständig zum Erliegen gekommen war.

Es geht der Stilrichtung, wie schon die Bezeichnung sagt, um eine neue Darstellungsweise, die die Wirklichkeit ungekünstelt und unverblümt für sich sprechen läßt (vgl. auch den Titel von Günthers Sammlung!): »Tatsachen als einziges woran man sich halten« kann, »konzentrierte, aber überschärfte Einfachheit« sind die Forderungen,[76] – eine Literatur, die »die Sinne und Verstandeskräfte des ‚täglichen Menschen‘ nicht überfordert und doch zugleich auf ihn einzuwirken und ihn zu lenken vermag«.[77] Einerseits werden damit messianisches Künstlertum und künstlerische Ekstase, wie sie der Expressionismus postulierte, abgelehnt, andererseits versucht man, eine Brücke zu schlagen zwischen dem Künstler und der in der Weimarer Republik neu entstandenen Massenkultur. Stilistisch ergibt sich daraus eine Annäherung an Formen der Publizistik und der Gebrauchsliteratur, wie Chanson, Song und Rollenlied.

Neue Themen rücken in den Vordergrund, wie die Technik, die als positiv und den allgemeinen Wohlstand fördernd emphatisch gefeiert wird. Den Technik-Kult der zwanziger Jahre reflektieren, wenn auch häufig ironisch oder skeptisch gebrochen, die Berlin-Gedichte der Güntherschen Anthologie. In den als »Kleinstadtträumen« ausgegebenen Passagen von Max Herrmann-Neißes *Ankunft in Berlin* (S. 283 f.) wird die Stadt antizipiert:

Denn in unsern letzten Kleinstadtträumen von dir, Berlin,
war Propellergerassel, Winken aus Wolken, Brunst von Benzin!

War Unerhörtes, das uns mit irgendeiner Raserei überfiel,
waren Seiltänzer auf Trambahndrähten, war ein Automobil,
das mit uns wie ein feuriger Engel über glühende Glätte stürmte,
durch lauter Reifen von Wind, der Leuchten auf Leuchten türmte!

Wenn auch am Ende das Gedicht mit der enttäuschenden Wirklichkeit konfrontiert,[78] so erscheint doch bei Herrmann-Neiße wie bei anderen Lyrikern der Neuen Sachlichkeit Berlin als Stadt, die nun weniger mit Paris, London oder Wien denn mit New York oder Chicago vergleichbar ist. Dem Technikkult, der in amerikanischen Städten seine Vorbilder hatte, hält Lion Feuchtwanger »Amerikanismus als Provokation« (Lethen) entgegen, so in dem Gedicht *Herr B. W. Smith besichtigt die Leipziger Straße* (S 95 f.): »Diese C-Berliner hatten es noch viel zu grünhornhaft wichtig, / nahmen es nicht lächelnd genug; ihre Reklame war absolut uninteressant. / Immerhin hatten sie Pep, insofern waren sie richtig«. Nüchtern und ironisch werden die neuen technischen Phänomene, die Unterhaltungsindustrie (Hans Harbeck: *Kino, Kino über alles*, S. 104 f; Karl Kinndt: *Ein Schlagerdichter kriegt Gehirnerweichung*, S. 106 f.), die fluktuierende Realität der Weltstadt (Erich Kästner: *Besuch vom Land*, S. 97) kommentiert, jedoch ohne das Pathos der Expressionisten, und zuweilen scheint ihr Reihungsstil, der doch gerade mimetisch die Dissoziierung der Großstadtwahrnehmung abbilden sollte, parodiert (»Die Bahnen rasseln. Die Autos schrein. / Sie möchten am liebsten zu hause sein«). Von einer Dichotomie Großstadt – Land kann jetzt nur noch insofern gesprochen werden, als die Großstadt keineswegs mehr als »Sündenbabel und Quelle allen Übels (verschrien)«[79] wird, ja der Großstädter nun sogar als der »vollkommene Mensch« erscheint und man sich über den Berlin-Touristen belustigt, der die Tempo-Technik-Signatur der »Überweltstadt« (s. Anm. 81) noch nicht begriffen hat:

Sie lächeln bestürzt. Und sie warten dumm.
Und stehn auf dem Potsdamer Platz herum,
bis man sie überfährt.
        (Erich Kästner, *Besuch vom Land,* S. 97)

Provinzler treiben rot und dick dahin
und hoffen stark auf irgendein Erleben
zwodutzend Großstadttage sind ihr Lebenssinn
        (Hans Zapf, *Ecke Joachimstaler,* S. 108).

Die Vergnügungsindustrie bildet einen weiteren Schwerpunkt der Texte, und zwar in doppelter Hinsicht: thematisch, indem sie sich mit dem Nachtleben, den Bars und Kabaretts beschäftigen (Hans Zapf, d. i. Hans Westheim: *Ecke Joachimstaler,* S. 108, Max Kolpe: *Leerlauf der Gefühle,* S. 102 f., Alfred Richard Meyer *Berliner Bar,* S. 98 f.); stilistisch geht der Bar-Slang (»Deine sogenannten Gedanken – dies halbe Glas Sherry. / Dies halbe Glas Vermouth – deine Jefühle, Mary?«, S. 98) in die Gedichte ein. Auch die Sprache der Kabaretts findet Eingang in die Lyrik (Theobald Tiger, d. i. Kurt Tucholsky: *Confessio,* S. 93). Mit Joachim Ringelnatz' *Sehnsucht nach Berlin* (»Berlin wird immer mehr Berlin. / Humorgemüt ins Große. / Das wär mein Wunsch: / Es anzuziehn / Wie eine schöne Hose«, S. 282) erscheint der Typus des Rollengedichts, das das »neue lyrische Paradigma der Gebrauchslyrik der Weimarer Republik verkörpert«,[80] und kabarettistisch werden auch die sozialen Gegensätze behandelt, so in Alfred Kerrs *Berlin im Licht und im Dunkel* (S. 91 f.).
Vergeblich wird man in den poetischen Beiträgen dieser Sammlung nach Texten des »sehnsüchtig-lyrischen Zurückfühlens« suchen,[81] die das alte Stadtbild oder verträumte Winkel beschwören; eine Ausnahme bildet Arno Holz' Gedicht *An die Märzgefallenen,* S. 279 ff., dessen minuziöse Beobachtung der Realität sich hingegen bruchlos neben den Texten der Neuen Sachlichkeit[82] behauptet.
Die Rezeptionsgeschichte von *Hier schreibt Berlin* ist insofern noch von besonderem Interesse, als sie zwei zentrale historische Daten der Stadt berührt: Die Anthologie wurde 1933 verboten und verbrannt, ihre Dichter gingen zum überwiegenden Teil ins Exil und wurden von den Nationalsozialisten verfolgt. Damit wird die Sammlung – literarisch und politisch – zu einem »Dokument« ihrer Zeit. Eine Neuauflage erschien dann 1963, und zwar parallel zu einer anderen Taschenbuchpublikation des List-Ver-

lages mit dem Titel *Hier schreibt Berlin heute,* herausgegeben von Rudolf Hartung.[83] Der Verlag wußte die neue Situation nach den Ereignissen des August 1961 geschickt zu nutzen, indem Hartungs Sammlung mit dem Untertitel »Die Tage der Mauer« versehen und auch vom Klappentext in den zeithistorischen Kontext gestellt ist. Mit dieser Parallelausgabe (List-Bücher 239 und 240) sollte offenbar ein Zusammenhang zwischen der »großen Vergangenheit« der 20er Jahre und dem »Überlebenswillen« West-Berlins nach dem Mauerbau hergestellt werden.

Einen Perspektivierungsversuch aus entgegengesetzter Richtung unternahm Hermann Kählers Darstellung *Berlin – Asphalt und Licht. Die Große Stadt in der Literatur der Weimarer Republik* (Berlin, DDR, 1986), die Günthers Sammlung zum Ausgangspunkt einer Untersuchung der Berliner Literatur der zwanziger Jahre aus der Sicht der marxistischen Literaturwissenschaft macht und die Autoren von *Hier schreibt Berlin* für die Literaturgeschichtsschreibung der DDR reklamiert.

2. Berliner Gedichte (1931)

Als anspruchsvollste Berliner Lyrik-Anthologie hinsichtlich der Textauswahl wie der Buchgestaltung darf die von Kurt Lubasch und Emil F. Tuchmann edierte Sammlung *Berliner Gedichte* aus dem Jahre 1931 gelten. In Druckanordnung und Einbandgestaltung (beides von Abraham Horodisch) der Bauhaus-Ästhetik verpflichtet, stellt der Band Dichtungen fast ausschließlich hohen literarischen Niveaus vor. Die Einleitung schrieb Franz Hessel, Kurzbiographien und präzise Quellenangaben gehören ins gediegene Gesamtbild. Das Impressum nennt die Leserschaft: In einer einmaligen numerierten Auflage von 300 Exemplaren wurde der Privatdruck der »Berliner Bibliophilen Gesellschaft zum 10. März 1931 überreicht«.[84]

Die Anordnung der Texte folgt der Chronologie, wobei drei ineinanderübergehende Abteilungen erkennbar sind: naturalistische und neuromantische Texte, denen ein Gedicht des späten Fontane vorangestellt ist (S. 10–17), Texte des Expressionismus (S. 18–49) und der Neuen Sachlichkeit (ca. S. 50–89). Es kommt jedoch in der zweiten und dritten Gruppe zu Rückgriffen auf naturalistische bzw. expressionistische Autoren. Das (versifizierte) Nachwort der Herausgeber spricht lediglich von zwei Autorengenerationen, die man vorstellen wolle, womit einerseits Autoren von Naturalismus und Expressionismus, andererseits jene der Weimarer Republik gemeint sein dürften.

Die Anthologie von Lubasch/Tuchmann erhält ihren besonderen Wert nicht nur durch den Abdruck von z. T. unveröffentlichten oder schwer zugänglichen Texten der Neuen Sachlichkeit,[85] sondern auch durch die erstmalige breite anthologische Präsentation expressionistischer Lyrik, die in den bis dahin erschienenen Berlin-Sammlungen nicht oder kaum vertreten war. Dabei kommen nicht nur »klassische« Vertreter expressionistischer Dichtung (Georg Heym, Yvan Goll, Johannes R. Becher, Alfred Lichtenstein, Alfred Wolfenstein, René Schickele) zu Wort, sondern auch weniger bekannte Autoren (wie Paul Boldt, Curth Corrinth, Kurt Erich Meurer, Walther Rheiner).

Vier Gedichte Georg Heyms (S. 20–23) eröffnen die expressionistischen Beiträge *(Berlin I–III* sowie das Nachlaßgedicht *Berliner Vorortbahnhof),* Ernst Blass, formal an Heym anschließend, ist mit zwei Texten vertreten, die vorher nur in Zeitschriften publiziert waren. *Berliner Abendstimmung* (S. 35) von Blass hat die Verwandlung der Geschäftsviertel in eine nächtliche Vergnügungswelt zum Thema:

Stumm wurden längst die Polizeifanfaren,
Die hier am Tage den Verkehr geregelt.
In süßen Nebel liegen hingeflegelt
Die Lichter, die am Tag geschäftlich waren.

An Häusern sind sehr kitschige Figuren.
Wir treffen manche Herren von der Presse
Und viele von den aufgebauschten Huren,
Sadistenzüge um die feine Fresse.

O komm! O komm, Geliebte! In der Bar
Verrät der Mixer den geheimsten Tip,
Und überirdisch, himmlisch steht dein Haar
Zur Rötlichkeit des Cherry-Brandy Flip.

Die Komposition ist, verglichen mit den Gedichten Heyms, weniger streng (Wechsel des Reimschemas von der I. zur II. Strophe); die Bilder steuern nicht auf ein mythologisch oder endzeitlich getöntes Schlußbild hin, sondern auf eine eher lässige Pointe. Thematisch und sprachlich lebt der Text aus der Gegenüberstellung von erotisch-romantischer Abendszenerie (stumm, süße Nebel, himmlisch, überirdisch, Geliebte) und der Brutalität und Unverbindlichkeit der Geschäfts- und Vergnügungswelt (Verkehr, Presse, Huren, hingeflegelt, kitschig, aufgebauscht, Fresse, Tip, Flip). Provozierend wird dabei die Oberflächlichkeit des Amüsierbetriebs romantischen Evokationen von Abendstimmung und Geheimnis entgegengesetzt, das Haar der Geliebten beschworen, weil es mit der Farbe des Cocktails harmoniert. Blass' Vergleiche und Bilder entstammen ausschließlich dem Stadtreservoir, die Architektur kommt als Stil des wilhelminischen Historismus ins Bild.

Demgegenüber bemüht Alfred Wolfensteins *Der Tag von Berlin* (S. 47) noch Naturmetaphorik und mythologische Bilder, um die durch das geöffnete Fenster hereindringende Welt der Industriemetropole zu beschreiben (»Berlin ersteht. Ein Riese hebt mich, schäumend: / Revolution! aus den verbrauchten Träumen / Herauf an seinen starken Arbeitsmund, / Mit Reihen Zähnen, Straßen, Häusern, Bäumen«). Der Form nach ein Erlebnisgedicht, erscheint in diesem Text die Industrie- und Arbeitswelt lediglich abstrakt als »Büro, Geschäft, Fabrik«. Trotz pathetischer Interjektionen (»Neu, Sieger über Alt!«) wirkt des Betrachters Anteilnahme an »Berlin, der Arbeit Raum« wenig glaubhaft und (wie die distanzierte Beschreibung durch das Fenster) z. T. als Rückgriff auf Gestaltungsmittel des Naturalismus.

Die »Simultaneität des Disparaten in der raschen Folge wechselnder Bilder«,[86] wie sie in der Manier Jakob van Hoddis' weite Bereiche der expressionistischen Lyrik stilistisch prägte, gelangt in Zonen des Grotesken bei Alfred Lichtenstein. Zwei seiner drei *Gesänge an Berlin* sind in der Anthologie von Tuchmann/Lubasch publiziert (S. 18–19), freilich wirken die »Verzerrungen« Lichtensteins in diesen Texten aus dem Nachlaß gemildert, haben seine Abschiedslieder einen eher bänkelsängerhaften, volkstümlichen Ton: »Leb wohl, Berlin mit deinen frechen Feuern, / Lebt wohl, ihr Straßen voll von Abenteuern. / Wer hat wie ich von euerm Schmerz gewußt, / Kaschemmen ihr, ich drück euch an die Brust« *(Gesänge an Berlin I).*

In Yvan Golls *Ode an Berlin (1918)* (S. 44) tritt das soziale Element in den Vordergrund: Die Dynamik der gesellschaftlichen Veränderungsprozesse im Berlin nach dem Ersten Weltkrieg erscheint in dithyrambisch-ekstatischer Form poetisch umgesetzt:

Dein Herz von Asphalt
Proleten werfen es in die Scheiben des Jahrhunderts
Und dein elektrisches Auge brennt über hängenden Gärten
Gelbe Untergrundbahn
Flieht zu lieblichen Quellen des Abends

Berlin du Bar des Planeten
Wie ich Urzeit spüre!
Unterwelten entsteigt der Autobus

Die einsetzende Massen-Kultur der Weimarer Republik wird im Zusammenhang mit den neuen Medien als verlogen kritisiert (»Doch im Kino krönt man Könige noch / Kant und Einstein lächeln populär / Die Kultur!

Kultur! Kultur! / Zu den Negern drahtet eure Lüge«), Architektur als Ausdruck eines weiterbestehenden kapitalistischen Gesellschaftssystems gelesen (»Marmorn muss das Kolossale strotzen! / Türme gibt es nicht noch Götter: / Aber das Quadrat der Bank, Zuchthaus von Moabit«). Der Aufruhr gegen die alte Ordnung – das Gedicht spielt u. a. auf Ereignisse des Jahres 1919 an: den Spartakus-Aufstand vom Januar und die Ermordung Karl Liebknechts und Rosa Luxemburgs[87] – führt zur Umkehrung aller bisherigen Vorstellungen: vom Kircheninstrument tönt Schlagermusik, zur Märtyrerin wird Rosa Luxemburg verklärt (»Hymnen schreibt der rote Redakteur! / Und die Orgeln brausen: O Susanne! / Heilige Rosen blühen im Landwehrkanal / Letzte Rose von Deutschland!«). Die Stadt als Ort der Unterdrückung hat für Goll nur die Funktion, die Revolution zu entfachen, sie selbst gilt es zu vernichten, »damit das Machtprinzip durch das des Geistes und der Liebe ersetzt werden kann – ganz so, wie es die expressionistische Doktrin vorsieht«:[88] »O Berlin, du Nessel am Kreuzweg des Ostens / Dorre an deinem Staube bröckle Vergessenheit« (S. 45).
Während bei Johannes R. Becher *(Berlin! Berlin!,* S. 41) der »Jahrhundertwind«, die Geschwindigkeit der neuartigen Stadtwelt, noch in rhetorischen Formeln beschworen wird (»Berlin! Berlin!! Es streifen Tausendbahnen / Melodisch surrend über dein Gezelt«), sprengt bei Walter Mehring *(Heimat Berlin,* S. 76–77) der neue Rhythmus das Gedicht gleichsam von innen heraus. In dadaistischer Montagetechnik werden Bilder, Satzfetzen, Slang- und Dialektausdrücke aneinandergekoppelt, treiben im beschleunigten Zeitstrom vorbei:

Die Linden lang! Galopp! Galopp!
Zu Fuß, zu Pferd, zu zweit!
Mit der Uhr in der Hand, mit'm Hut auf'm Kopp
Keine Zeit! Keine Zeit! Keine Zeit!
Man knutscht, man küßt, man boxt, man ringt,
Een Pneu zerplatzt, die Taxe springt!

Dieses Gedicht stammt aus der Epoche, in der Mehring als Dadaist und Kabarettautor bekannt wurde,[89] und markiert seinen Ort in Mehrings Biographie durch die verwendeten künstlerischen Mittel wie durch seine Sangbarkeit als Couplet. Die Weltstadt (»New York – Berlin een eenz'ger Satz«) wird buchstäblich als Sprachwelt erlebt. Rasch, wie wenn eine Hand über den Stadtplan fährt (»Der fährt / immer mal wieder / Mit der Hand übern Alexanderplatz, / Den Pharusplan[90] im Schube!«), wechseln Standort, Imagination, Beobachtung. »Das Leben erscheint als ein simultanes Gewirr von Geräuschen, Farben und geistigen Rhythmen, das in die da-

daistische Kunst unbeirrt mit allen sensationellen Schreien und Fiebern seiner verwegenen Alltagspsyche und in seiner gesamten brutalen Realität übernommen wird«,[91] – so könnte auch das poetische Credo von *Heimat Berlin* lauten. Die Stadt wird als »jute Stube« (S. 76) erlebt, als natürlicher Lebensraum, in dem sich das lyrische Ich bewegt und an dem es – parteilich – teilnimmt. Politik und Auseinandersetzung der Straße erscheinen sprachlich gespiegelt, patriotische Reden und lautstarker Protest sind Elemente der dynamisierten Stadtlandschaft:

Hier kläfft's Hurra! Hier äfft der Mob,
Daß Jift und Jalle speit!
Revolver in der Hand, mit'm Helm auf'm Kopp,
Keine Zeit! Keine Zeit! Keine Zeit!
Jedrillt! Jeknufft, jeschleift, jehängt!
Minister sein?? Jeschenkt, jeschenkt!
Von hinten brüllst'n nieder!

Die Berlin-Gedichte Mehrings leiten, indem sie expressionistische Stilprinzipien weiterführen und in den Dadaismus hinein auflösen und indem sie zugleich die Nähe zur Gebrauchslyrik suchen, bereits über zu jener Poesie der Weimarer Republik, die unter der Bezeichnung Neue Sachlichkeit figuriert. Grundsätzlich handelt es sich dabei um eine Neuorientierung des Verhältnisses von Gedicht und Öffentlichkeit, die in einem engen und auch in formaler Hinsicht bedeutsamen Zusammenhang mit der Entwicklung der Technik der Massenmedien und -kommunikation steht.

Der publizistische Bereich bildet einen wichtigen thematischen Bezugspunkt: »In den Berliner Verlagshäusern Mosse, Ullstein und Scherl wurden alle Techniken und Methoden des modernen Zeitungswesens erprobt und gefunden (…) Berlin war damals die größte Zeitungsstadt der Welt.«[92] Schon an Details, wie dem in das sonst regelmäßig gebaute kleine Gedicht *Die Letzten* von Hans Janowitz (S. 50) eingeblendeten Zwischenruf des Zeitungsjungen wird dies sprachlich erfahrbar:

Und der allerletzte Kerl
kauft die allerletzte Hure.
Ecke. Droschke. Liebesfuhre,
Tagesanbruch –
(»Berliner Morgenpost«! … »Lokalanzeiger«!)
                    Ullstein! Scherl!

Das Pressewesen (und -unwesen) wird überdies selbst Gegenstand der Poesie:

In jener Gegend wohnt die große Presse –
sie macht erst unsere Zeit in Wort und Bild:
dort sättigt der Berliner sein Interesse,
nervös und injebildt.
    (Theobald Tiger, *Home, sweet home*, S. 85)

Ein Redakteur macht sich redselig wichtig:
man lauscht verzückt und blinzelt insgeheim.
    (Max Herrmann-Neiße, *Literatencafé*, S. 56)

Die rapide Entwicklung der Informationsindustrie, insbesondere der Massenpresse führte zu rezeptionsästhetischen und gattungsspezifischen Veränderungen, die nicht zuletzt das Gedicht betrafen: »Die Annäherung an Publizistik und Unterhaltungsformen bringt Verschiebungen im System der lyrischen Subgattungen mit sich, die keinesfalls von vornherein als wertlos, sondern als wichtige Anstöße und Bereicherungen eingeschätzt werden müssen (…). Nicht nur Prosa und erzählende Literatur schlagen die Brücken zu publizistischen Formen (vor allem im Bereich des Essays), auch das Gedicht sucht die Öffentlichkeit der Presse bis hin zur Tagespresse, und zwar in weitaus höherem Maße als in der Wilhelminischen Zeit, in der es auf den Sektor der literarischen Spezialzeitschriften und der satirischen Presse weitgehend beschränkt blieb«;[93] die »neue Öffnung zur Öffentlichkeit« (Bayerdörfer) führte in den Gedichten Erich Kästners oder Kurt Tucholskys zu »Urbanität und Leichtigkeit der Diktion«.[94]
Neben der Publizistik war es vor allem der Bereich des Kabaretts, der Einfluß auf Inhalte und Gestaltungsformen des Gedichts gewann. Die Sammlung *Berliner Gedichte* gibt dafür mehrere Beispiele: außer den Gedichten Walter Mehrings (S. 76, 78), Erich Kästners (S. 84), Hans Alfred Kihns (S. 73) sind es vor allem die Texte Tucholskys, in die die Formen Song, Chanson und Couplet Eingang gefunden haben *(An die Berlinerin*, S. 86 f, *In Weissensee*, S. 88 f). Seinen Ursprung im literarisch-politischen Kabarett hat auch das Rollengedicht, für das die Texte von Joachim Ringelnatz als paradigmatisch stehen können; seine Poesie, die das Schicksal des einzelnen, häufig des Zugereisten, in der Großstadt schildert, traf wie diejenige des frühen Brecht »Lebensgefühl und Gefühlslage der jungen, ernüchtert aus dem Krieg entlassenen Generation«.[95] Sie knüpfte an die Kabarett-Tradition vor dem Ersten Weltkrieg an, war antidadaistisch und erreichte als populäre ,Poesie des Prosaischen', in der Ringelnatz viel eigene Biographie verarbeitete,[96] über Kabaretts und Bücher mit hohen Auflagen ein breites Publikum. Seine Berlin-Gedichte sind Zeitbilder, die die Stadtlandschaft und die Erfahrungen, die das lyrische Ich in und an ihr macht, als lyrische Biographie oder fingierten Brief verzeichnen:

Da fährt die Hochbahn in ein Haus hinein
Und auf der andern Seite wieder raus.
Und blind und düster stemmt sich Haus an Haus.
Einmal – nicht lange – müßtest du hier sein.
Wo das aufregend gefährlich flutet und wimmelt
Und tutet und bimmelt
Am Kurfürstendamm und am Zoo.
    (Berlin, S. 80)

In dem oft gedruckten Gedicht *Frühlingsanfang auf der Bank vorm Anhalter Bahnhof* wird ein Arbeitslosenschicksal der 20er Jahre beschrieben (S. 83), ins Bänkelsängerhafte und Moritatische führt *Berlin (An den Kanälen*, S. 82): »Sausende Lichter / Tausend Gesichter / Blitzen vorbei: Berlin. / Übers Gewässer / Nebelt Berlin ... / Drunten wär's besser«.
Während Berlin bei Ringelnatz von den Rändern her, aus der Sicht der Einzelgänger und der ärmeren Bevölkerungsschichten in den Blick kommt, bewegen sich die Texte Alfred Richard Meyers (S. 68, 69, 70 f.) vorzugsweise in der Welt der nächtlichen Boulevards, der City mit ihren Amüsierlokalen und Feinschmeckerrestaurants. Die Werbungs- und Unterhaltungsindustrie wird ebenso zitiert wie kulinarische Spezialbezeichnungen, – in knappem Schlagzeilendeutsch und witziger Montagetechnik:

Homo Astheniker weiß sich bei Horcher den Tisch reserviert
und 1920er Ruppertsberger Hoheburg Riesling Auslese
(Original-Abfüllung Dr. von Bassermann-Jordan) wohl temperiert.
Horcher – das praktische Seminar aller Gastrosophie in Europa.
Otto dem Horcher geht es um die Wildente in Burgunder.
Réchaud und Presse – Utensilien unseres alchimistischen Laboratoriums!
Doppelimperialflaschen französischen Cognacs harren der Flamme.
    (Und abends nach der Scala ... [1931], S. 70).

Der Text Alfred Richard Meyers aus dem Jahre 1931 zeigt aber auch, daß es der Großstadtpoesie zunehmend schwerfiel, ihrem Thema noch neue Züge abzugewinnen, ohne ins Belanglose und Oberflächliche abzugleiten. Die Feststellung Christoph Perels', daß Ende der zwanziger Jahre »die Stadt als übergeordnetes Thema der Literatur (...) rasch ihr Pathos und ihre Faszination verlor«,[97] betrifft auch die Berlin-Lyrik. Einerseits gerät zu diesem Zeitpunkt die thematisch und formal dem Stadtthema stark verpflichtete Neue Sachlichkeit in die Kritik, – ihre Scheinobjekthaftigkeit registriere »lediglich ästhetisch umgeformte Realitätsfragmente und beließe es dabei«, ohne daß »die stoffliche Wirklichkeit zur Kunst aufgehoben werde«;[98] andererseits ist um 1930 eine allgemeine Hinwendung zur Naturthematik zu beobachten,[99] »neue Schulen der Naturlyrik« entstehen (z. B. um die Zeitschrift *Die Kolonne*,[100] zu deren Autorenkreis Günter Eich, Peter Huchel, Georg Britting, Gertrud Kolmar und Elisabeth Langgässer zählten). Insofern ist die Selbstdarstellung der Nationalsozialisten, daß das Jahr 1933 eine säkulare Wende darstelle, auch in literarischer Hinsicht verfehlt, – die Abkehr von der Thematik der Stadt und der Industriewelt und die Hinwendung zur Naturlyrik hatten bereits vorher eingesetzt. Horst Denkler ist beizustimmen: die Zwanziger Jahre enden kalendarisch – nicht 1933, sondern 1929.[101]

Unter diesem Aspekt bietet die Sammlung *Berliner Gedichte* sowohl einen Querschnitt durch die aktuelle Berlin-Lyrik wie einen Rückblick auf das Erreichte; sie zieht eine lyrische Summe der Berliner Stadtpoesie von den Tagen des Naturalismus bis zum Jahr 1931. Aus den bekannten politischen und historischen Ursachen sollte dieses Unternehmen für die folgenden Jahre das letzte seiner Art bleiben. Erst nach dem Zweiten Weltkrieg melden sich die Berliner Lyrik-Anthologisten zu Wort, – mit der Thematik der zerscherbten Stadt[102] und des optimistischen Wiederaufbaus.[103] –

Von 1933 bis 1961

I. 1933–1945

Mit dem Beginn der totalitären Herrschaft des Nationalsozialismus in Deutschland und im größten Teil Europas wurde auch Berlin, seine Literatur und seine Autoren, von Repressalien erfaßt, ja in besonderem Maße von ihnen betroffen: »Vieles vom Ungeist des Dritten Reiches (vollzog sich) symbolhaft und wegweisend« in Berlin.[104] Als Nährboden sogenannter »Asphaltliteratur« entsprach die Großstadt Berlin und ihr Kulturleben keineswegs der NS-Ideologie eines agrarisch orientierten Ständestaates, im Gegenteil: Bereits vor der Machtergreifung der Nationalsozialisten wurde Berlin zur Zielscheibe stadtfeindlicher Polemik völkisch-nationaler Kreise, die auf eine Gleichstellung von »Großstadt« und »Provinz« drangen und den »Aufstand der Landschaft gegen Berlin« (s. folgende Anmerkung) proklamierten. Der Kampf wurde vor allem publizistisch geführt, wobei sich Wilhelm Stapels *Deutsches Volkstum* und Will Vespers *Die neue Literatur* hervortaten. Zwar ging es dabei »wohl auch um den Kampf gegen das Großstädtische als solches, gegen die ,Entwurzelung', mehr aber um den Kampf gegen den Geist *dieser* Großstadt«.[105]
Für die Jahre zwischen 1933 und 1945 kann festgestellt werden, daß sie »in ungewöhnlich hohem Maße das gesamte politische, soziale und kulturelle Gefüge der Stadt [Berlin] erfaßt und verändert« haben.[106] Zwei Ereignisse markieren gleich zu Beginn der NS-Zeit die Richtung der neuen Kulturpolitik und zeitigten erhebliche Rückwirkungen auf die Berliner Literatur und das Berliner Literaturleben. Nach dem 30. Januar 1933 erreichte die »innere und äußere Neugestaltung« auch die Sektion für Dichtung der Preußischen Akademie der Künste.[107] Der Austritt Heinrich Manns wurde am 15. Februar erzwungen; auf Grund der Verweigerung einer von den Mitgliedern am 13. März geforderten Loyalitätserklärung zur neuen Regierung schieden drei Mitglieder auf eigenen Wunsch aus, weitere drei wiesen die Erklärung zurück, ohne auszutreten. Zwischen dem 5. und 8. Mai schloß man dann insgesamt zehn Mitglieder auf Grund des ,Gesetzes zur Wiederherstellung des Berufsbeamtentums' aus. Anfang Mai wurden die Ausgeschiedenen bereits durch Neugewählte ersetzt, in der konstituie-

renden Sitzung vom 7. und 8. Juni dann weitere 10 Mitglieder nominiert.
Für die Berliner Literatur waren diese Vorgänge insofern von doppelter
Bedeutung als sie ihre namhaften Vertreter wie Heinrich Mann und Al-
fred Döblin ins Exil zwangen und den Anhängern einer berlinfeindlichen
Literaturrichtung zu Schlüsselpositionen verhalfen: Exponierte Vertreter
der Blut und Boden-Literatur wie Hanns Johst, Hans-Friedrich Blunck
und Werner Beumelburg wurden in den Vorsitz bzw. ins Sektionssekreta-
riat berufen. Mit der Aufnahme von Josef Ponten, Wilhelm Schäfer und
Guido Kolbenheyer wurde diese Fraktion durch Schriftsteller verstärkt,
die bereits im Herbst 1930 in der Sektion für Sprache und Dichtung heftig
gegen die »Großstadt« polemisiert hatten.[108]
Ein breiteres Echo noch als die Vorgänge um die Literatursektion der Aka-
demie der Künste fand die spektakuläre erste öffentliche Bücherverbren-
nung am 10. Mai 1933 in Berlin, der weitere in anderen Städten (so in
Bonn, Frankfurt/M., Göttingen, Hamburg, Köln, München, Nürnberg,
Würzburg) folgten. Dieser Aktion war ein »Aufklärungsfeldzug« *(Wider
den undeutschen Geist)* vorangegangen,[109] dessen Ziel es ausdrücklich war,
den Widerspruch zwischen »Schrifttum und deutschem Volk« zu schlie-
ßen und sich von »zersetzender« Literatur zu befreien.[110]
Der Angriff galt neben den Schriften der »Emigrantenhetzer«, »Marxi-
sten«, »dekadenten Zivilisationsliteraten«, »Pornographen«, »jüdischen
Publizisten und Hetzern« vor allem auch den »Asphaltliteraten«. Auf die
Frage, wer der eigentliche Feind sei, veröffentlichten die Münchener *Neue-
sten Nachrichten* in einem Artikel über sog. Schwarze Listen, die die Werke
aus den Öffentlichen Bibliotheken auszusondernder Schriftsteller ent-
hielten, auszugsweise eine Erklärung des Preußischen Ministeriums für
Wissenschaft, Kunst und Volksbildung, in der es heißt: »Der Kampf rich-
tet sich gegen die Zersetzungserscheinungen unserer artgebundenen
Denk- und Lebensform, d. h. gegen die Asphaltliteratur, die vorwiegend
für den großstädtischen Menschen geschrieben ist, um ihn in seiner Bezie-
hungslosigkeit zur Umwelt, zum Volk und zu jeder Gemeinschaft zu be-
stärken und völlig zu entwurzeln«.[111] Die allgemeine Verketzerung und
Verfemung der Großstadtliteratur als Literatur des »intellektuellen Nihi-
lismus«[112] betraf natürlich auch die Lyrik, und obwohl Berlin-Gedichte
vereinzelt und auf hohem Niveau noch geschrieben wurden (z. B. von Os-
kar Loerke,[113] Martin Kessel, von Emigranten wie Max Herrmann-Neiße
oder Verfolgten wie Gertrud Kolmar[114] und Albrecht Haushofer), erlangte
das Berlin-Gedicht in diesem Zeitraum keine Breitenwirkung mehr. Ne-
ben den ideologisch-politischen sind, wie bereits erwähnt, literargeschicht-
liche Entwicklungen dafür verantwortlich. Die Überwachung des gesam-

ten Bereichs der geistigen Produktion durch die Reichsschrifttumskammer im Sinne der NS-Ideologie tat ein übriges.[115]

1. Der Spreetunnel (1940, 1943)

So ist es kaum verwunderlich, daß während der nationalsozialistischen Herrschaft nicht eine einzige Berliner Lyrikanthologie erschien und daß selbst das 700jährige Stadtjubiläum verstrich ohne die Anthologisten zu inspirieren.[116] Zwar wurden nach dem Ausbruch des Zweiten Weltkriegs einige Sammelpublikationen zusammengestellt, die den Namen Berlin im Titel führen, jedoch kann dabei von Lyrik-Anthologien im Sinne unserer Definition keine Rede sein. *Der Spreetunnel. Ein Dichteralmanach aus Berlin*[117] erschien als Publikation der »Köpenick-Friedrichshagener Schrifttumsarbeit« und bot kurze Prosa und Lyrik minderer Qualität meist von sog. »Soldatenschriftstellern« (charakteristisch sind Gedichte wie Hans Baumanns *Kriegsweihnacht,* Bd. 2, S. 33); Berlin wird als Großstadt nicht thematisiert. Daß diese Initiative eine von der Parteiführung geförderte, wenn nicht gelenkte war, macht das Vorwort des Präsidenten der Reichsschrifttumskammer, Hanns Johst, deutlich, der sie als »Beispiel des künstlerischen Willens unserer nationalsozialistischen Gegenwart« feiert (Bd. I, S. 8). Im Bericht ,Acht Jahre Dienst am deutschen Schrifttum' im 2. Band (1943) verwahrt sich der herausgebende Bezirksbürgermeister von Berlin-Köpenick, Karl Mathow, gegen eine aus dem Namen Friedrichshagen ableitbare Nähe zur Friedrichshagener Naturalistengruppe, die »sozusagen zu allem in Opposition stand, nicht am wenigsten zur Staatsführung« (S. 19); vor allem aber sei ein Bezug auf die Friedrichshagener auch deshalb auszuschließen, weil diese an Berlin (mithin die zentralistische Großstadt) gebunden waren, während die neue »Werkschaft« »in allen Teilen Deutschlands zu Hause« sei und »nur geistig ortsgebunden« (ebda.). Der Aufstand der Provinz gegen die literarische Hauptstadt fand offenbar noch in diesem dilettantischen Literaturprodukt eine Fortsetzung und höchstoffizielle Sanktionierung.

2. Das Berlin-Buch (1941)

Wolfgang Weyrauch edierte 1941 *Das Berlin-Buch.*[118] Vom ohnehin verschwindend geringen Lyrik-Anteil (zehn von 304 Seiten) sind nur die Gedichte von Martin Kessel *(Ode,* S. 93–94), Oskar Loerke *(Die gespiegelte*

Stadt, S. 95 f.), Werner Bergengruen *(Vision*, S. 97 f.) und Felix Lützken-
dorf *(Atem und Lockung der großen Stadt*, S. 5–8) auf das Berlin- und Groß-
stadtthema bezogen.

3. Am grünen Strand der Spree (1943)

Die vom kommissarischen Berliner Oberbürgermeister der Reichshaupt-
stadt Ludwig Steeg herausgegebene und von Max Arendt zusammenge-
stellte Sammlung aus dem Jahre 1943 *Am grünen Strand der Spree. Berliner
Heimatgrüße an die Front* verweist bereits durch das Umschlagbild, auf dem
Berlin als Silhouette am Rand einer idyllischen Havellandschaft erscheint,
auf den naturbetonten und rückwärtsgewandten Kontext. Das Buch ent-
hält zum Thema der modernen Großstadt Berlin lediglich vier Gedichte:
Georg Reickes idyllisierendes *Der Rathausturm*, S. 144, Arno Holz' *Im Tier-
garten*, S. 10, Christian Morgensterns *Berlin*, S. 16, und Siegfried Mauer-
manns volkstümliches *Mein Berlin*, S. 50; die wenigen anderen poetischen
Beiträge stammen aus früheren Epochen, wie sich auch die Sujets der Pro-
sastücke gern im Historischen bewegen. Die Sammlung dürfte insgesamt
eher als eine Ablenkung vom Kriegsalltag gedacht gewesen sein denn als
Großstadt-Anthologie und vermittelte dem an entfernten Fronten kämp-
fenden Soldaten das Bild eines idyllischen und intakten Berlin, während
schon Luftangriffe die Stadt verwüsteten.
Diese Publikation fällt in die letzte Phase des Zweiten Weltkriegs, als auch
die »Reichshauptstadt« direkt und indirekt, durch Bombardements wie
auch durch immer stärkere Einschränkungen für die Bevölkerung von
den Kriegsereignissen betroffen wurde.[119] Neben Industrieanlagen,
Kultur- und Bürobauten wurden 612 000 Wohnungen, d. i. 39 Prozent des
Bestandes, vernichtet oder beschädigt,[120] die Innenstadt und das Tiergar-
tenviertel in Schutt und Asche gelegt. Darüber hinaus konstatiert Richard
L. Meritt[121] für den späteren Westteil der Stadt zwischen 1943–1948 insge-
samt drei weitere Etappen der inneren und äußeren Zerstörung: Das wäh-
rend der Luftangriffe von 1943–45 stark beschädigte Berlin wurde durch
die schweren Straßenkämpfe der letzten Kriegstage noch weitergehend
zertrümmert (1. Etappe); die Demontage von Industrieanlagen während
der ausschließlich sowjetischen Besatzungszeit zwischen dem 2. Mai und
dem 7. Juli 1945 betraf die West-Sektoren doppelt so stark wie den Ostteil
der Stadt: ca. zwei Drittel der Industrieanlagen und lebenswichtigen Ver-
sorgungseinrichtungen wurden abtransportiert (2. Etappe); schließlich
konstituierte die Spaltung Berlins eine dritte Etappe: Im März 1948 brach

die Vier-Mächte-Verwaltung (Kommandatura) auseinander. Nach der drei Monate später erfolgten Währungsreform, die von den Berlinern als entscheidender Einschnitt und Neuanfang gewertet wurde, begann (u.a. als Reaktion darauf) im Juni die Blockade der Westsektoren; im August desselben Jahres spaltete sich dann auch die bis dahin einheitliche Berliner Verwaltung (Magistrat von Groß-Berlin) in separate Stadtverwaltungen für den sowjetischen Sektor einerseits und die drei Sektoren der Westmächte andererseits. Das Ende der Blockade im Mai 1949 markiert auch den Abschluß der Phase der politischen und verwaltungsmäßigen Umstrukturierung Berlins, der solche der Infrastruktur und des kulturellen und sozialen Lebens folgten.

Berlin hatte – jedenfalls galt das für den Westteil – die Funktion eines politischen Zentrums verloren; dennoch blieb es für die folgenden 20 Jahre im Interessenkampf der Großmächte ein politisch neuralgischer Punkt, an dem sich mehrmals Ost-Westkonflikte entzündeten. Für die Stadt war mit der Teilung in ein »Land der Bundesrepublik« [122] und die »Hauptstadt der DDR« die Grundlage für zwei unterschiedliche kulturelle Entwicklungen gelegt, die auch die Stadtpoesie betrafen, zumal diese an der »Dissoziation der Literatur auf weltanschaulicher Basis«,[123] wie sie in den beiden deutschen Teilstaaten stattfand, in ganzem Umfang teilnahm.

II. 1945–1961

1. Junges Berlin (1948)

Wenige Monate vor Währungsreform und Blockade, im »März 1948« (Impressum), erschien im Westteil der Stadt die erste lyrische Berliner Nachkriegsanthologie. Unter dem Titel *Junges Berlin* [124] stellte sie 35 Autoren vor, von denen es heißt, daß sie »die poetische Gestaltungskraft des Berlin kurz nach den schlimmsten Jahren deutscher Geschichte« verkörperten (Vorwort, o.S.).[125] Da von den Mitarbeitern nur gefordert wurde, daß sie in Berlin ansässig waren, ist das Themenspektrum der ausschließlich lyrischen Beiträge weit gefächert; ein nicht unbeträchtlicher Teil der Texte befaßt sich indessen mit speziell Berliner Sujets und Problemen. Die innere Perspektive der Sammlung ist an der damals aktuellen philosophischen Strömung des Existentialismus orientiert: »Die Dichtung«, heißt es im Nachwort des Herausgebers Robert Kukowka, »soll (…) das Eigentliche unseres zeitlich gefaßten Seins aussagen« (Nachwort, o.S.); »nicht ästhetische(n) Genuß« soll sie vermitteln, sondern vor allem Selbsterkenntnis (ebda.); der »Mensch« wird in die Dimensionen von »Welt« und »Zeit« (Kapitelüberschriften) gestellt; »jede Aussage, ichbezogen, ist zugleich allgemein« (Nachwort, o. S.), d. h. die individuellen Erfahrungen, (zum großen Teil Grenzerfahrungen im Jaspers'schen Sinne wie Angst, Tod, Schuld) wollen zugleich als ein Allgemeines verstanden sein. Diesem Wunsch nach Allgemeinverbindlichkeit entspricht es, wenn die Autoren nur im Inhaltsverzeichnis namentlich genannt sind und die (lediglich numerierten) Texte für sich stehen (»Die Namen der Sänger dieses Chores begehrt niemand zu wissen, solange er ihm lauscht …«, Nachwort o. S.).

In formaler Hinsicht fällt der Rückgriff auf traditionelle Metren-, Strophen- und Gattungsformen auf: 73 der 80 Texte bedienen sich des Reims und (überwiegend) regelmäßiger Metren; darunter finden sich allein fünfzehn Sonette. Außerdem fordert das »Rilke-Fieber« (Knörrich) der Nachkriegszeit seinen Tribut (Werner Düttmann: *Sonett an die Geliebte,* Nr. 38, *Abschied,* Nr. 48, u. a.). Der manifeste Neoklassizismus der Sammlung, dem auch Poetik und Duktus des Nachworts verpflichtet sind (»Die in unsere Zeit Geborenen, so scheint es, erfassen unbewußt, daß die Strenge der Gesetze ihnen dienen wird, ihr Uferloses zu verdichten …«, Nachwort, o. S.),[126] steht jedoch keineswegs vereinzelt in der poetischen Nachkriegslandschaft Deutschlands, sondern kennzeichnet eine der für diese Epoche wesentlichen Tendenzen, die in Neuerscheinungen wie Rudolf Hagelstanges *Venezianisches Credo* (1945), den neoklassizistischen Gedichten Werner Bergengruens, Annemarie Boestroems, Johannes R. Bechers oder der Exildichter Paul Zech und Max Herrmann-Neiße ihren Ausdruck fand. Diese Strömung trat nicht als ein formal Neues plötzlich hervor, sondern knüpfte an die neoklassizistische Richtung der 30er und 40er Jahre an, deren bekanntester Vetreter Friedrich Georg Jünger, Hans Carossa und Josef Weinheber waren.

,Zeit', der erste Abschnitt der Sammlung, arbeitet vor allem Kriegserlebnisse auf *(An den Straßen des Krieges,* S. 1; *Die erste Leiche,* Nr. 2; *Weihnachten 1944,* Nr. 8 u. a.) und setzt sich mit der Situation der Bevölkerung im ersten Nachkriegsjahr auseinander *(Sylvester 1945,* Nr. 18; *Jetzt sind wir alle Bettler,* Nr. 20, *Jugend ohne Weg,* Nr. 23). Die Themen der zweiten Abteilung (,Mensch') gehören in den Bereich individueller Grenzsituationen (Einsamkeit, Verlust der Angehörigen usw.), der dritte Abschnitt (,Welt') bringt vor allem Stadt- und Naturgedichte. Dabei werden, wie schon in Abschnitt I *(Grab im Tiergarten* – eine Kontrafaktur zu Georges *Komm in den totgesagten park* – Nr. 19; *Mondnacht. Berlin 1945,* Nr. 22), Berliner Örtlichkeiten direkt thematisiert; dies geschieht jedoch nicht in naturalistischer

Schilderung, die verwüstete Stadtlandschaft wird vielmehr in einen um-
fassenden Geschichts- und Naturprozess hineingestellt. Ein charakteristi-
sches Beispiel hierfür bildet Hertha Zernas Gedicht über einen *Fährmann
an der Hansa-Brücke* (Nr. 68):

Flach greift sein Ruder in den stillen Fluß,
gewohnte Nachbarsitte neu zu üben,
und dreht den Kahn und schwingt ihn fort nach drüben,
dienstbar dem Manne, der zur Arbeit muß.

Der Fährmann, der an der zerstörten Hansa-Brücke seinen profanen
Dienst tut, ist zugleich der ins »blaue Schifferhemd« (Zeile 7) verkleidete
mythologische »Gott der Fähren« (ebda.), der die Schatten der Verstorbe-
nen über die Styx in die Unterwelt führt. Alltagsgegenwart und -erfahrung
durchwächst Erinnerung an die Toten des Krieges in einem Bild des anti-
ken Mythos. In dieser Durchdringung von Gegenwärtigem und Mytholo-
gischem erinnert das Gedicht an das poetische Verfahren von Marie-Luise
Kaschnitz aus der Zeit ihrer römischen Gedichte (z. B. *Herkules in der Villa
Borghese* von 1932), aber auch an die Versuche Oskar Loerkes, Zivilisa-
tionswelt und Natur in der Stadtpoesie zu versöhnen.

Die Sammlung *Junges Berlin* zeigt, daß die Autoren der »Stunde Null« an
vorhandene Tendenzen der Literatur anknüpften: vor allem an klassizisti-
sche, weniger an nachexpressionistische (Ausnahmen bilden Werner
Düttmanns *Kein schönrer Tod,* Nr. 3, und Sibylle Fischer-Balings *Vision –
Ostersonntag 1946 in der S-Bahn,* Nr. 57). So gehen von dieser Sammlung
auch keine wirklich neuen Impulse für die Berliner Stadtpoesie aus; sie
werden der Dichtung erst durch die Wirkung von Gottfried Benns Nach-
kriegslyrik zugeführt. Andere und neue Themenfelder (der Wiederauf-
bau, die Ost-Westproblematik und die nach dem Ende der Berliner Blok-
kade politisch fixierte Teilung der Stadt in Ost- und Westhälfte) vermit-
teln der Stadtlyrik dann zusätzliche, über das Vorhandene hinausführende
Anstöße.

2. Begeistert von Berlin (1952)

Während in den Jahren 1945–1948 in der DDR literarisch eine offene Si-
tuation bestand, die sehr verschiedene Strömungen zuließ, wurden diese
»günstigen Ansätze (...) mit anhebender Gründung der DDR von einer
um sich greifenden Dominanz des Politischen eingeebnet«.[127] Der ent-
scheidende historische Einschnitt der Staatsgründung von DDR und

BRD brachte dann ab 1949 divergierende literarische Prozesse in Gang. Auf die besondere Entwicklung in der DDR macht die schmale, von drei jungen Autoren – Uwe Berger (geb. 1928), Manfred H. Kieseler (Geburtsdatum nicht ermittelt) und Paul Wiens (geb. 1932) im Jahre 1952 herausgegebene und ausschließlich deren eigene lyrische Texte enthaltende Anthologie *Begeistert von Berlin*[128] aufmerksam. Im Gegensatz zu Kukowkas vier Jahre vorher erschienener Auswahl, die weitgehend der Aufarbeitung der Vergangenheit gewidmet war, stehen hier die Aufbauthematik und das politische Selbstverständnis des jungen Staates im Vordergrund; dabei handelt es sich um eine Auftragsarbeit, die (wie das Nachwort von Max Schroeder hervorhebt) einen »Beitrag junger Dichter zum Nationalen Aufbauprogramm« darstellen soll.

Die Verknüpfung von Gesellschaftspolitik und Literatur läßt nach Hans-Dietrich Sander[129] für die DDR eine Abfolge von Perioden der starken staatlichen inhaltlichen und formalen Beschränkung (‚Enkadrierung‘) und solchen der relativen Liberalität erkennen. Für die Epoche von 1949–1956 konstatiert Sander eine »Periode der Enkadrierung«, in der die Lyrik weitgehend »auf das Niveau der inhaltlichen Avantgarde eingeebnet« wurde.[130] Die Anthologie von Berger/Kieseler/Wiens entspricht dieser Periodisierung ziemlich genau, läßt doch die Darstellung des Themas Berlin wie auch die Rezeption der Sammlung durch die Kritik zentrale literaturhistorische wie politische Orientierungspunkte von Partei und Staat deutlich erkennen.

Wie bereits in Kukowkas Anthologie fällt auch hier das starke Hervortreten des metrisch und strophisch traditionell gegliederten Gedichts auf, jedoch sind die Formen meist unkompliziert, dem Lied angenähert – Sonette fehlen ganz. Dies entspricht der »Kanonisierung der leichten Rezipierbarkeit«;[131] Vereinfachung bis hin zum schlechterdings Banalen sind die Folge. Neben die formale Eingrenzung tritt die inhaltliche; die Aufbauprogrammatik und ihr Optimismus waren in der vorliegenden Berlin-Sammlung besonders leicht umzusetzen, da sie nur wörtlich genommen werden mußten: Die »Dichter verlegten ihren Arbeitsplatz (…) an die Stalinallee und in andere Viertel« (Nachwort, S. 83), die zu den ehrgeizigen Aufbauprojekten zählten. In Uwe Bergers Zyklus ‚Stalinallee‘, der in späteren DDR-Anthologien, zumindest auszugsweise, gern nachgedruckt wurde, heißt es »Das Volk hat sich ergossen, / um reinen Tisch zu machen« (S. 24), »von starrenden Gerüsten überstiegen / stehn frische Mauern auf« (S. 25), »auf Riesenkränen sind / rote Fahnen sonnenhoch gehißt«, es »weht ein *guter* Wind« (S. 27). Der Lyriker wird zum »Illustrator und Lobsänger gigantischer Aufbauvorhaben«,[132] die Thematik von Arbeit und

Aufbau strahlt noch in die privatesten Bezirke aus, ja bestimmt diese mit *(Am Abend nach der Arbeit,* S. 18, *Neues Leben, neue Liebe,* S. 40, *Eine Er-kenntnis,* S. 45; *Liebe, einmal anders gesehen:* »Wenn man so sagt, du seist ein Aktivist, –/ dann bin ich stolz, und deshalb lieb ich dich!« [S. 47]). Beson-ders exponierte Helden der Arbeit werden in Gedichten gefeiert, wie der mehrfach besungene Hans Garbe (S. 14, S. 77).

Für die literarische Darstellung der Stadt von nicht geringer Bedeutung sind die topographischen und architektonischen Veränderungen, die durch die Kriegszerstörungen und die politische Teilung hervorgerufen wurden. Der historische Stadtkern mit dem Regierungs-, Verwaltungs-, Geschäfts- und Bankenviertel befand sich nunmehr im Ostberliner Bezirk »Mitte«, während für West-Berlin nach dem Zweiten Weltkrieg das Zoo-viertel um den Kurfürstendamm den Kern eines neuartigen City-Bereichs bildete[133] (die Funktion eines luxuriösen Einkaufszentrums, das mit dem alten Zentrum konkurrierte, hatte es bereits vor dem Zweiten Weltkrieg). Das Zentrum der ‚Hauptstadt der DDR‘ wurde durch umfangreichen Wi-deraufbau um den alten Kern herum neu angelegt, der Alexanderplatz als Kommunikations- und Einkaufssphäre völlig umgestaltet. In der Antho-logie *Begeistert von Berlin* ist zu beobachten, wie die neuen Stadtstrukturen in den Texten aufgenommen und zugleich in geschichtliche Entwicklun-gen und politische Perspektiven eingeordnet werden. Wenn es beispiels-weise in dem Gedicht *Marx-Engels-Platz* (S. 29) von Uwe Berger heißt:

Unterm Brückenbogen
fließt die Zeit,
tausend kleine Wogen
wiegen Künftigkeit

und in der folgenden Schlußstrophe vom Lied »Thälmannbataillon« die Rede ist, so wird unausgesprochen daran erinnert, daß der ‚Marx-Engels-Platz‘ bis 1951 Schloßplatz hieß und an einer Seite an das Stadtschloß nahe der Spree (seit 1701 Residenz der Könige von Preußen und von 1871 bis 1918 die der deutschen Kaiser) grenzte; an der Stelle des 1951 gesprengten Schlosses wurde der ‚Palast der Republik‘ erbaut. Die geschichtlichen und gesellschaftspolitischen Entwicklungen, die zur Gründung der DDR führ-ten, sind in dem das ‚Künftige‘ bereits bergenden Strom der (alten) Zeit evoziert. Der Optimismus des Aufbruchs mündet in die Apotheose einer die Ideen des Sozialismus weitertragenden jungen Zeit (»wolkenweit auf Reise, / junger starker Ton.«) und schließt an die Bildlichkeit der Strophe I an, in der der Platz im freundlichen Licht der (sozialistischen) Gegenwart erscheint (»Sonne weiß gebreitet / über Platz und Bahn«). In den themati-schen Zusammenhang von überwundenem Alten und sozialistischer Zukunft gehört auch ein Text von Berger, in dem von einem sowjetischen Soldaten die Rede ist, der den »neuerdings« am Bahnhof Friedrichstraße grünenden Rasen mäht *(Der sowjetische Soldat,* S. 28): Die Umwandlung des zerbombten Areals im Stadtzentrum in Grünflächen und die seit der Eroberung der Stadt in ihr stationierten sowjetischen Truppen werden in einem knappen Zeitbild zusammengebracht.

Aufschlüsse über die Rezeption dieser Anthologie in der DDR gibt eine Besprechung des Lyrikers René Schwachhofer im Leipziger Börsen-blatt,[134] die die Sammlung an der offiziellen Kulturdoktrin mißt, wie sie auf dem III. Parteitag der SED (20./24. 7. 1950) und der 5. Tagung des Zentralkomitees der SED im März 1951[135] beschlossen wurde. Bergers Ge-dichte finden Zustimmung, weil sie, wie gefordert, »leicht und verständ-lich« sind (Kanonisierung der einfachen Sprache); bei Paul Wiens besteht, trotz Zustimmung zu einzelnen Themen und Lob seines handwerklichen Könnens, der Vorbehalt einer gewissen »Virtuosität« (Formalismusvor-wurf); wenig kann der Rezensent den Gedichten von Manfred H. Kieseler abgewinnen, weil der Dichter um den »konkreten Stoff reflektierend (her-um) kreist« (Doktrin des sozialistischen Realismus).

3. Gedichte auf Berlin (1958)

Während die Sammlung *Begeistert von Berlin* als Zeitbuch zu lesen ist, das eine bestimmte Phase literarischer Entwicklung dokumentiert und durch die ausschließliche Beteiligung junger Autoren wohl auch als »innovativ« begriffen sein will, stellt sich Walther G. Oschilewskis[136] anspruchsvoll ge-druckte Anthologie *Gedichte auf Berlin* (1958)[137] als »historischer Über-blick« dar, als »stoff- und motivkundliche(r) Exkurs« (Vorwort, S. 5), der in chronologischer Folge 51 lyrische Texte aus dreihundert Jahren versam-melt. Lediglich die Beispiele, die die klassizistische Tendenz zwischen 1930 und 1945 für die Stadt- und Widerstandsdichtung belegen (Ina Sei-del: *Schwalben und Sterne über Berlin,* S. 72, Albrecht Haushofer: *Rund-marsch der Gefangenen,* S. 75) sowie der letzte Abschnitt, der Lyrik der 50er Jahre enthält, führen über das in früheren Anthologien bereits gebotene Textmaterial hinaus.[138] Die Textbeispiele der jüngeren Autoren sind in mehrfacher Hinsicht für unsere Thematik aufschlußreich: zunächst re-flektieren sie inhaltlich die nach der Währungsreform und dem Ende der Blockade vollzogene politische Teilung der Stadt, sodann zeigen sie, wie sich die Dichtung und damit auch die Berliner Stadtpoesie an neuen Leit-bildern orientierte.[139]

Wolfdietrich Schnurre (geb. 1920) macht die Spaltung der Stadt in einem
Doppelpoem sichtbar: *Prospekt I* und *Prospekt II* (S. 84 und 85) stehen für
die beiden Stadthälften und vermitteln Bilder und Szenen aus dem Alltag
mit gesellschaftlichen und politischen Zusammenhängen in ganz anderer
Weise als dies in der DDR-Anthologie von Kieseler/Wiens/Berger ge-
schah:

Knautschke, das Nilpferd. Remdes St. Pauli.
Besucht die Wirkungsstätte Paul Linckes! Auch
die Textilindustrie ist an der Verschönerung
unsrer geliebten Reichshauptstadt maßgeblich
beteiligt (...)
     (Prospekt I)

Im Gestus von Werbeslogans wird die neue Rolle der Stadt ironisch re-
flektiert; ihre politische Exponiertheit ist nun freilich von ganz anderer
Art als jene der »Reichshauptstadt«: »Vorposten der freien Welt« (wie eine
bis in die Gegenwart benutzte Formel lautet) als auch Hauptstadt und kul-
turelles Zentrum eines sozialistischen Staates. Die einstige geistige Attrak-
tivität der Stadt wird durch eine aktuell-politische verdrängt bzw. ersetzt,
die touristisch vermarktet oder propagandistisch verwertet wird: »Besucht
die Frontstadt Berlin! Marschmusik / stellt der Senat« *(Prospekt I)*. Die Auf-
baustimmung in Ost-Berlin evoziert Schnurre mit »Steppendunst, Mör-
telmehl, Wind«, den politischen Umbruch mit desillusionierenden Bil-
dern: »Karl Marx auf / abwaschbaren Plakaten / der gewinnende Grau-
kopf wie stets. / Menschen gedrückt, Stalin / gestrichen ...« *(Prospekt II)*.
Die Skepsis Schnurres richtet sich zwar gleichermaßen auf Entwicklungen
im östlichen wie im westlichen Stadtteil, jedoch wird bei ihm zugleich ei-
ne Ideologisierung spürbar (»Und vergessen Sie nicht, / auch einen Blick
in den volksdemokratischen / Sektor zu werfen; man wirft ihn Ih-
nen /unentgeltlich zurück«), die zeigt, wie das Klima des Kalten Krieges
und der Konfrontation der Großmächte atmosphärisch bis in die Lyrik
durchschlug und in welchem Maße die kulturelle und literarische Spal-
tung Berlins vorangeschritten war.[140] Das unmittelbar vor Schnurres Bei-
trag abgedruckte Gedicht *Die Sperber. An das freie Berlin* von einem »Unbe-
kannten in der deutschen Sowjetzone« (S. 82 f.) unterstreicht diese Ten-
denz.
Während Wolfdietrich Schnurres (und auch Thilo Kochs) Poesie an der
Sprache der Nachkriegslyrik Gottfried Benns orientiert ist, bedient sich
Wolfgang Weyrauch in seiner umfangreichen *Ode an Berlin* (S. 77 ff.) eines
heute nur noch schwer genießbaren Mischstils, der Rilkes gehobenen
Duktus (»Berlin. [...] Süße Taube, / schwingst dich über uns, steigst

schwebst, / Gleichnis des Kommenden, der Vielfalt / in der Seligkeit des Unauflöslichen«) mit Stilelementen der Sprache Brechts verbindet (»Leute, ich wollte singen, von Berlin, / das den übrigen Städten der Erde gleich ist …«). Die drei westlichen Besatzungszonen werden sprachlich symbolisiert (»Je suis un enfant, / ich bin ein Knirps, I am a child«), Wiederaufbau und Geschäftigkeit in beiden Teilen der Stadt gefeiert (»Wir lieben dich Westkreuz, / euch, Gleisdreieck und Alexanderplatz. / Hin zum Büro! / Addiert die Zahlen! / Auf, zur Fabrik! Fräst, setzt zusammen«).

Ohne Pathos kommt auch Thilo Kochs (geb. 1920) Poem *Berlin. Die gegenwärtige Stadt* (S. 86 ff.) nicht aus, das als breitangelegte poetische Stadtchronik den Abschluß der Sammlung bildet. Der Parlando-Stil Benns und seine nominalistische Syntax bestimmen das Gedicht stilistisch (»Die Anfänge ärmlich. Kölln, / ein Hügel im Spreebogen, inmitten slawischer Wälder«). Aus der Kriegszerstörung (»Der Mensch stirbt, wenn mehr als die Hälfte / seiner Haut verbrannt ist: / Diese Stadt lebte weiter«) erhebt sich Berlin als ein »Karthago nach dem … ,esse delendam'«. Der Realität der zerstörten und geteilten Stadt setzt Koch einen emphatischen Begriff von Heimat entgegen: »Nicht schön, nicht leuchtend, auch einladend nicht / ist Berlin, und doch kann diese Stadt Heimat sein, / Heimat und Zentrum«. Im Gegensatz zum Heimatpathos Ernst Schurs, der die Industriemetropole dem Naturgeschehen integrieren wollte (s. o. S. 10), hebt Koch die Neubelebung des wirtschaftlichen und kulturellen Lebens hervor. Nicht unkritisch zeichnet er das westliche und sozialdemokratische (»Die Arbeiter bilden die stärkste Partei«) Berlin mit »Neonreklamen und Neo-Kapitalismus«: »Alle Filme der Welt. / Südfrüchte, Bücher und gute Stoffe, / der Dernier cri aller Moden«. Letztlich sieht aber auch er die Stadt als »angestrahlt nur auf einer Seite, / und mit verödetem Gürtel / zur Zone eines verfinsterten Schweigens hin« (womit die ,Sowjetzone' als Bereich von Unrecht und Unterdrückung, der sich hinter dem öden Grenzgürtel ausbreitet, charakterisiert wird).

4. Gesicht einer Stadt (1959)

Die zum zehnten Jahrestag der »Hauptstadt der DDR« im Auftrag des Magistrats von Groß-Berlin publizierte Sammlung *Gesicht einer Stadt, Gedichte über Berlin* (1959 »im Auftrag des Magistrats von Groß-Berlin, Abteilung Kultur, ausgewählt und herausgegeben« von Günther Deicke und E. R. Greulich) [141] will eine »Chronik in lyrischer Form« sein und ein »Beitrag zum Aufbau und zur Veränderung der Stadt« (Nachwort). Aber nicht nur der poetischen und politischen Selbstdarstellung sollte diese Anthologie dienen, sondern offenbar auch der Abgrenzung des politischen Standorts der DDR von dem der Bundesrepublik: So spiegelt die Anthologie schon von der Konzeption her das Zeitklima und die gespannte Situation zwischen den Machtblöcken wider, läuft auf eine scharfe theoretische Trennung zwischen den beiden Literaturen hinaus. Ohne daß in den Texten auf aktuelle politische Ereignisse wie das Chruschtschow-Ultimatum vom November 1958 (das den Abzug der Westmächte aus Ostberlin und die »Entmilitarisierung« und anschließende Umwandlung in eine »Freie Stadt« forderte) eingegangen würde, treten Tendenzen der Abgrenzung, der Agression und Polemik wie z.B. gegen vorgebliche »revisionistische Tendenzen« der Bundesrepublik (besonders im dritten Abschnitt) deutlich hervor.

Die fünf Kapitel der mit über 300 Seiten sehr umfangreichen Anthologie sind thematisch gegliedert, innerhalb der einzelnen Abschnitte z.T. noch einmal in chronologischer oder motivischer Folge geordnet. ‚Ende und Anfang' (S. 7–51) betrachtet das zerstörte Nachkriegsberlin, Kriegs- und Heimkehrerschicksale, Ruinen und Wiederaufbau, die unterschiedliche »Vergangenheitsbewältigung« in DDR und BRD. Neben bereits bekannten Autoren der älteren Generation wie Johannes R. Becher, der mit einem (klassizistischen) Berlin-Gedicht die Sammlung einleitet, Bertolt Brecht oder Louis Fürnberg sind vor allem jüngere Autoren wie Uwe Berger oder Günter Kunert, der sich in einem Zyklus mit der Nazi-Zeit und dem Nachkriegsbewußtsein auseinandersetzt, vertreten. Alltagssprache und Volkslied erscheinen bei Kunert in einem an Brecht geschulten Duktus[142] in verfremdeten und didaktischen Formen, die ihr dichterisches Vorbild noch klar erkennen lassen:

Die Sonne kam wie immer,
In der Luft war eine Spur von Rauch.
Die Sieger waren furchtlos,
Und wir wurden's am Ende auch.
    (Ein Tag wie alle – Ein Tag wie keiner, S. 17)

In diesem ersten Abschnitt der Sammlung darf auch Brechts Gedicht über das zerstörte Berlin nicht fehlen *(Die Pappel vom Karlsplatz,* S. 44).
Die zweite Abteilung (‚Die Jugend', S. 53–107) widmet sich fast ausschließlich der Parteijugend FDJ und einzelnen von ihr getragenen (Berliner) Veranstaltungen wie dem ‚Deutschlandtreffen der FDJ' 1950 (Johannes R. Becher: *Die unendliche Reihe,* S. 56, Max Zimmering: *Berliner Pfingsten,* S. 59, u.a.) oder den ‚III. Weltfestspielen der Jugend und Studenten' im August 1951 (Max Zimmering: *Berlin 1951,* S. 65, Günther Deicke: *Berlin 1951,*

S. 105; Jurij Brězan: *Weshalb sie kamen,* S. 68, Hansgeorg Stengel: *Berlin ist viel zu klein,* S. 70, Johannes R. Becher: *Die stille Straße,* S. 71). Lediglich das umfangreiche (39strophige!) Poem *Die Jugend* von Stephan Hermlin (S. 87–100) führt über den jeweiligen begrenzten Anlaß hinaus. Seine artifizielle, von klassischen Metren durchsetzte Formensprache (»Sieh, wie mein Schritt leicht geht! / Leicht ist er wie diese Nacht, / Leicht ist er wie meine Worte, / Wenn auch der Schneeregen rinnt.«, S. 88), seine spätsurrealistische Metaphorik (»Der Krieg trägt den weißen Helm, […] / es steigt in den Rinnsteinen sein / Katarakt von Saxophonen«, S. 90) verknüpfen Erinnerungen an die Vergangenheit und den Krieg mit pazifistischen Protesten (»Sie töten in Korea, / Sie töten in Vietnam, / Die malayischen Dschungel rauchen / Von Napalmgüssen und Schreien. / In Makronissos sterben / Griechenlands Dichter«, S. 94) und einseitigem Lob der Sowjetunion (»Ich hatte UdSSR, / Wie die Sonne gehört sie jedem«, S. 98). Antiwestliche Polemik und Abgrenzung erreichen ihren Höhepunkt im dritten, nach einem Berlin-Gedicht Pablo Nerudas betitelten Abschnitt (‚Das gespaltene Geschlecht‘, S. 109–158). Die Abgrenzung und der Kontrast zur Bundesrepublik werden an allgemeinen Themen wie dem Nato-Beitritt, der Wiederbewaffnung und der Frage der Atomwaffen, aber auch an speziellen Berliner Problemen und Ereignissen festgemacht. Die Charakterisierung West-Berlins als Hort von Prostitution, Korruption und Konsum, kurz: als Inbegriff allen Lasters, berührt sich auf eigentümliche Weise mit jenem Bild, das die Heimatbewegung um 1900 und die völkisch-nationale Stadtkritik von Berlin entworfen hatten. In Pablo Nerudas (von Erich Arendt übersetztem) Langgedicht *Das gespaltene Geschlecht* (S. 121–131) sind Versatzstücke der Propaganda gegen West-Berlin versammelt (S. 129):

Westliches Berlin, du bist die Schwäre
im greisen Gesicht Europas,
die alten Nazifüchse
gleiten über den Schleim
deiner illuminierten Straßen,
und Coca-Cola und Antisemitismus
ergießen sich in Hülle und Fülle
über deinen Auswurf und Verfall.

Dem steht euphorisches Lob der sozialistischen Jugend (»die blühende heutige Jugend / mit ihrem starken Lächeln, / die Hände / voller Blumen…« […] »das Wort Stalin / auf Lippen-Millionen / erwachset ihr zum Glück«) gegenüber. West-Berlin entflieht der Dichter »eilenden Schritts« in die Hauptstadt der DDR: Dort sieht er »die letzten Jugendlichen, die heimkehren / singend aus den Fabriken«, »Hier duftet es (…) / nach Wahrheit und nach Wind« (S. 123, 131).

Die meisten Gedichte dieses Abschnitts bewegen sich auf dem Niveau der Agitprop-Poesie (charakteristisch Hans Georg Stengels *Barbaren*, S. 138, Nils Werners *Testament eines Westwärtigen*, S. 139, Peter Wipps *Westberliner Litfaßsäule*, S. 141, Erich Brehms *Song vom Tempelhofer Druckhaus*, S. 143). Die Polemik richtet sich insbesondere auch gegen die sogenannten »Grenzgänger« der DDR, die täglich in großer Zahl über die in den fünfziger Jahren noch fast völlig offene Grenze zwischen Ost- und Westberlin pendelten und ihren Arbeitsplatz im Westen besaßen; sie werden als »Halunken«, »Verräter« am Arbeiterstaat (Ernst Salomon, *An einen Grenzgänger*, S. 149) und geldgierige Spekulanten (Karl Stitzer, *Da lachen die Hühner*, S. 146) diffamiert, zuweilen bis hin zur offenen Drohung (Nils Werner: *Wanderers Klage*, S. 147). Zweifellos bildeten diese Grenzgänger und die Fluchtbewegung gravierende politische wie ökonomische Probleme der DDR, die erst durch den Mauerbau 1961 »gelöst« werden konnten. Gegen die im Teil III der Anthologie kritisierte Sphäre der kapitalistischen Ausbeutung im Westen hebt sich wirkungsvoll Abschnitt IV ('Das Lied vom Aufbau') ab, der vor allem Themen wie dem sozialistischen Wettbewerb (Franz Fühmann: *Aufbausonntag*, S. 163), der selbständigen Verbesserung von Produktionsleistungen (Heinz Kahlau: *Wie die Bauern von Dietersdorf ihre Heimat aufbauen*, S. 168) oder der Panegyrik auf Helden der Arbeit wie Hans Garbe (S. 178 f.) gewidmet ist. Auch einzelne Bauvorhaben des Nationalen Aufbauprogramms Berlin, z. B. das Hochhaus Weberwiese (Johannes R. Becher: *Hohes Bauen*, S. 185, Nils Werner, *Liebe auf den ersten Blick*, S. 186), die Stalinallee (Uwe Berger: *Bauplatz Stalinallee*, S. 193, Peter Wipp: *Richtfest in der Stalinallee*, S. 194, und Peter Wipp: *»An die Baustelle Stalinallee …«*, S. 200) oder der Neubau der Staatsoper (Karl Huhn: *Opernbau*, S. 203, Uwe Berger: *Lied der Steinmetze*, S. 204) werden zu poetischen Gegenständen. Dieses vierte, dem Aufbau gewidmete Kapitel greift quantitativ und formal am stärksten auf die Berlin-Lyrik der frühen 50er Jahre zurück und enthält auch die meisten Textübernahmen aus der Anthologie von Berger/Kieseler/Wiens.

Der letzte Abschnitt der Sammlung ('Gesicht einer Stadt', S. 209–293) thematisiert nach einem kurzen Rückblick auf die jüngere Stadtgeschichte (Rafael Alberti: *Ost-Berlin, Reichskanzlei*, S. 215, Jens Gerlach: *Der Gang zum Ehrenmal*, S. 218) vor allem den Ostberliner Alltag, – Sujets der Gedichte sind einzelne Straßen und Plätze, Freizeit, Schrebergärten, der Weihnachtsmarkt. Das Abschlußgedicht führt noch einmal vor Augen, wie in der Phase der 'Enkadrierung' (Sander) die Lyrik gezwungen war, sich im Rahmen staatlich verordneter formaler und inhaltlicher Vorgaben zu bewegen: Bertolt Brechts *Friedenslied, frei nach Neruda* (S. 293) dürfte zu seinem »Soll an Agitationslyrik (gehören), die auch ihn in die bislang vermiedene offene Banalität führte«.[143]

Betrachtet man die Berlin-Sammlung von Deicke/Greulich abschließend unter dem Gesichtspunkt neuer Themen und Motive, so läßt sich feststellen, daß erstmals eine Aufarbeitung des Nationalsozialismus versucht wird – dieses Thema war »lange Jahre hindurch de facto tabuisiert«.[144] Während es sich im Abschnitt I, etwa in Kunerts *Chronik vom Kriegsende* um eine größtenteils differenzierte Darstellung der Jahre 1933–45 handelt, setzt Abschnitt III das Thema in einseitiger Weise für die aktuelle politische Argumentation ein, indem es in Verbindung mit »revanchistischen« und »militaristischen« Bestrebungen in der Bundesrepublik gebracht wird. Auch das Thema der deutschen Wiedervereinigung tritt vor dem Hintergrund des Ost-West-Konflikts in der zweiten Hälfte der 50er Jahre in eine neue Konstellation. War *Begeistert von Berlin* noch ausschließlich auf den Aufbau in Ost-Berlin und die interne DDR-Problematik konzentriert, so kommt nun Chruschtschows Forderung der Umwandlung Westberlins in eine »Freie Stadt« vom 10. November 1958 [145] mit der Einbeziehung in den Machtbereich der DDR sowohl in den Texten selbst (»die zerrissene Stadt / wieder ganz zu machen«, S. 118, »hüte dich, mitunter zu vergessen, / daß die geteilte Stadt unteilbar ist«, S. 153) wie auch expressis verbis im Vorwort zum Ausdruck (»möge sie [die Anthologie] mithelfen, aus ganz Berlin eine Stadt des Friedens zu machen« [Oskar Füller: *Zum Geleit,* S. 5]). Aus dem Themenspektrum der Sammlung ausgeklammert sind für die DDR negative Entwicklungen in Berlin, wie die verschlechterte ökonomische Situation seit Mitte der 50er Jahre und unliebsame politische Ereignisse, wie der Volksaufstand vom 17. Juni 1953, der nur andeutungsweise, als vom Westen gesteuert, erscheint (»Aber als sich im Juni dreiundfünfzig / die schmutzige Welle / herüberwälzte / und zerstören wollte, / was wir gebaut …«; Heinz Rusch, *Berliner Portraits,* S. 156). Aufschlußreich in diesem Zusammenhang ist es, wie Uwe Bergers Gedicht *Bauplatz Stalinallee,* das ja bereits in der Anthologie von 1952 enthalten war (S. 25), in der Sammlung Deicke/Greulichs (S. 193) eine erweiterte Perspektive erhält: Von den Bauarbeitern der Stalinallee war ja der Aufstand im wesentlichen getragen worden; die 1952 publizierten Verse: »werden, die uns stören, / schon auf die Finger haun« erhalten durch die Ereignisse von Juni 1953 und ihre geschichtliche Umdeutung als vom Westen gelenkte Konterrevolution im Kontext der Sammlung von 1959 einen neuen Interpretationshorizont. –

Die Ideologisierung der dichterischen Darstellung Berlins bzw. seiner beiden Teilstädte seit Mitte der 50er Jahre im Zusammenhang mit der globalen politischen Situation blieb, wie bei der Betrachtung von Walter Oschilewskis Sammlung angedeutet, nicht auf die DDR-Lyrik beschränkt. Die in den Berlin-Gedichten nachweisbaren ideologischen Konfrontationen fanden ihren Höhepunkt mit dem Mauerbau vom 13. August 1961. Danach wurden bestimmte Themen, wie das der Grenzgänger, hinfällig, auch das »Freiheits«-Pathos und der kämpferische Ton in Gedichten Westberliner Autoren machten einer nüchternen Betrachtung Platz, wenn auch an einzelnen Sujets (Schießbefehl, Konsumrausch) die unterschiedlichen ideologischen Positionen weiterhin ablesbar blieben. Vereinzelt wurden dann Anfang der 60er Jahre schriftstellerische Kontakte ausgebaut, und 1964 gelang es einem Berliner Anthologisten erstmals ,West- und Ostberliner Autoren in einer Berliner Gedichtsammlung zu vereinen.[146]

Anmerkungen

1 Um beliebige Beispiele herauszugreifen: André Hardellet (Hrsg.), *Paris, ses poètes, ses chansons*, Paris 1977; Marc Meunier-Thouret (Hrsg.), *Paris en poésie*, Paris 1981; Francesco Possenti (Hrsg.), *Roma e i suoi poeti*, Mailand 1972; Howard Moss (Hrsg.), *New York: Poems*, New York 1980.

2 Carl Diesch, *Anthologien*, in: *Reallexikon der deutschen Literaturgeschichte*, 2. Aufl., Werner Kohlschmidt/Wolfgang Mohr (Hrsg.), Bd. 1: *A–K*, Berlin 1958, S. 68–70, hier: S. 69.

3 Dietger Pforte (Hrsg.), *Die deutschsprachige Anthologie. Ein Beitrag zu ihrer Theorie*, in: Joachim Bark/Dietger Pforte (Hrsg.), *Die deutschsprachige Anthologie, Band 1. Ein Beitrag zu ihrer Theorie und eine Auswahlbibliographie des Zeitraums 1800–1950*, Frankfurt/M. 1970, darin: S. XIII–CXVI, hier: S. XXV.

4 Vgl. z. B. Günther Grass' Gedicht *Gleisdreieck* von 1960 im Kontext des Mauerbaus in der Anthologie *Hier schreibt Berlin heute* (Hrsg.: Rudolf Hartung), München 1963, S. 59 f., und in der historischen Distanz der Sammlung *Die Hälfte der Stadt* (Hrsg.: Krista Maria Schädlich/Frank Werner), München u. Königstein, 1982, S. 207.

5 Einen poetisch-essayistischen Exkurs zum Thema der imaginativen Stadt bieten: Alain Pessin/Henry-Skoff Torgue, *Villes imaginaires*, Paris 1980.

6 Volker Klotz, *Die erzählte Stadt. Ein Sujet als Herausforderung des Romans von Lesage bis Döblin*, München 1969, S. 11.

7 Zur Kritik dieser – hier auf Roman und Prosagedicht bezogenen – Auffassung von Volker Klotz, Raimund Theis *(Zur Sprache der »cité« in der Dichtung. Untersuchungen zum Roman und zum Prosagedicht [Realismusstudien, 1. Teil]*, Frankfurt/M. 1972) u. a. vgl.: Norbert Reichel, *Der Dichter in der Stadt. Poesie und Großstadt bei französischen Dichtern des 19. Jahrhunderts*, Frankfurt/M. und Bern 1982, S. 28 ff.

8 Vgl. Pierre Citron, *La poésie de Paris dans la littérature française de Rousseau à Baudelaire*, 2 Bde., Paris, 1961.

9 Eine Funktionserweiterung der Stadt durch die »Verlagerung der Produktion gesellschaftlichen Reichtums von der Landwirtschaft in die städtischen Industriegebilde« konstatiert Andreas Freisfeld, *Das Leiden an der Stadt. Spuren der Verstädterung in deutschen Romanen des 20. Jahrhunderts*, Köln und Wien 1982, S. 26. Schon Herbert Schelowsky, *Das Erlebnis der Großstadt und seine Gestaltung in der neueren deutschen Lyrik*, Diss. phil., Würzburg 1937, S. 4 ff., bringt Wirtschaftsentwicklung und Ausbildung einer deutschen Großstadtlyrik in einen ursächlichen Zusammenhang.

10 Christoph Perels, *Vom Rand der Stadt ins Dickicht der Städte. Wege der deutschen Großstadtliteratur zwischen Liliencron und Brecht*, in: Cord Meckseper/Elisabeth Schraut (Hrsg.), *Die Stadt in der Literatur*, Göttingen 1983, S. 57–80, hier: S. 59.

11 Robert Minder, *Dichter in der Gesellschaft. Erfahrungen mit deutscher und französischer Literatur*, Frankfurt/M. 1972, S. 367.

12 Heinz Möller (Hrsg.), *Großstadtlyrik*, Leipzig 1903; Oskar Hübner/Johannes Moegelin (Hrsg.), *Im steinernen Meer. Großstadtgedichte*, Berlin 1910.

13 5. Abschnitt: ‚Berlin', S. 169–182, jedoch enthalten auch die anderen Kapitel Berlin-Gedichte, wie Julius Harts *Berlin* (S. 5) und *Auf der Fahrt nach Berlin* (S. 16), Gottfried Doehlers *Berliner Gespenster* (S. 39), Wilhelm Reickes *Berliner Sonntag* (S. 155) sowie Paul Friedrichs *Berlin schläft* (S. 191).

14 Andreas Freisfeld, *Das Leiden an der Stadt. Spuren der Verstädterung in deutschen Romanen des 20. Jahrhunderts*, Köln und Wien 1982, S. 52.

15 Vgl. P. Citron, *La poésie de Paris ...*, Bd. 1, S. 249–437; Bd. 2, S. 7–383.

16 Michael Erbe, *Berlin im Kaiserreich (1871–1918)*, in: Wolfgang Ribbe (Hrsg.), *Geschichte Berlins*, Bd. 2: *Von der Märzrevolution bis zur Gegenwart*, S. 691–792, hier: S. 691. – Als ergänzende Überblicksdarstellungen vgl. die entsprechenden Abschnitte in: Hans Herzfeld/Gerd Heinrich (Hrsg.), *Berlin und die Provinz Brandenburg im 19. und 20. Jahrhundert* (=Veröffentlichungen der Historischen Kommission zu Berlin, Bd. 25 – *Geschichte von Brandenburg und Berlin*, Bd. 3), Berlin 1968. Vgl. auch Annemarie Lange, *Berlin zur Zeit Bebels und Bismarcks. Zwischen Reichsgründung und Jahrhundertwende*, Berlin (DDR) 1972; sowie dies., *Das Wilhelminische Berlin. Zwischen Jahrhundertwende und Novemberrevolution*, Berlin (DDR) 1967; Gerhard Masur, *Imperial Berlin*, New York und London 1970, deutsch unter dem Titel: *Das Kaiserliche Berlin*, München, Wien, Zürich 1971; Georg Holmsten, *Die Berlin-Chronik. Daten – Personen – Dokumente*, Düsseldorf 1984, S. 261–322, sowie Bodo Harenberg (Hrsg.), *Die Chronik Berlins*, Dortmund 1986, S. 231–331.

17 M. Erbe, *Berlin im Kaiserreich ...*, S. 693.

18 Die verfassungsrechtliche Entwicklung ist eingehend dargestellt bei Hans Herzfeld, *Berlin auf dem Wege zur Weltstadt*, in: Richard Dietrich (Hrsg.), *Berlin. Neun Kapitel seiner Geschichte*, Berlin 1960, S. 239–271, und Gottfried Zieger, *Berlin 1945 bis zum Viermächte-Abkommen 1971*, in: *Berlin: Berichte zur Lage der Stadt; Architektur, Bildende Künste, Literatur, Museen, Musik, Rechtsstatus, Theater, Wirtschaft, Wissenschaft* (= Pol. Dokumente Bd. 6), Berlin 1983, S. 11–66.

19 Vgl. Wilhelm von Scholz, *Berlin – der deutsche Kulturmittelpunkt*, in: Herbert Günther, *Hier schreibt Berlin. Eine Anthologie von heute*, Berlin 1929, S. 307–314.

20 Eine Untersuchung, die sich mit dem Problem der Attraktivität Berlins für Autoren der Gegenwart auseinandersetzt, beklagt das Fehlen von Vorarbeiten: Holger Funk/Reinhard G. Wittmann, *Literatur-Hauptstadt: Schriftsteller in Berlin heute*, Berlin 1983. – Vgl. dazu die z. T. sehr einseitigen kritischen Anmerkungen und Stellungnahmen von Hans Christoph Buch, *Literatur als Datenschatten*, S. 184–186, Anna Jonas, *Durchs Raster gefallen!*, S. 186–189, und Dietger Pforte, *Ansichten einer gegenwärtigen Germanistik von der Situation der ,Schriftsteller in Berlin heute'*, S. 189–195 (alle Beiträge in: *Sprache im technischen Zeitalter*, Heft 86, April/Juni 1983.)

21 Um nur einige prominente Namen zu nennen, deren Repräsentativität freilich erst eine literatursoziologische Studie belegen könnte: Georg Kaiser war 1921, Arnold Zweig 1923, Ernst Toller 1924, Alfred Wolfenstein 1922 (wieder), Lion Feuchtwanger 1925 nach Berlin gezogen.

22 Carl Diesch, *Anthologien* (wie Anm. 2), S. 69.

23 Joachim Bark/Dietger Pforte (Hrsg.), *Die deutschsprachige Anthologie*, Bd. 1: *Ein Beitrag zu ihrer Theorie und eine Auswahlbibliographie des Zeitraums 1880–1950;* Frankfurt/M. 1970; Bd. 2: *Studien zu ihrer Geschichte und Wirkungsform*, Frankfurt/M. 1969. – Für unsere Darstellung erwiesen sich als besonders hilfreich die Beiträge von D. Pforte, *Die deutschsprachige Anthologie. Ein Beitrag zu ihrer Theorie*, Bd. 1, S. XIII–CXXV sowie (zu Einzelaspekten der Anthologiegeschichte und -rezeption): Walther Höllerer, *Die Poesie und das rechte Leben. Zu Anthologien für deutsche Frauen und für den Hausgebrauch*, Bd. 2, S. 168–198; Dietger Pforte, *Die Anthologie als Kampfbuch. Vier Lyrikanthologien der frühen Sozialdemokratie*, Bd. 2, S. 199–221; Gerhard Trott, *Anthologie-Rezeption in Zeitschriften des 19. Jahrhunderts*, Bd. 2, S. 246–266; Lutz von Werder, *Anthologie und Öffentliche Bücherei in der modernen Gesellschaft*, Bd. 2, S. 298–325.

24 In dieser Hinsicht unabdingbar die materialreiche Dissertation von Anneli Hartmann, *Lyrik-Anthologien als Indikatoren des literarischen und gesellschaftlichen Prozesses in der DDR (1949–1971)*, Frankfurt/M. und Bern 1983. – In Teilaspekten neue Ergebnisse bringen:

Holger Funk, *Auf der Suche nach einer neuen Natürlichkeit: Die Metropole als Ort von Literatur-Revolutionen und Literatur-Skandalen*, S. 327–338, Reinhard G. Wittmann, *Die Metropole Berlin als literarisches Sujet*, S. 339–345, Franziska Bollerey, *Martin Wagners ,Politopolis' oder: Berlin, die Metropole für Alle*, S. 365–376 (alle Aufsätze in: Karl Schwarz [Hrsg.], *Die Zukunft der Metropolen: Paris, London, New York, Berlin. Ein Beitrag der Technischen Universität Berlin zur Internationalen Bauausstellung Berlin, Berichtsjahr 1984, Katalog zur Ausstellung*, Bd. 1: *Aufsätze*, Berlin 1984) sowie Karl Riha, *Berlin im Kopf. Die Stadt als literarisches Thema zwischen Realität und Imagination*, in: Friedrich Knilli/Michael Nerlich (Hrsg.), *Medium Metropole: Berlin, Paris, New York*, Heidelberg 1986, S. 33–51.

25 D. Pforte, *Die deutschsprachige Anthologie*, Bd. 1, S. XXII–XXV.

26 Ausschließlich Texte der drei Herausgeber enthält: Uwe Berger/Manfred H. Kieseler/Paul Wiens (Hrsg.), *Begeistert von Berlin*, Berlin (DDR) 1952.

27 Mitch Cohn (Hrsg.), *Berlin, contemporary writing from Berlin*, Sa Barbara 1983.

28 Fast ausschließlich dem Berlin-Thema in der Literatur ist z. B. das in Zusammenarbeit mit dem Berliner Künstlerprogramm des DAAD zusammengestellte Heft 7, 1974, der *europäischen ideen* gewidmet.

29 So enthalten z. B. die Publikationen der »Literarischen Gesellschaft Charlottenburg«: *Berliner Dichterbuch* (1919), der »Neuen Gesellschaft für Literatur e.V.«: *Lyrik non stop* (1975) und des »Literarischen Arbeitskreises der Freien Universität Berlin«: *,Erfahrungen'*, Bde. 1–5, nur in geringer Zahl unter anderem auch Berlin-Gedichte; desgleichen: Peter Feraru (Hrsg.), *Berliner Lesebuch*, Karlsruhe 1987.

30 Z. B. Lukas Richter, *Der Berliner Gassenhauer. Darstellung, Dokumente, Sammlung*, Leipzig 1969. – Die Einbeziehung von Mundart-Anthologien hätte die Untersuchung in unzulässiger Weise anschwellen lassen und bildet, auch sprachgeschichtlich, ein eigenes Problem. Vgl. dazu: Agathe Lasch, *»Berlinisch«. Eine berlinische Sprachgeschichte*, Darmstadt 1967 (Unveränderter reprograph. Nachdruck der Ausgabe Berlin 1928 [= Berlinische Forschungen. Texte und Untersuchungen, Bd. 2]), sowie neuerdings: Norbert Dittmar/Peter Schlobinski/Inge Wachs, *Berlinisch. Studien zum Lexikon, zur Spracheinstellung und zum Stilrepertoire*, Berlin 1986.

31 Die Kategorisierung der Berliner Lyrikanthologie nach Funktionstypen orientiert sich an Pfortes Überlegungen zu den Aufgaben des anthologischen Buches: D. Pforte, *Die deutschsprachige Anthologie*, Bd. 1, S. CXI–CXVI.

32 München 1913, Verlag Georg Müller und Eugen Rentsch. Der Band vereinigt die beiden Publikationen: Heinrich Spiero, *Das poetische Berlin*, Bd. 1: *Alt-Berlin*, München 1911, und Heinrich Spiero, *Das poetische Berlin*. Bd. 2: *Neu-Berlin*, Berlin und München 1912.

33 Walther G. Oschilewski (Hrsg.), *Gedichte auf Berlin*, Berlin 1958, (Vorwort) S. 6.

34 So wird Stefan George als »Berliner Führer« einer Schar von Dichtern bezeichnet, die sich um die *Blätter für die Kunst* gruppieren (S. 146).

35 Ernst Wechsler, *Berliner Autoren*, Leipzig 1891, S. 322.

36 Der Friedrich Brandstetter Verlag war auf »Heimatbücher deutscher Landschaften« spezialisiert, die als »hervorragende Geschenkwerke für den Familientisch (...) besonders geeignet (waren), bei der heranreifenden Jugend Heimat- und Vaterlandsliebe zu erwecken« (Selbstanzeige, in: Karl Meyer, *Berlin. Ein Heimatbuch*, Leipzig 1925).

37 264 S., mit 24 Federzeichnungen und einer Kunstbeilage von Willibald Krain, Originaleinband lag nicht vor, Format: 18 x 12 cm.

38 K. Meyer, *Berlin ...*, S. 1.

39 Zur literarhistorischen Einordnung der Arbeiterdichtung vgl.: Bernd Witte, *Einleitung. Begriffsbestimmung und Methode* (hier: S. 7–9), Gerald Stieg, *Frühe Arbeiterlyrik* (hier: S. 22–36), *Arbeiterlyrik in der Weimarer Republik* (hier: S. 90–97) in: Gerald Stieg/Bernd Witte, *Abriß einer Geschichte der deutschen Arbeiterliteratur*, Stuttgart 1973.

40 L. Oehmigke's Verlagsbuchhandlung, Berlin, 216 S. mit zahlreichen Vignetten und Kunstdrucktafeln, Leineneinband, Format: 23,5 x 16,5 cm.

41 Das Exemplar der Bibliothek des Germanischen Seminars der Freien Universität Berlin weist die 3. Auflage aus.

42 Zu dem auch für unsere Darstellung relevanten Zusammenhang von Literatur und Verkehrstechnik vgl. Johannes Mahr, *»Tausend Eisenbahnen hasten ... Um Mich. Ich bin nur die Mitte!«* Eisenbahngedichte aus der Zeit des Deutschen Kaiserreichs; in: Harro Segeberg, *Technik in der Literatur. Ein Forschungsüberblick und zwölf Aufsätze,* Frankfurt/M. 1987, hier: S. 132–173.

43 »Neuer Gehalt, neues Gefäß« (Heinrich und Julius Hart, *»Wozu wogegen wofür?«,* 1882, zit. nach: Erich Ruprecht (Hrsg.), *Literarische Manifeste des Naturalismus, 1880–1892,* Stuttgart 1962, S. 20).

44 Vgl. hierzu: Richard Dietrich, *Berlins Weg zur Industrie- und Handelsstadt,* in: Richard Dietrich (Hrsg.), *Berlin. Neun Kapitel seiner Geschichte,* Berlin 1960, S. 159–198, sowie: M. Erbe, *Berlin im Kaiserreich ...,* (wie Anm. 16), S. 721–731.

45 Zur Interpretation dieses Gedichts vgl. Karl Riha, *Naturalismus,* in: Walter Hinderer, *Geschichte der deutschen Lyrik vom Mittelalter bis zur Gegenwart,* Stuttgart 1983, S. 371–386, hier: S. 376 f.

46 Die Stadt zwischen den Polen Schönheit und Verfluchung – »Tod« und »Lebenslust« (»Ein Paradies, ein süßes Kanaan, – / Ein Höllenreich und Schatten, bleich vermodernd«, S. 154) erinnert an entsprechende Wendungen bei Rimbaud: »O cité douloureuse, ô cité quasi morte, / / (...) Le Poète te dit ,Splendide est ta Beauté'« (Arthur Rimbaud: *Œuvres complètes,* Antoine Adam (Hrsg.), Paris 1972, S. 48 f.).

47 Ernst Heinrich, *Die städtebauliche Entwicklung Berlins seit dem Ende des 18. Jahrhunderts,* in: Richard Dietrich, *Berlin. Neun Kapitel seiner Geschichte,* Berlin 1960, S. 199–238, hier: S. 219, sowie: M. Erbe, *Berlin im Kaiserreich ...,* (wie Anm. 16), S. 700 ff. Zum unterschiedlichen Wachstum der Berliner Vororte vgl. die ,*Tabelle der Einwohnerzahlen der Berliner Vororte 1871–1919',* in: M. Erbe, *Berlin im Kaiserreich ...,* (wie Anm. 16), S. 694. Einen guten Überblick über die soziale und sozialtopographische Problematik geben: Jürgen Schutte/Peter Sprengel (Hrsg.), *Die Berliner Moderne 1885–1914,* Stuttgart 1987, S. 22–38. Vgl. auch: Goerd Peschken, *Wohnen in der Metropole. Mietshaus und Villa,* in: Jochen Boberg u.a. (Hrsg.), *Exerzierfeld der Moderne. Industriekultur in Berlin im 19. Jahrhundert,* München 1984, Bd. 1, S. 208–219, sowie: Miron Mislin, *Die Entwicklung Berlins zur Industriestadt im Vergleich zur parallelen Entwicklung europäischer Hauptstädte. (Paris, London, Wien),* in: Karl Schwarz (Hrsg.), *Berlin: Von der Residenzstadt zur Industriemetropole,* Bd. 1, *Aufsätze. Die Entwicklung der Industriestadt Berlin – am Beispiel Moabit,* Berlin 1981, S. 171–181.

48 Die in die ländliche Umgebung ausgreifende Bautätigkeit reflektiert auch Georg Reickes *Berlin erwacht* (S. 157 ff.): »Nun aber klimmt im Osten, hinter Schloten / Und Giebelwänden, weit ins Feld geschoben, / Der grauen Arbeit massigen Quartieren, / Der erste Frühschein auf«.

49 Friedrich Lienhard, *Die Vorherrschaft Berlins, Litterarische Anregungen,* Leipzig und Berlin 1900; vgl. dazu: Karlheinz Rossbacher, *Heimatkunstbewegung und Heimatroman. Zu einer Literatursoziologie der Jahrhundertwende,* Stuttgart 1975, hier besonders: S. 25–65.

50 Berlin bildete eines der Zentren der Dada-Bewegung, vgl. Walter Mehring, *Berlin Dada. Eine Chronik mit Photos und Dokumenten,* Zürich 1959, sowie: Karl Riha/Hanne Bergius (Hrsg.), *Dada Berlin. Texte, Manifeste, Aktionen,* Stuttgart 1977.

51 280 S., mit Reproduktionen von Chodowiecki, Th. Hosemann u.a., Umschlagentwurf Richard Flockenhaus, Pappeinband, Format: 23 x 16 cm.

52 Karls Nase referierte z.B. in der *Berliner Lehrerzeitung,* Jg. 11, Nr. 26, 26. Juni 1930, S. 11 einen Vortrag von Julius Bab zum Thema ,Berlin in der Dichtung'.

53 » ... so sehr auch – schon für unsere Schule – längst solch ein Werk notwendig war« (S. 5).
54 Karl Nase, *Berlin. Meine Heimat im Gedicht*, Berlin, Oehmigke's Verlagsbuchhandlung, 1927, 64. S.
55 K. Meyer (Hrsg.), *Berlin ...*, (wie Anm. 36), S. 256–260.
56 G. Stieg/B. Witte, *Abriß einer Geschichte ...*, (wie Anm. 39), S. 90.
57 K. Nase, *Berlin ...*, (wie Anm. 54), S. 255.
58 Neuerdings sucht die Interpretation in Dehmels *Arbeitsmann* dennoch eine verborgene revolutionäre Perspektive zu entdecken, vgl.: Jürgen Viering, *Ein Arbeiterlied? Über Richard Dehmels ‚Der Arbeitsmann‘*, in: Harald Hartung (Hrsg.), *Gedichte und Interpretationen*, Bd. 5, *Vom Naturalismus bis zur Jahrhundertmitte*, Stuttgart 1983, S. 54–66, hier: S. 61f.
59 So bei Kurt Lubasch/Emil F. Tuchmann (Hrsg.), *Berliner Gedichte*, Berlin 1931; Walther G. Oschilewski (Hrsg.), *Gedichte auf Berlin*, Berlin 1958; Gustav Sichelschmidt (Hrsg.), *Die gespiegelte Stadt*, Berlin 1971; Ruth Greuner (Hrsg.), *Berlin. Stimmen einer Stadt*, Berlin (DDR) 1970, sowie in zahlreichen anderen Stadtanthologien.
60 Werner Kohlschmidt, *Der deutsche Frühexpressionismus im Werke Georg Heyms und Georg Trakls*, in: *Orbis litterarum, Revue internationale d'études littéraires*, Tome IX, Fasc. 1, S. 3–17, Kopenhagen 1954.
61 Kurt Mautz, *Mythologie und Gesellschaft im Expressionismus. Die Dichtung Georg Heyms*, Bonn 1961, S. 72.
62 Ch. Perels, *Vom Rand der Stadt ...*, in: C. Meckseper/E. Schraut (Hrsg.), *Die Stadt ...*, (wie Anm. 10), S. 76.
63 K. Mautz, *Mythologie und Gesellschaft ...*, (wie Anm. 61), S. 71.
64 Silvio Vietta/Hans-Georg Kemper, *Expressionismus*, Stuttgart 1975, hier: 2. Aufl. 1983, S. 51.
65 Michael Pleister, *Das Bild der Großstadt in den Dichtungen Robert Walsers, Rainer Maria Rilkes, Stefan Georges und Hugo von Hofmannsthals*, Hamburg 1982, S. 100 ff.
66 M. Pleister, *a. a. O.*, S. 145 ff. (Seltsamerweise scheint Pleister anzunehmen, daß es sich bei der zweiten und vierten Strophe von *Denn Herr, die großen Städte ...* um verschiedene Gedichte handelt [S. 149]!). – Karl Riha formuliert das Problem in seiner Interpretation des Gedichts mit den Worten: »(Rilkes) Paradigmata geht ja genau jene soziologische Signifikanz ab, die sie bei den Naturalisten haben«. Karl Riha, *Deutsche Großstadtlyrik. Eine Einführung*, München 1983, S. 59–67, hier: S. 63.
67 »Los von Berlin!« lautete bekanntlich eines der Schlagworte, hinter denen sich »ein ganzes Ensemble von Negativfaktoren (verbarg), die für die Positiv-Formulierung des Heimatkunst-Programms grundlegend« (wurden); K. Rossbacher, *Heimatkunstbewegung ...*, (wie Anm. 49), S. 29.
68 Ina-Maria Greverus, *Der territoriale Mensch. Ein literaturanthropologischer Versuch zum Heimatphänomen*, Frankfurt/M. 1972, S. 323.
69 *Ebda.*
70 *Internationale Bibliothek GmbH Berlin*, Berlin 1929, 424 S., Leineneinband, Einband und Umschlagzeichnung: Ernst Ullmann, Format: 18,5 x 12,5 cm.
71 »Die Beiträge sind fast durchweg neu. Aus Büchern übernommen wurde nur in den verschwindend wenigen Fällen, in denen Autoren gerade garnichts Unveröffentlichtes geben konnten« (Vorwort). Tatsächlich waren 10 Beiträge bereits veröffentlicht.
72 Darunter Franz Blei, Alfred Döblin, Lion Feuchtwanger, Max Herrmann-Neiße, Erich Kästner, Alfred Kerr, Heinrich Mann, Joachim Ringelnatz, Ernst Toller, Kurt Tucholsky, Arnold Zweig und Carl Zuckmayer. Freilich fehlen auch wichtige Namen wie Gottfried Benn, Bertolt Brecht, Carl Sternheim oder Walter Mehring.
73 Die Kapitel entfalten ein breites gattungspoetisches Spektrum: ‚Berichte aus Berlin‘,

S. 21–68, ‚Satire‘, S. 71–87, ‚Zeitgedicht‘, S. 91–108, ‚Kleine Prosa‘, S. 111–127, ‚Berlin in der Novelle‘, S. 131–189, ‚Berlin im Drama‘, S. 193–224, ‚Berlin im Roman‘, S. 227–275, ‚Berliner Lyrik‘, S. 279–294, ‚Berlin in der Kritik‘, S. 297–369.

74 Vgl.: Helmut Lethen, *Neue Sachlichkeit 1924–1932. Studien zur Literatur des ‚Weißen Sozialismus‘*, Stuttgart 1970, 2. Aufl. 1975, und auch: Lothar Köhn, *Überwindung des Historismus. Zum Problem einer Geschichte der deutschen Literatur zwischen 1918 und 1933*, in: *DVjs* 48 (1974), S. 704–766; 49 (1975) S. 94–165; Jost Hermand/Frank Trommler, *Die Kultur der Weimarer Republik*, München 1978, S. 110; Horst Denkler, *Sache und Stil. Die Theorie der ‚Neuen Sachlichkeit‘ und ihre Auswirkungen auf Kunst und Dichtung*, in: *Wirkendes Wort* 18 (1968), S. 167–185; Hans-Peter Bayerdörfer, *Weimarer Republik*, in: Walter Hinderer, *Geschichte der deutschen Lyrik vom Mittelalter bis zur Gegenwart*, Stuttgart 1983, S. 439–476.

75 Otto F. Best (Hrsg.), *Expressionismus und Dadaismus*, Stuttgart 1974, Einleitung S. 17. Zur Erweiterung des Begriffs vgl. H.-P. Bayerdörfer, *a. a. O.*, S. S. 442.

76 Peter Flamm, *Alte Sachlichkeit*, in: *Die Weltbühne* 25 (1929), S. 364, und Kurt Pinthus, *Kortner. Typ künftiger Kunst*, in: *Das Theater* 9 (1928), S. 227, beides zitiert nach: H. Denkler, *Sache und Stil …*, (wie Anm. 74), S. 172.

77 H. Denkler, *a. a. O.*, S. 179.

78 Möglicherweise liegt hier eine autobiographische Reminiszenz vor, vgl.: Rosemarie Lorenz, *Max Herrmann-Neiße*, Stuttgart 1966, S. 17 ff.

79 Robert Seitz/ Heinz Zucker (Hrsg.), *Um uns die Stadt. Eine Anthologie neuer Großstadtdichtung*, Berlin 1931, Vorbemerkung S. 7–10, hier: S. 9.

80 H.-P. Bayerdörfer, *Weimarer Republik*, in: W. Hinderer, *Geschichte …*, (wie Anm. 74), S. 470. Grundsätzliches zu diesem Thema bei: Karl Riha, *Literarisches Kabarett und Rollengedicht. Anmerkungen zu einem lyrischen Typus in der deutschen Literatur nach dem Ersten Weltkrieg*, in: Wolfgang Rothe (Hrsg.), *Die deutsche Literatur in der Weimarer Republik*, Stuttgart 1974, S. 382–395.

81 Eine zeitgenössische Rezension weist irrtümlich auf ein breites Spektrum der Sammlung vom »sehnsüchtig-lyrischen Zurückfühlen in die Vergangenheit bis zum Preis der zukünftigen Überweltstadt« hin *(Zeitschrift für Bücherfreunde*, Jg. 21 [1929], Heft 6, S. 317).

82 Auf das Anknüpfen der Neuen Sachlichkeit an naturalistische Programme verweist Hans Dieter Schäfer, *Naturdichtung und Neue Sachlichkeit*, in: W. Rothe (Hrsg.), *a. a. O.*, S. 359–381, hier: S. 360.

83 Herbert Günther (Hrsg.), *Hier schreibt Berlin. Ein Dokument der Zwanziger Jahre*, München 1963, und: Rudolf Hartung (Hrsg.), *Hier schreibt Berlin heute. Eine Anthologie*, München 1963.

84 Typographische Gestaltung Abraham Horodisch. Pappeinband. Format: 27,5 x 18,5 cm. Den Druck besorgte J. S. Preuß. – Zur Bearbeitung lagen die Exemplare Nr. 48 (Germanisches Seminar der Freien Universität Berlin) und Nr. 75 (Staatsbibliothek, Preußischer Kulturbesitz) vor. – Eine unveränderte Neuausgabe gleichen Formats und ähnlicher Ausstattung mit einem ‚Nachtrag zu den Autoren und zur Neuausgabe‘ von Wulf Kirsten erschien 1987 im Verlag Rütten & Loening, Berlin (DDR).

85 Eine vergleichsweise ebenso interessante und innovative Sammlung von Großstadt- (und Berlin-)Gedichten, die freilich nicht in allen Stücken das Niveau der ‚Berliner Gedichte‘ hält, bietet: Robert Seitz/Heinz Zucker (Hrsg.), *Um uns die Stadt. Eine Anthologie neuer Großstadtdichtung*, Berlin 1931.

86 Silvio Vietta/Hans-Georg Kemper, *Expressionismus* (wie Anm. 64), S. 33.

87 Dieses Thema ist bis in die Gegenwart wiederholt von der Berlin-Poesie (u. a. von Johannes R. Becher und Bertolt Brecht) verarbeitet worden. Die wohl bedeutendste Gestaltung gelang Paul Celan mit seinem Gedicht *Du liegst* (Paul Celan, *Gesammelte*

Werke in fünf Bänden, Hrsg. Beda Allemann/Stefan Reichert unter Mitwirkung von Rolf Bücher, Frankfurt/M. 1983, Bd. II, S. 334); zur Interpretation vgl. Peter Szondi, *Celan-Studien,* Frankfurt/M. 1972, S. 113–125; Hans-Michael Speier, *Im großen Gelausche – Probleme der Celan-Übertragung,* in: *Manna. Zeitschrift für Lyrik,* 3. Jg. 1985, Heft 3, S. 34–39, hier: S. 38 f., und: Hans-Michael Speier (Hrsg.), *Berlin! Berlin! Eine Großstadt im Gedicht,* Stuttgart 1987, Nachwort S. 213–228, hier: S. 224 f.

88 Dietrich Schaefer, *Iwan Goll,* in: Wolfgang Rothe (Hrsg.), *Expressionismus als Literatur. Gesammelte Studien,* Bern und München 1969, S. 426–436, hier: S. 432.

89 Vgl. Urs Bader, *Zeitbilder in den Gedichten Walter Mehrings,* in: *Text + Kritik,* Heft 78, *Walter Mehring,* April 1983, S. 1–10, hier: S. 4. Dazu auch: Frank Hellberg, *Walter Mehring. Schriftsteller zwischen Kabarett und Avantgarde,* Bonn 1983, S. 19 ff.

90 Die Firma Pharus stellte Berliner Stadtpläne her.

91 *Dadaistisches Manifest,* in: Karl Riha/Hanne Bergius (Hrsg.), *Dada Berlin. Texte, Manifeste, Aktionen,* Stuttgart 1977, S. 23.

92 Rolf Helmut Foerster, *Die Rolle Berlins im europäischen Geistesleben,* Berlin 1968, S. 138 f., zit. nach: Henning Dunckelmann, *Die Bedeutung neuer Medien für eine Kulturmetropole,* in: K. Schwarz, *Die Zukunft ...,* Bd. 1 (wie Anm. 24), S. 537–553, hier: S. 538. Vgl. auch: Peter de Mendelssohn, *Zeitungsstadt Berlin. Menschen und Mächte in der Geschichte der deutschen Presse,* Frankfurt/M., Berlin, Wien 1982, bes. S. 312 ff.; Walther G. Oschilewski, *Zeitungen in Berlin. Im Spiegel der Jahrhunderte,* Berlin 1975; Jürgen Zeidler/Michael S. Cullen, *Druckgewerbe und Massenpresse,* in: J. Boberg u. a. (Hrsg.), *Exerzierfeld ...* (wie Anm. 47), S. 372–379.

93 H.-P. Bayerdörfer, *Weimarer Republik ...,* in: W. Hinderer, *Geschichte ...* (wie Anm. 74), S. 447 f.

94 *A. a. O.,* S. 448.

95 K. Riha, *Literarisches Kabarett ...,* in: W. Rothe, *Die deutsche Literatur ...* (wie Anm. 80), S. 382.

96 *Ebda.*

97 Ch. Perels, *Vom Rand der Stadt ...,* in: C. Meckseper/E. Schraut (Hrsg.), *Die Stadt ...* (wie Anm. 10), S. 79 f.

98 So die Kritik August Stramms und Herwarth Waldens, nach: H. Denkler, *Sache und Stil ...* (wie Anm. 74), S. 168; vgl. auch S. 179 ff.

99 H. D. Schäfer, *Naturdichtung ...,* in: W. Rothe (Hrsg.), *Die deutsche Literatur ...* (wie Anm. 80), S. 363 ff.

100 H.-P. Bayerdörfer, *Weimarer Republik,* in: W. Hinderer, *Geschichte ...* (wie Anm. 74), S. 466. – In diesem Zusammenhang ist auch auf die ‚klassizistische Wende‘ in der Dichtung um 1930 hinzuweisen; Friedrich Georg Jüngers Poesie der frühen 30er Jahre z.B. favorisierte stadtferne Themen und hob die negativen Seiten der Massenmetropole Berlin hervor (vgl.: Hans-Michael Speier, *Klassizismus und Widerstand. Zu Friedrich Georg Jüngers Elegie ‚Der Mohn‘,* in: Harald Hartung (Hrsg.), *Gedichte und Interpretationen,* Bd. 5: *Vom Naturalismus bis zur Jahrhundertmitte,* Stuttgart 1983, S. 323–335, hier: S. 330 f.).

101 H. Denkler, *Sache und Stil ...* (wie Anm. 74), S. 169. In den Zusammenhang der Abwertung der Großstadt gehört auch das Wiederaufleben der Debatte ‚Berlin – Provinz‘ um 1930 mit der von Wilhelm Stapel vorgetragenen Berlin-Polemik. Vgl. dazu: Jochen Meyer, *Berlin-Provinz. Literarische Kontroversen um 1930,* in: *Marbacher Magazin* 35, Marbach 1985, S. 7 ff.

102 Robert Kukowka, *Junges Berlin,* Berlin 1948.

103 Uwe Berger/Manfred H. Kieseler/ Paul Wiens, *Begeistert von Berlin,* Berlin (DDR) 1952.

104 Christian Engeli/Wolfgang Ribbe, *Berlin in der NS-Zeit (1933–1945),* in: Wolfgang Ribbe (Hrsg.), *Geschichte Berlins,* München 1987, Bd. II, S. 927–1024, hier: S. 927.

105 *Deutsches Volkstum,* Jg. 12, Heft 1, Januar 1930 (zit. nach: J. Meyer, *Berlin-Provinz…* [wie Anm. 101], S. 10 f.). – »Der Geist des deutschen Volkes erhebt sich gegen den Geist von Berlin. Die Forderung des Tages lautet: *Aufstand der Landschaft gegen Berlin«* (ebda.); »Berlin wurde ‚maßgebend‘ für die gesamte deutsche Dichtung, für das Theater nicht nur, sondern auch für die Erzählung, für die ‚Großstadtlyrik‘ (…). Die urbanistische Literatur ist im Vordringen, die echte Literatur der Landschaft ist in der Verteidigung. Eine Umkehrung dieses Verhältnisses setzt den Aufstand der Landschaft gegen die Urbs voraus« *(Die Neue Literatur,* Jg. 32, H. 9. September 1931, 407 f., zit. nach: J. Meyer: *a. a. O.,* S. 36 f.). Eine »Entberlinerung des Zeitgeistes« forderte schon Lienhard (F. Lienhard, *Die Vorherrschaft Berlins …* (wie Anm. 49), S. 20.

106 Ch. Engeli/W. Ribbe, *a. a. O.,* S. 927.

107 Die folgende knappe Darstellung der »Neuordnung« zur Dichterakademie stützt sich im wesentlichen auf: Joseph Wulf, *Literatur und Dichtung im Dritten Reich. Eine Dokumentation,* Gütersloh 1963, S. 23–38; Hildegard Brenner, *Ende einer bürgerlichen Kunst-Institution. Die politische Formierung der Preußischen Akademie der Künste ab 1933,* Stuttgart 1972; Hildegard Brenner, *Die Republikaner beugen sich dem Wort der Obrigkeit. Die Umwandlung der Literaturabteilung der Preußischen Akademie der Künste in eine ‚Deutsche Akademie der Dichtung‘,* in: *»Das war ein Vorspiel nur …« Bücherverbrennung Deutschland 1933: Voraussetzungen und Folgen. Katalog der Ausstellung der Akademie der Künste vom 8. 5.–3. 7. 1983,* Berlin 1983, S. 65–71; J. Meyer, *Berlin-Provinz …* (wie Anm. 101), S. 48–86; Ch. Engeli/W. Ribbe, *a. a. O.,* S. 948–952.

108 Mag auch die neue ‚Deutsche Akademie für Sprache und Dichtung‘ im nationalsozialistischen Kulturleben nur eine wenig bedeutsame Rolle gespielt haben (vgl.: H. Brenner, *Die Republikaner … a. a. O.,* S. 71.), so ist doch die geistige und kulturpolitische Wirkung, die von der »Neuordnung« ausging, für die Schriftsteller selbst alles andere als folgenlos geblieben.

109 Vgl. Anselm Faust, *Die Hochschulen und der »undeutsche Geist«. Die Bücherverbrennungen am 10. Mai 1933 und ihre Vorgeschichte,* in: *»Das war ein Vorspiel nur …«, a. a. O.,* S. 31–50; Gerhard Sauder (Hrsg.), *Die Bücherverbrennung. Zum 10. Mai 1933,* München und Wien 1983; Horst Denkler/Eberhard Lämmert, *»Das war ein Vorspiel nur …«. Berliner Colloquium zur Literaturpolitik im ‚Dritten Reich‘,* Berlin 1985.

110 Vgl. G. Sauder, *a. a. O.,* S. 69–102.

111 *Die schwarze Liste,* in: *Münchener Neueste Nachrichten* v. 18. 5. 1933, zitiert nach: J. Wulf, *Literatur und Dichtung …* (wie Anm. 107), S. 57.

112 *Ebda.*

113 Zur Großstadtthematik in Loerkes Lyrik vgl. neuerdings die Studie von Anthony Stephens, *Loerkes ‚Das gelbe Pferd‘: Poesis und Zeit in der imaginierten Stadt,* in: Reinhard Tgahrt (Hrsg.), *Oskar Loerke. Marbacher Kolloquium* 1984, Mainz 1986, S. 127–160.

114 Zu Gertrud Kolmar und Berlin vgl.: Gert und Gundel Mattenklott, *Berlin Transit. Eine Stadt als Station,* Reinbek b. Hamburg 1987, darin das Kapitel ‚Gertrud Kolmar. Metaphorischer Schattenriß‘, S. 189–206.

115 Der deutlichen Abwertung Berlins als Literaturstadt entsprach u. a. eine propagandistische Aufwertung Weimars mit der Inanspruchnahme der Deutschen Klassik für die Weltanschauung des Nationalsozialismus.

116 Veranstaltet wurde u. a. am Funkturm eine Freigeländeschau ‚700 Jahre Berlin‘; das lyrische Panorama *Berlin in Vers und Bild* von Walter Winkler, das der begleitende Katalog enthält, gibt einen volkstümlichen Überblick über Geschichte und Erscheinungsbild der Stadt (eine erweiterte und veränderte Neuauflage erschien 1966 im Colloquium-Verlag).

117 Bd. 1, 1940; Bd. 2, 1943, Propyläen-Verlag, Berlin.

118 A. H. Payne-Verlag, Leipzig 1941.

119 Vgl. Hans Dieter Schäfer, *Berlin im Zweiten Weltkrieg. Der Untergang der Reichshauptstadt in Augenzeugenberichten,* München 1985.

120 Ch. Engeli/W. Ribbe, *Berlin ...,* in: W. Ribbe (Hrsg.), *Geschichte Berlins* (wie Anm. 104), S. 1014.

121 Richard L. Meritt, *Postwar Berlin: Divided City,* in: Friedrich Knilli/Michael Nerlich unter Mitarbeit von Heino Maß (Hrsg.), *Medium Metropole: Berlin, Paris, New York,* Heidelberg 1986, S. 53–77, hier S. 53 ff.

122 Dolf Sternberger vermag dieser Entwicklung aus der Idee und der Traditionslinie der griechischen *Polis* auch ein positives Moment abzugewinnen: »Berlin, Westberlin ist das Erzeugnis der Zertrümmerung eines Nationalstaates, eine Reichshauptstadt ist zu einem Teil zur Stadtrepublik erst geworden, aber es mag uns und den Berliner Stadtbürgern immerhin tröstlich sein, daß dieser jüngste Zuzug im Kreise der Stadtstaaten, wie unselig auch entstanden, wie schmerzhaft an seiner Schnitt-Wunde leidend, in seiner jetzigen Gestalt doch einer großen und teuren Überlieferung sich anschließen kann, sich angeschlossen hat« (Dolf Sternberger, *Die Stadt als Urbild. Sieben politische Beiträge,* Frankfurt/M. 1985, S. 12).

123 Wolfgang Emmerich, *Deutsche Demokratische Republik,* in: Walter Hinderer, *Geschichte der deutschen Lyrik vom Mittelalter bis zur Gegenwart,* Stuttgart 1983, S. 576–604, hier S. 579.

124 Wedding-Verlag, Berlin 1948, 112 S., Papiereinband, Format: 20,5 x 13,5 cm.

125 Von den Autoren sind heute lediglich Lothar Klünner, Herta Zerna und Thilo Koch noch bekannt; Werner Düttmann machte sich als Architekt der Berliner Akademie der Künste einen Namen.

126 Auch werden als große, obgleich ferne Vorbilder Rilke und George genannt (»Es gibt nicht viel, was den jungen Dichter behindern könnte; er steht den Schatten der Großen fern, von denen zuletzt noch der Dichter von Muzot und der Sänger des Jahres der Seele den Blick verführten« [Nachwort, o. S.]).

127 Hans-Dietrich Sander, *Die Entwicklung der Lyrik seit 1945 in der Deutschen Demokratischen Republik,* in: Klaus Weissenberger (Hrsg.), *Die deutsche Lyrik 1945–1975. Zwischen Botschaft und Spiel,* Düsseldorf 1981, S. 38–48, hier: S. 40.

128 Aufbau-Verlag Berlin, Ausstattung Karl Gossow, 84 S., Pappeinband, Format: 21x13 cm.

129 H.-D. Sander, *ebda.*

130 H.-D. Sander, *a. a. O.,* S. 43. – Auch Wolfgang Emmerich spricht für die fünfziger Jahre von einer »nur zeitweilig gemilderte(n) reglementierende(n) Kulturpolitik von oben, wie es sie in der Geschichte dieses Landes so kraß nicht noch einmal gab – vorher nicht (also in der sowjetischen Besatzungszone) und auch nicht nachher«. Wolfgang Emmerich, *Deutsche Demokratische Republik,* in: Walter Hinderer, *Geschichte der deutschen Lyrik vom Mittelalter bis zur Gegenwart,* Stuttgart 1983, S. 576–604, hier: S. 584.

131 »Für ,volkstümlich‘ und damit dem Postulat einer breitenwirksamen Kunst entsprechend hielt man solche Gedichte, die sich durch eingängige Verständlichkeit auszeichnen. Der Kanonisierung der leichten Rezipierbarkeit korrespondierte das Mißtrauen gegenüber sprachexperimentellen Verfahrensweisen« (A. Hartmann, *Lyrik-Anthologien...,* [wie Anm. 24], S. 58). Zur Kulturpolitik der DDR in den 50er Jahren und zur Debatte ,Sozialistischer Realismus‘ versus ,Formalismus‘ vgl.: Wolfgang Emmerich, *Kleine Literaturgeschichte der DDR,* Darmstadt u. Neuwied, 2. korr. Auflage 1984, S. 77 ff.

132 A. Hartmann, *a. a. O.,* S. 72.

133 Burkhard Hofmeister, *Charlottenburg und die Entwicklung der City von West-Berlin,* in: Wolfgang Ribbe (Hrsg.), *Von der Residenz zur City: 275 Jahre Charlottenburg,* Berlin 1980, S. 631–668, und Hans Reuther, *Die große Zerstörung Berlins. Zweihundert Jahre Stadtbaugeschichte,* Frankfurt/M. 1985, S. 182 ff.

134 *Börsenblatt für den deutschen Buchhandel,* 120. Jg., Leipzig 1953, Nr. 37, S. 768 f.

135 Vgl. A. Hartmann, *Lyrik-Anthologien* ... (wie Anm. 24), S. 37 ff.
136 Oschilewski trat als Lyriker sowie als Verfasser von Themenbüchern zu Berlin *(Berlins älteste Zeitung; Berlin. Lob und Kritik)* hervor.
137 Arani-Verlagsgesellschaft, Berlin 1958, Umschlagzeichnung: Prof. Paul Fischer, 94 S., Pappeinband, Format: 23,5 x 17,5 cm.
138 Rückblick auf vergangene Epochen und Präsentation des Gegenwärtigen will auch die Umschlagzeichnung von Paul Fischer signalisieren, die den Titel des Buches als Sütterlinschriftzug in einen Rahmen von (damals) modischer Rhombenform setzt.
139 Erstmals in einer Berlin-Anthologie erscheint Günter Eichs Gedicht *Niederschönhausen* aus der 1948 erschienenen Sammlung *Abgelegene Gehöfte;* der für die Berliner Dichtung ungleich bedeutendere Gottfried Benn findet sich in dieser Sammlung wie schon in den vorausgehenden Anthologien aus unerklärlichen Gründen nicht.
140 Vgl. dazu: Berliner Kulturrat anläßlich der Ausstellung des Realismusstudios der NGBK (Hrsg.): *Eine Kulturmetropole wird geteilt. Literarisches Leben in Berlin (West) 1945–1961,* Berlin 1987.
141 Verlag Das Neue Berlin, 310 S., Leineneinband, Format: 19 x 13,5 cm.
142 Zu Kunerts Frühwerk vgl. Hans Wagener, *Günter Kunert,* in: K. Weissenberger (Hrsg.), *Die deutsche Lyrik* ... (wie Anm. 127), S. 353–365, hier: S. 354 f.
143 H.-D. Sander, *Die Entwicklung der Lyrik* ..., in: K. Weissenberger (Hrsg.), *Die deutsche Lyrik* ... (wie Anm. 127), S. 44.
144 A. Hartmann, *Lyrik-Anthologien* ... (wie Anm. 24), S. 143, vgl. S. 63 ff.
145 Vgl. Hans Speier, *Die Bedrohung Berlins. Eine Analyse der Berlin-Krise von 1958 bis heute,* Köln und Berlin 1961, hier: S. 16 ff.
146 Hannes Schwenger, *Berlin zum Beispiel. Eine gesamtberliner Anthologie mit Beiträgen aus Lyrik, Prosa und Grafik,* Berlin 1964.

ZWEITER TEIL

Eine Auswahlbibliographie Berliner Lyrik von der Gründerzeit bis zur Gegenwart

Vorbemerkung

Die folgende ‚Auswahlbibliographie Berliner Lyrik von der Gründerzeit bis zur Gegenwart' macht weitere Ergebnisse des Projekts »Berlin im Gedicht« der wissenschaftlichen Öffentlichkeit zugänglich. Sie erfaßt mit ca. 1300 Gedichttiteln die Mehrzahl der im Textcorpus gesammelten Beispiele Berliner Poesie und dokumentiert ihre hauptsächlichen Autoren, Strömungen und Tendenzen. Dabei wurde besonderer Wert auf eine breite Streuung gelegt, – auch weniger bedeutsame Autoren sind vertreten, sofern sie einen eigenständigen und/oder quantitativ bedeutsamen Beitrag zur poetischen Darstellung Berlins geleistet haben.

Die Problematik, was ein Berlin-Gedicht sei, wurde in der Weise gelöst, daß die Gedichte das Berlin-Thema entweder schon im Titel anzeigen oder sich – direkt oder indirekt – auf Berliner Örtlichkeiten, Personen, historische, kulturelle oder soziale Ereignisse beziehen. Auch mundartliche Wendungen galten als Indikator, während von Texten, die lediglich durch die Biographie ihrer Verfasser auf einen Berlin-Bezug schließen lassen, nur jene ausgewählt wurden, die diesen Bezug auch deutlich machen. In sehr geringem Umfang und nur, wenn sie von verifizierbaren Autoren stammen, wurden Mundartgedichte aufgenommen; sie stellen ein eigenes sprach- und stilgeschichtliches Problem dar und hätten im übrigen auch den Rahmen dieser Auswahlbibliographie gesprengt.

Die Grundlage der Bibliographie bilden Textbeispiele aus den im Kommentarteil untersuchten Sammlungen von Berlin-Lyrik; darüber hinaus wurden zahlreiche weitere Anthologien, Monographien und verstreut gedruckte Gedichte herangezogen. Das Literaturverzeichnis bietet somit eine erhebliche Zahl bisher noch nie in Berlin-Anthologien publizierter Gedichte und könnte sich als Fundgrube für zukünftige Anthologisten erweisen. Da es im wesentlichen darum ging, das Textmaterial bereitzustellen, und zwar in möglichst greifbarer Form, wurde auf Angaben von Erstdrucken und Verweise auf Werkausgaben verzichtet.

I

Nach Verfassern geordnet

Alberti, Aitana:
- *Berlin.* Für Stephan Hermlin (in: *Gesicht einer Stadt. Gedichte über Berlin,* hrsg. von G. Deicke und E. R. Greulich, Berlin 1959, S. 216 f.; Nachdichtung: Erich Arendt).

Alberti, Rafael:
- *Ost-Berlin – Reichskanzlei* (in: *Gesicht einer Stadt. Gedichte über Berlin,* hrsg. von G. Deicke und E. R. Greulich, Berlin 1959, S. 215; Nachdichtung: Erich Arendt).

Alten, Christa:
- *Berlin nachts* (in: *Himmel meiner Stadt – Aus der Werkstatt der Gruppe »alex '64«,* hrsg. von W. Kruse u. a., Berlin 1966, S. 40).

Altendorf, Wolfgang:
- *Sonette I–XV* (in: W. A., *Sonettenkranz Berlin,* hrsg. von I. Altendorf, Freudenstadt-Wittlensweiler, o. J., o. S.).

Anders, Richard:
- *Alte Frau in Schöneberg* (in: R. A., *Über der Stadtautobahn und andere Gedichte,* Berlin 1985, S. 12).
- *Der steinerne Gast* (in: a.a.O., S. 15).
- *Dreißig Jahre danach* (in: a.a.O., S. 33).
- *General-Pape-Straße, Tempelhof* (in: a.a.O., S. 34).
- *Glienicker Forst* (in: a.a.O., S. 10).
- *Gültig für eine Fahrt* (in: a.a.O., S. 16).
- *In diesem Frühling* (in: a.a.O., S. 60).
- *Schloßpark Charlottenburg* (in: a.a.O., S. 29).
- *Trablauf* (in: *Die Ungeduld auf dem Papier und andere Lebenszeichen,* hrsg. von J. Wellbrock und B. Morshäuser, Berlin 1978, S. 70–71).
- *U-Bahnhof Rathaus Schöneberg* (in: R. A., *Über der Stadtautobahn und andere Gedichte,* Berlin 1985, S. 27).
- *Über der Stadtautobahn* (in: a.a.O., S. 6).
- *Volkspark* (in: a.a.O., S. 24).

Anderson, Sascha:
- *Elegie* (in: *Berührung ist nur eine Randerscheinung, Neue Literatur aus der DDR,* hrsg. von S. Anderson u. E. Erb, Köln 1985, S. 98).
- *Ich weiß…* (in: a.a.O., S. 100).

Anonym:
- *Die Sperber* (in: *Gedichte auf Berlin,* hrsg. von W. G. Oschilewski, Berlin 1958, S. 82 f.).

Arens, Birgitta:
- *Sommer in Berlin* (in: *Berliner Autoren-Stadtbuch,* hrsg. von der Abt. Literatur der Akademie der Künste Berlin, Berlin 1985, S. 22).

Arnold, Hilde:
- *Agitation* (in: *Berlin – Stimmen einer Stadt. 99 Autoren – 100 Jahre an der Spree,* hrsg. von R. Greuner, Berlin 1970, S. 58 f.).
- *Kind in der U-Bahn* (in: *Himmel meiner Stadt – Aus der Werkstatt der Gruppe »alex '64«,* hrsg. von W. Kruse u. a., Berlin 1966, S. 60 f.).

Asmus, Frank:
- *Berliner Zukunftsvision* (in: *Stadtansichten. Gedichte Westberliner Autoren,* hrsg. von P. Gerlinghoff u. a., Berlin 1977, S. 68).

Aue, Walter:
- *Berliner Dezember* (in: *Berlin im Gedicht. Gedichte aus 200 Jahren,* hrsg. von Jutta Rosenkranz, Husum 1987, S. 67).
- *Gedenkfeier in Berlin* (in: *Deutsche Teilung. Ein Lyrik-Lesebuch,* hrsg. von K. Morawietz, Wiesbaden 1966, S. 290).

Avenarius, Ferdinand:
- *Ein Wirrsal niedriger gebräunter Häuser…* (in: *Deutsche Großstadtlyrik vom Naturalismus bis zur Gegenwart,* hrsg. von W. Rothe, Stuttgart 1973, S. 56 f.).

Babendreyer, Hans:
- *Winternotiz* (in: *Erfahrungen 5: Sehr identisch. Eine Anthologie. Lyrik und Prosa,* hrsg. von H. Schumacher, Berlin 1984, S. 33 f.).

Baconsky, A. E.:
- *Berliner Herbst* (in: *europäische ideen,* Heft 7 [1974], S. 17.
- *Bahnhof Zoo* (in: ebda.).

Bächler, Wolfgang:
- *Stenogramme über Berlin* (in: *Berlin im Gedicht,* hrsg. von B. und W. Laufenberg, Frankfurt/M. 1987, S. 82).

Barnick, Helmut:
- *Fuffzig* (in: *Stadtansichten. Gedichte Westberliner Autoren,* hrsg. von P. Gerlinghoff u. a., Berlin 1977, S. 50).

Barthel, Max:
- *Alfred Born* (in: *Um uns die Stadt. Eine Anthologie neuer Großstadtdichtung,* hrsg. von R. Seitz und H. Zucker, Berlin 1931, S. 104 f.).

Bartholdy, Gina:
- *Berliner Kaffee* (in: *Berlin im Gedicht. Gedichte aus 200 Jahren,* hrsg. von Jutta Rosenkranz, Husum 1987, S. 77).

Bartsch, Kurt:
- *Berlin* (in: K. B., *Zugluft. Gedichte, Sprüche, Parodien,* Berlin und Weimar 1968, S. 41).
- *Bernauer Straße* (in: *Das Mauerbuch. Texte und Bilder aus Deutschland von 1945 bis heute,* hrsg. von M. Hammer u. a., Berlin 1981, S. 198).
- *Brasch* (in: *Berlin, du deutsche deutsche Frau. Eine literarische Chronik der geteilten Stadt mit Texten und Bildern von Autoren aus Ost und West,* hrsg. von J. Krüger und E. Schmitz, Darmstadt 1985, S. 209).
- *Der Paß* (in: *Die Hälfte der Stadt. Ein Berliner Lesebuch,* hrsg. von K. M. Schädlich und F. Werner, München 1982, S. 192 ff.).
- *Hades* (in: *Berlin, du deutsche deutsche Frau. Eine literarische Chronik der geteilten Stadt mit Texten und Bildern von Autoren aus Ost und West,* hrsg. von J. Krüger und E. Schmitz, Darmstadt 1985, S. 131).
- *Hamlet* (in: a.a.O., S.27).
- *Messer* (in: a.a.O., S.19).
- *Scheunenviertel, Berlin* (in: *Berlin – Stimmen einer Stadt. 99 Autoren – 100 Jahre an der Spree,* hrsg. von R. Greuner, Berlin 1970, S. 528).
- *Stilleben mit Putzfrau* (in: *Berlin, du deutsche deutsche Frau,* a.a.O., S.98).
- *Stolz* (in: *Das Mauerbuch,* a.a.O., S.198).
- *Tango Berlin* (in: *Berlin, du deutsche deutsche Frau,* a.a.O., S.211).
- *Wannsee 21.11.1811* (in: *Berliner Autoren-Stadtbuch,* hrsg. von der Abt. Literatur der Akademie der Künste Berlin, Berlin 1985, S. 25).

Bauer, Maja:
- *Zeit läuft unter den Eichen* (in: *Umsteigen bitte. Gedichte aus Berlin,* hrsg. von J. Beckelmann und H. Schmid, Berlin 1980, S. 38).

Bauernfeind, Walter:
- *Grenzgänger* (in: *Berlin im Gedicht,* hrsg. von B. und W. Laufenberg, Franfurt/M. 1987, S. 139 f.).

Becher, Johannes R.:
- *An Berlin* (in: *Über die großen Städte. Gedichte 1885–1967,* hrsg. von F. Hofmann u. a., Berlin und Weimar 1968, S. 140–141).
- *Berlin* (in: *Gesicht einer Stadt. Gedichte über Berlin,* hrsg. von G. Deicke und E. R. Greulich, Berlin 1959, S. 9 ff.).
- *Berlin* (in: *Menschheitsdämmerung. Symphonie jüngster Dichtung,* hrsg. von K. Pinthus, Berlin 1920, S. 7 f.).
- *Berlin* (in: *Die gespiegelte Stadt. 200 Jahre Gedichte über Berlin,* hrsg. von G. Sichelschmidt, Berlin 1971, S. 58).

– *Berlin stand auf!* (in: *Berlin. 100 Gedichte aus 100 Jahren,* hrsg. von H. K. Schlosser, Berlin 1987, S. 63 f.).
– *Berlin! Berlin!* (in: J. R. B., *Gesammelte Werke.* 18 Bde., Bd. 1: *Ausgewählte Gedichte 1911–1918,* Berlin und Weimar 1966, S. 234).
– *Die Friedensstadt – Zum Neuaufbau Berlins* (in: *Berlin – Stimmen einer Stadt. 99 Autoren – 100 Jahre an der Spree,* hrsg. von R. Greuner, Berlin 1970, S. 418).
– *Die Panzerwagen-Ballade* (in: *Über die großen Städte,* a.a.O., S.157–161).
– *Die stille Straße* (in: *Gesicht einer Stadt,* a.a.O., S.71f.).
– *Die unendliche Reihe, Deutschland-Treffen der Freien Deutschen Jugend, Pfingsten, 1950* (in: a.a.O., S.56).
– *Fahrt nach Berlin* (in: *Berlin im Gedicht,* hrsg. von B. und W. Laufenberg, Frankfurt/M. 1987, S. 17).
– *Heimfahrt* (in: *Berlin – Stimmen einer Stadt.* a.a.O., S. 433).
– *Hohes Bauen, Hochhaus Weberwiese* (in: *Gesicht einer Stadt,* a.a.O., S.185).
– *Hymne auf Rosa Luxemburg* (in: *Menschheitsdämmerung,* a.a.O., S.247 ff.).
– *Meine Straße, VIII* (in: *Berlin – Stimmen einer Stadt,* a.a.O., S.299).
– *Ruinen im Mond* (in: *Gesicht einer Stadt,* a.a.O., S.30).
Becker, Jürgen:
– *Berlin–London* (in: J. B., *Das Ende der Landschaftsmalerei, Gedichte,* Frankfurt/M. 1974, S. 80).
– *Berliner Programm-Gedicht; 1971* (in: J. B., *Das Ende der Landschaftsmalerei, Gedichte,* Franfurt/M. 1974, S. 9 ff.).
– *Bezirk Tiergarten* (in: a.a.O., S.75).
– *Eine Zeit in Berlin* (in: a.a.O., S.73).
– *Fernsehen, 1972* (in: a.a.O., S.50).
– *Generations-Gedicht* (in: a.a.O., S.78 f.).
– *In ein Gedächtnis-Buch für Günter Eich* (in: a.a.O., S.84 f.).
– *Selbstgespräch* (in: a.a.O., S.77).
– *Wörter im Sommer* (in: a.a.O., S.97 f.).
– *You are leaving the American sector* (in: a.a.O., S.76).
Benn, Gottfried:
– *Arzt II* (in: G. B., *Gedichte des Expressionismus,* hrsg. von Dietrich Bode, Stuttgart 1966, S. 81).
– *Berlin* (in: G. B., *Gesammelte Werke in acht Bänden,* hrsg. von D. Wellershoff, Bd. 1: *Gedichte,* Wiesbaden 1960, Bd. 2: *Gedichte* [Anhang], Wiesbaden 1968; hier: Bd. 1, S. 461).
– *Café* (in: a.a.O., Bd. 2, S. 410).
– *Café des Westens* (in: a.a.O., Bd. 2, S.376).
– *D-Zug* (in: a.a.O., Bd. 1, S. 27).

- *Englisches Café* (in: a.a.O., Bd. 1, S. 29).
- *Für Klabund* (in: a.a.O., Bd. 1, S. 127).
- *Für Oskar Loerke zum 50. Geburtstag* (in: a.a.O., Bd. 2, S. 436).
- *Nachtcafé* (in: a.a.O., Bd. 1, S. 18).
- *Nachtcafé III* (in: a.a.O., Bd. 2, S. 396).
- *Prolog zu einem deutschen Dichterwettstreit* (in: a.a.O., Bd. 2, S. 422).
- *Restaurant* (in: *Deutsche Großstadtlyrik vom Naturalismus bis zur Gegenwart,* hrsg. von W. Rothe, Stuttgart 1973, S. 376).
- *Saal der kreißenden Frauen* (in: G. B., *Gesammelte Werke,* a.a.O., Bd. 1, S. 16).
- *Staatsbibliothek* (in: a.a.O., Bd. 1, S. 89).
- *Untergrundbahn* (in: a.a.O., Bd. 1, S. 31).

Bennholdt-Thomsen, Anke:
- *Ansatz* (in: A. B.-Th., *In Grenzen gesetzt. Gedichte,* München 1972, S. 9).
- *Berlin* (in: a.a.O., S. 20).

Berger, Uwe:
- *Bauplatz Stalinallee* (in: *Gesicht einer Stadt. Gedichte über Berlin,* hrsg. von G. Deicke und E. R. Greulich, Berlin 1959, S. 193).
- *Denk an den August* (in: a.a.O., S. 100).
- *Der Morgenzug* (in: a.a.O., S. 235).
- *Der sowjetische Soldat* (in: a.a.O., S. 257).
- *Die Spreekaten* (in: a.a.O., S. 255).
- *Heimkehr nach Berlin* (in: a.a.O., S. 50 f.).
- *Lied der Steinmetze – Neubau der Berliner Staatsoper* (in: a.a.O., S. 204).
- *Marx-Engels-Platz* (in: a.a.O., S. 243).
- *Spreegedicht* (in: a.a.O., S. 238 f.).
- *Städte* (in: *Berlin – Stimmen einer Stadt. 99 Autoren – 100 Jahre an der Spree,* hrsg. von R. Greuner, Berlin 1970, S. 544).
- *Tierpark* (in: a.a.O., S. 415).
- *Treptow* (in: a.a.O., S. 416).
- *Von einem Fenster der Charité* (in: *Gesicht einer Stadt,* a.a.O., S. 276).
- *Wärme* (in: *Berlin – Stimmen einer Stadt,* a.a.O., S. 546).

Beschorner, Herward:
- *Die Falsche* (in: *Stadtansichten. Gedichte Westberliner Autoren,* hrsg. von P. Gerlinghoff u. a., Berlin 1977, S. 30).
- *Kamele* (in: a.a.O., S. 77).

Beutler, Margarete:
- *Die Kommenden (Aus dem Norden Berlins)* (in: *Im steinernen Meer. Großstadtgedichte,* hrsg. von O. Hübner und J. Moegelin, Berlin 1910, S. 114 ff.).

Bezzel, Chris:
- *17. juni* (in: *Deutsche Teilung. Ein Lyrik-Lesebuch*, hrsg. von K. Morawietz, Wiesbaden 1966, S. 317).

Biedermeier:
- *Hurrra Berlin!* (in: *Im steinernen Meer. Großstadtgedichte*, hrsg. von O. Hübner und J. Moegelin, Berlin 1910, S.170 ff.).

Bienek, Horst:
- *Berlin, Chausseestraße 125* (in: *Berlin – ach Berlin*, hrsg. von H. W. Richter, Berlin 1981, S. 30).
- *Geteilte Stadt* (in: H. B., *Vorgefundene Gedichte. Poèmes trouvés*, München 1969, S. 32).

Bierbaum, Otto Julius:
- *»Ein Löffel Suppe«, Berliner Erinnerung* (in: *Im steinernen Meer. Großstadtgedichte*, hrsg. von O. Hübner und J. Moeglin, Berlin 1910, S. 177 f.).
- *Berliner Lenzepistel* (in: *Berliner Gedichte*, hrsg. von K. Lubasch und E. F. Tuchmann, Berlin 1931, S. 10–13).

Biermann, Wolf:
- *Acht Argumente für die Beibehaltung des Namens ‚Stalinallee' für die Stalinallee* (in: *Berlin, du deutsche deutsche Frau. Eine literarische Chronik der geteilten Stadt mit Texten und Bildern von Autoren aus Ost und West*, hrsg. von J. Krüger und E. Schmitz, Darmstadt 1985, S. 94 ff.).
- *Ballade vom Traum* (in: a.a.O., S.98 ff.).
- *Ballade vom preußischen Ikarus* (in: a.a.O., S.135 f.).
- *Berlin* (in: *Die gespiegelte Stadt. 200 Jahre Gedichte über Berlin*, hrsg. von G. Sichelschmidt, Berlin 1971, S. 95).
- *Der Hugenottenfriedhof* (in: *Berlin, du deutsche deutsche Frau*, a.a.O., S.119 ff.).
- *Die Ballade von dem Drainage-Leger Fredi Rohsmeisl aus Buckow* (in: W. B., *Die Drahtharfe. Balladen, Gedichte, Lieder*, Berlin 1967, S. 11 ff.).
- *Die Ballade von den alten Weibern von Buckow* (in: a.a.O., S.19).
- *Die Ballade von der Buckower Süßkirschenzeit* (in: a.a.O., S.15 f.).
- *Drei Kugeln auf Rudi Dutschke* (in: *Berlin, du deutsche deutsche Frau*, a.a.O., S.85 f.).
- *Gedanken beim Flug über die Berliner Mauer* (in: a.a.O., S.199).
- *Herr Brecht* (in: W. B., *Die Drahtharfe*, a.a.O., S.23).
- *Himmelfahrt in Berlin* (in: a.a.O., S.41).
- *Meine Mietskasernenbraut* (in: a.a.O., S.42).
- *Rangsdorf im August* (in: *Die gespiegelte Stadt*, a.a.O., S.96).
- *Selbstportrait an einem Regensonntag in der Stadt Berlin* (in: W. B., *Die Drahtharfe*, a.a.O., S.75).

– *Und jeden Mittwoch um halb drei…* (in: *Berlin, du deutsche deutsche Frau,*
   a.a.O., S.105).

Binder-Gasper, Christiane:

– *Lieder für Dominic 1, 2* (in: *Berlin-Zulage. Gedichte aus der Provinz,* hrsg.
   von H. U. Hirschfelder u. a., Berlin 1982, S. 39 ff.).

Birkenfeld, Günther:

– *Am Kanal* (in: *Um uns die Stadt. Eine Anthologie neuer Großstadtdichtung,*
   hrsg. von R. Seitz und H. Zucker, Berlin 1931, S. 187).
– *Berlin im Feuersturm* (in: *Gedichte auf Berlin,* hrsg. von W. G. Oschilewski,
   Berlin 1958, S. 76).

Bisinger, Gerald:

– *Am Lietzensee oder Das Suchen nach Identität* (in: G. B., *Sieben Gedichte
   zum Vorlesen,* Berlin 1968, S. 30 f.).
– *An einem Tischchen* (in: G. B., *Am frühen Lebensabend. Trilogie,* Graz 1987,
   S. 149).
– *Berlin* (in: *Das Berlin Buch der neuen Rabenpresse,* hrsg. von G. B. Fuchs,
   Berlin 1968, o. S.).
– *Berliner Sommer* (in: G. B., *Gedichte auf Leben und Tod,* Basel 1982, S. 43).
– *Das Jahr 66 oder 11 mal 11 Zeilen ad majorem Austriae gloriam* (in: G. B.,
   Sieben Gedichte zum Vorlesen, a.a.O., S. 7 ff.).
– *Die Klarheit der Sonne* (in: G. B., *Am frühen Lebensabend,* a.a.O., S.144).
– *Ich sitz noch an Tischen I–III* (in: *Berliner Autoren-Stadtbuch,* hrsg. von der
   Abt. Literatur der Akademie der Künste Berlin, Berlin 1985, S. 35 f.).
– *Im späten Mai dieses Jahres* (in: G. B., *Am frühen Lebensabend,* a.a.O.,
   S.151).
– *Intermezzo: Zwei Enten* (in: a.a.O., S.150).
– *Karfreitagsschmaus* (in: G. B., *Sieben Gedichte zum Vorlesen,* a.a.O., S.20 f.).
– *Prolog I–IV* (in: G. B., *Am frühen Lebensabend,* a.a.O., S.140 ff.).
– *The Cries of the Birds oder so gegen fünf* (in: G. B., *Sieben Gedichte zum Vorle-
   sen,* a.a.O., S.22 ff.).
– *Was bleibt denn* (in: G. B., *Am frühen Lebensabend,* a.a.O., S.145 f.).
– *Zwischenstück V* (in: G. B., *Gedichte auf Leben und Tod,* a.a.O., S.43 ff.).

Blass, Ernst:

– *A. R. Meyer-Abend* (in: E. B., *Die Straßen komme ich entlanggeweht. Sämtli-
   che Gedichte,* hrsg. von Th. B. Schumann, München und Wien 1980, S.
   129).
– *Abendstimmung* (in: a.a.O., S.14).
– *Arrangement* (in: a.a.O., S.15).
– *Autofahrt* (in: a.a.O., S.33).
– *Bahnhof* (in: a.a.O., S.148).

- *Der Hund* (in: a.a.O., S.157).
- *Ende...* (in: a.a.O., S.47).
- *Fort von Berlin!* (in: a.a.O., S.146).
- *Große Stadt* (in: a.a.O., S.132).
- *Kreuzberg I* (in: a.a.O., S.21).
- *Kreuzberg II* (in: a.a.O., S.22).
- *Meck, meck, meck* (in: a.a.O., S.126 f.).
- *Nacht* (in: a.a.O., S.141).
- *Nachts* (in: E. B., *Um uns die Stadt, Eine Anthologie neuer Großstadtdichtung*, hrsg. von R. Seitz und H. Zucker, Berlin 1931, S. 186).
- *Nehmen Se jrotesk – det hebt Ihnen* (in: E. B., *Die Straßen komme ich entlanggeweht*, a.a.O., S.128).
- *Pause* (in: a.a.O., S.145).
- *Regen* (in: a.a.O., S.19).
- *Sonntagnachmittag* (in: a.a.O., S.16).

Bobrowski, Johannes:
- *Märkisches Museum* (in: J. B., *Wetterzeichen. Gedichte*, Berlin 1967, S. 56).

Bolaender, Gerhard:
- *Der Nachbar, Berlin* (in: *Luchterhand-Jahrbuch der Lyrik 1987/88*, hrsg. von Ch. Buchwald und J. Becker, Darmstadt und Neuwied 1987, S. 65).

Boldt, Paul:
- *Amor und Mors* (in: P. B., *Junge Pferde! Junge Pferde! Das Gesamtwerk. Lyrik, Prosa, Dokumente*, hrsg. von W. Minaty, Olten/Freiburg 1979, S. 76).
- *Auf der Terrasse des Café Josty* (in: *Die gespiegelte Stadt. 200 Jahre Gedichte über Berlin*, hrsg. von G. Sichelschmidt, Berlin 1971, S. 45).
- *Berlin* (in: *Berliner Gedichte*, hrsg. von K. Lubasch und E. F. Tuchmann, Berlin 1931, S. 32).
- *Berliner Abend* (in: *Deutsche Großstadtlyrik vom Naturalismus bis zur Gegenwart*, hrsg. von W. Rothe, Stuttgart 1973, S. 175 f.).
- *Friedrichstraßendirnen* (in: *Gedichte des Expressionismus*, hrsg. von D. Bode, Stuttgart 1966, S. 72 f.).

Born, Nicolas:
- *Ausgeträumt* (in: N. B., *Das Auge des Entdeckers. Gedichte*, Reinbek b. Hamburg 1978, S. 45 f.).
- *Berliner Para-Phrasen* (in: N. B., *Gedichte 1967–1978*, Reinbek b. Hamburg 1978, S. 10).
- *In Berlin 1966* (in: a.a.O., S.13).
- *Ort der Versammlung* (in: N. B., *Das Auge des Entdeckers*, a.a.O., S.50 ff.).
- *Zeitmaschine* (in: a.a.O., S.24 f.).

Brandt, Oscar Ludwig:
- *Ich muß mich zu den Straßen der Weite bekennen* (in: *Berliner Gedichte,* hrsg. von K. Lubasch und E. F. Tuchmann, Berlin 1931, S. 40).

Brasch, Peter:
- *Kleist, ein Mord am Wannsee* (in: *Berührung ist nur eine Randerscheinung. Neue Literatur aus der DDR,* hrsg. von S. Anderson und E. Erb, Köln 1985, S. 48).
- *Rückkehr nach Nordost 58* (in: a.a.O., S. 52).

Brasch, Thomas:
- *Ansturm der Windstille* (in: *Berlin, du deutsche deutsche Frau. Eine literarische Chronik der geteilten Stadt mit Texten und Bildern von Autoren aus Ost und West,* hrsg. von J. Krüger und E. Schmitz, Darmstadt 1985, S. 208).
- *Die Motorradfahrer* (in: T. B., *Der schöne 27. September. Gedichte,* Frankfurt/M. 1980, S. 31).
- *Dornröschen und Schweinefleisch* (in: a.a.O., S. 42).
- *Mitten am Tag eine Furcht* (in: *Berlin, du deutsche deutsche Frau,* a.a.O., S. 200).

Braun, Volker:
- *Au Rendez-vous international (Berlin 1973)* (in: *Berlin. 100 Gedichte aus 100 Jahren,* hrsg. von H. K. Schlosser, Berlin (DDR) 1987, S. 98 f.).
- *Der Müggelsee* (in: *Berlin, du deutsche deutsche Frau. Eine literarische Chronik der geteilten Stadt mit Texten und Bildern von Autoren aus Ost und West,* hrsg. von J. Krüger und E. Schmitz, Darmstadt 1985, S. 200 f.).
- *Der ferne Krieg* (in: V. B., *Wir und nicht sie. Gedichte,* Frankfurt/M. 1970, S. 29).
- *Die Mauer* (in: V. B., *Gedichte,* Leipzig, S. 45 ff.).
- *In meinem Zimmer* (in: *Über die großen Städte, Gedichte 1885–1967,* hrsg. von F. Hofmann, Berlin und Weimar 1968, S. 374).
- *Schöneweide* (in: V. B., *Wir und nicht sie,* a.a.O., S. 62).
- *Untern Linden* (in: V. B., *Gedichte,* a.a.O., S. 20 f.).

Brecht, Bertolt:
- *Als ich in weißem Krankenzimmer der Charité* (in: B. B., *Gesammelte Gedichte,* hrsg. vom Suhrkamp Verlag in Zusammenarbeit mit E. Hauptmann, Bd. 3, Frankfurt/M. 1976, S. 1031).
- *An die Studenten der Arbeiter- und Bauernfakultät* (in: a.a.O., S. 1026).
- *An eine Mitarbeiterin, die während der Sommerferien im Theater zurückgeblieben…* (in: a.a.O., S. 1021).
- *Die Lösung* (in: a.a.O., S. 1009 f.).
- *Die Pappel vom Karlplatz* (in: *Über die großen Städte. Gedichte 1885–1967,* hrsg. von F. Hofmann u. a., Berlin und Weimar 1968, S. 323).

- *Für Helene Weigel* (in: B. B., *Gesammelte Gedichte,* a.a.O., S. 959).
- *Grabschrift für Karl Liebknecht* (in: a.a.O., S. 958).
- *Grabschrift für Rosa Luxemburg* (in: a.a.O., S. 958).
- *Neue Zeiten* (in: a.a.O., S. 977).
- *O Falladah, die du hangest!* (in: *Berlin – Stimmen einer Stadt. 99 Autoren – 100 Jahre an der Spree,* hrsg. von R. Greuner, Berlin 1970, S. 113).
- *Zum Einzug des ,Berliner Ensemble' in das Theater am Schiffbauerdamm* (in: B. B., *Gesammelte Gedichte,* a.a.O., S. 1020).

Brehm, Erich:
- *Song vom Tempelhofer Druckhaus* (in: *Gesicht einer Stadt. Gedichte über Berlin,* hrsg. von G. Deicke und E. R. Greulich, Berlin 1959, S. 143 ff.).

Breit, Rita:
- *Stadtapril* (in: *Umsteigen bitte, Gedichte aus Berlin,* hrsg. von J. Beckelmann und H. Schmid, Berlin 1980, S. 34 f.).

Brennert, Hans:
- *Im Keller bei Lutter und Wegner* (in: *Gedichte auf Berlin,* hrsg. von W. G. Oschilewski, Berlin 1958, S. 40).

Brězan, Jurij:
- *Wir bauen Berlin* (in: *Gesicht einer Stadt. Gedichte über Berlin,* hrsg. von G. Deicke und E. R. Greulich, Berlin 1959, S. 172 f.).

Brücher, August:
- *Blick vom Funkturm* (in: *Um uns die Stadt. Eine Anthologie neuer Großstadtdichtung,* hrsg. von R. Seitz und H. Zucker, Berlin 1931, S. 41 f.).
- *Park Bellevue* (in: a.a.O., S. 39).

Busse, Carl:
- *Auf der Felsenterrasse zu Berlin (1889)* (in: *Im steinernen Meer. Großstadtgedichte,* hrsg. von O. Hübner und J. Moegelin, Berlin 1910, S. 174).
- *Berlin (1890)* (in: a.a.O., S. 175).

Cammert, Jörn:
- *Einer der die U-Bahn besteigt nicht gleich aus* (in: *Erfahrungen 5: Sehr identisch. Eine Anthologie. Lyrik und Prosa,* hrsg. von H. Schumacher, Berlin 1984, S. 69).
- *Leises Lied* (in: a.a.O., S. 80).
- *Portrait* (in: a.a.O., S. 78).
- *Wohin* (in: a.a.O., S. 79).

Carlsson, Bernd:
- *Bahnhof Friedrichstraße* (in: *Deutsche Teilung. Ein Lyrik-Lesebuch,* hrsg. von K. Morawietz, Wiesbaden 1966, S. 202 f.).
- *Proklamation für die Litfaßsäulen Berlins* (a.a.O., S. 213 f).

Celan, Paul:
- *Du liegst* (in: P. C., *Gesammelte Werke in fünf Bänden,* hrsg. von B. Allemann u.a., Frankfurt/M. 1983, Bd. II, S. 334).
- *Lila Luft* (in: a.a.O., S.335).
- *Oranienstraße 1* (in: a.a.O., S.301).
Corrinth, Curt:
- *Auf der Trambahn* (in: *Berliner Gedichte,* hrsg. von K. Lubasch und E. F. Tuchmann, Berlin 1931, S. 4 f.).
Czechowski, Heinz:
- *Ich will nicht nachdenken über den Frühling* (in: *Tausendäugig diese Häuser. Prag und Berlin in Lyrik und Prosa.* Berlin-Auswahl von A. Herzberg, Berlin 1985, S. 104).

De Haas, Helmut:
- *Berlin 1950* (in: *Deutsche Großstadtlyrik vom Naturalismus bis zur Gegenwart,* hrsg. von W. Rothe, Stuttgart 1973, S. 383).
Dehmel, Walter:
- *Abend in der Vorstadt* (in: W. D., *Großstadtperipherie. Ausgewählte Gedichte,* hrsg. von M. Schmidt, Halle 1972, S. 32).
- *Das Treppenhaus* (in: a.a.O., S. 20).
- *Demonstration im Villenviertel* (in: a.a.O., S. 45).
- *Großstadtperipherie* (in: a.a.O., S. 25).
- *Laubenkolonie im Winter* (in: a.a.O., S. 99).
- *Lokalnotiz* (in: a.a.O., S. 44).
- *Wir geben Berlin ein neues Gesicht, Berliner Aufbaulied 1952* (in: *Gesicht einer Stadt. Gedichte über Berlin,* hrsg. von G. Deicke und E. R. Greulich, Berlin 1959, S. 188).
- *Wir heben den Blick* (in: W. D., *Großstadtperipherie,* a.a.O., S. 38).
Deicke, Günther:
- *Alltag 1969* (in: *Berlin – Stimmen einer Stadt. 99 Autoren – 100 Jahre an der Spree,* hrsg. von R. Greuner, Berlin 1970, S. 596).
- *Berlin 1951 – Weltfestspiele der Jugend* (in: *Gesicht einer Stadt. Gedichte über Berlin,* hrsg. von G. Deicke und E. R. Greulich, Berlin 1959, S. 105).
- *Berlin im November 1956* (in: a.a.O., S. 278).
- *Berlin, August 1961* (in: G. D., *Die Wolken,* Berlin 1964, S. 122 ff.).
- *Das Bild der Mutter auf dem Kollwitzplatz* (in: *Berlin – Stimmen einer Stadt,* a.a.O., S. 467 ff.).
- *Vor den Weltfestspielen 1951* (in: *Gesicht einer Stadt,* a.a.O., S.62).
- *Weg zur Arbeit* (in: *Berlin – Stimmen einer Stadt,* a.a.O., S.597).

Delius, F. C.:
- *Ballade Berlin* (in: F. C. D., *Die unsichtbaren Blitze. Gedichte*, Berlin 1981, S. 48 f.).
- *Ein Faschist und ich* (in: *Stadtansichten. Gedichte Westberliner Autoren*, hrsg. von P. Gerlinghoff u. a., Berlin 1977, S. 76).
- *Großer Zoo* (in: a.a.O., S. 111). `
- *Weg mit der Mauer* (in: *Das Berlin-Buch der Neuen Rabenpresse*, hrsg. von G. B. Fuchs, Berlin 1968, o. S.).

Denes, Ivan:
- *13. August 1971* (in: *europäische ideen*, Heft 7 [1974], S. 20 f.).

Dittberner, Hugo:
- *Baustil* (in: *Mauersprünge. Besondere Berliner Verkehrsformen*, hrsg. von Urs Jaeggi, Reinbek bei Hamburg 1988, S. 71).

Doehler, Gottfried:
- *Berliner Gespenster* (in: *Im steinernen Meer. Großstadtgedichte*, hrsg. von O. Hübner und J. Moegelin, Berlin 1910, S. 39 f.).
- *Frühling im Tiergarten* (in: a.a.O., S. 180).

Dreger, Manfred:
- *Großstadtimpressionen* (in: *Berlin-Zulage. Gedichte aus der Provinz*, hrsg. von H. U. Hirschfelder u. a., Berlin 1982, S. 46).

Eckart, Gabriele:
- *Berlin* (in: *Berlin. 100 Gedichte aus 100 Jahren*, hrsg. von H. K. Schlosser, Berlin 1987, S. 128 f.).

Egestorff, Georg:
- *Die Uhr* (in: *Im steinernen Meer. Großstadtgedichte*, hrsg. von O. Hübner und J. Moegelin, Berlin 1910, S. 73 ff.).

Eich, Günter:
- *Alle Augenblicke* (in: G. E., *Gesammelte Werke*, hrsg. vom Suhrkamp-Verlag in Verbindung mit Ilse Aichinger u. a., Bd. 1: *Gedichte, Die Maulwürfe*, Frankfurt/M. 1973, S. 273).
- *Alte Postkarten* (in: a.a.O., S. 107 f.).
- *Berlin 1918* (in: a.a.O., S. 139).
- *Berlin, Hafenplatz* (in: a.a.O., S. 64).
- *Bundeseck* (in: a.a.O., S. 285).
- *Der große Lübbe-See* (in: a.a.O., S. 82).
- *Niederschönhausen* (in: a.a.O., S. 21).
- *Spittelmarkt* (in: a.a.O., S. 124).
- *Untergrundbahn – Spiegelbild* (in: a.a.O., S. 74).
- *Vauo habe ich mir ausgesucht…* (in: a.a.O., S. 197).

Eichholz, Marianne:
- *Aquarium* (in: M. E., *Berlin. Ein lyrischer Stadtplan,* Köln und Berlin 1964, S. 39 ff.).
- *Auf einem Balkon in Berlin NW 64* (in: a.a.O., S. 32 f.).
- *Bahnhof Friedrichstraße* (in: a.a.O., S. 56 f.).
- *Bank im Tiergarten* (in: a.a.O., S. 47).
- *Berlin im allgemeinen* (in: a.a.O., S. 82 f.).
- *Bernauer Straße* (in: a.a.O., S. 74 f.).
- *Botanischer Garten* (in: a.a.O., S. 34 ff.).
- *Brandenburger Tor* (in: a.a.O., S. 70 f.).
- *Brücke über den Humboldthafen* (in: a.a.O., S. 72 f.).
- *Charlottenburg, bürgerlich* (in: a.a.O., S. 24 ff.).
- *Deutschlandhalle* (in: a.a.O., S. 29 f.).
- *Freibad Halensee* (in: a.a.O., S. 31).
- *Gendarmenmarkt* (in: a.a.O., S. 63).
- *Grabmahl des Grafen von der Mark* (in: a.a.O., S. 62).
- *Havel bei Brüningslinden* (in: a.a.O., S. 48).
- *Joachimstaler Straße 2–3* (in: a.a.O., S. 21 ff.).
- *Kantate* (in: a.a.O., S. 85 f.).
- *Karl-Marx-Allee* (in: a.a.O., S. 66).
- *Komische Oper* (in: a.a.O., S. 64 f.).
- *Kreuzberg* (in: a.a.O., S. 76 ff.).
- *Kurfürstendamm von 20 bis 24 Uhr* (in: a.a.O., S. 19 f.).
- *Lützowplatz* (in: a.a.O., S. 37 f.).
- *Museumsinsel* (in: a.a.O., S. 58 f.).
- *Neujahrsnacht an der Sandkrugbrücke* (in: a.a.O., S. 84).
- *Potsdamer Platz* (in: a.a.O., S. 54 f.).
- *Preußenpark* (in: a.a.O., S. 80).
- *Sankt Marien* (in: a.a.O., S. 60 f.).
- *Schloßpark Charlottenburg* (in: a.a.O., S. 28).
- *Schloßpark Charlottenburg* (in: *Die gespiegelte Stadt. 200 Jahre Gedichte über Berlin,* hrsg. von G. Sichelschmidt, Berlin 1971, S. 84).
- *Siegessäule* (in: M. E., *Berlin. Ein lyrischer Stadtplan,* a.a.O., S. 81).
- *Stadtplan* (in: a.a.O., S. 11 ff.).
- *Tempelhofer Feld* (in: a.a.O., S. 14 f.).
- *Tiergarten* (in: a.a.O., S. 44 ff.).
- *Verdunkeltes Stadtbild* (in: a.a.O., S. 49).
- *Wilhelmstraße* (in: a.a.O., S. 53).
- *Zentralmarkthalle* (in: a.a.O., S. 67 f.).

– *Zwischen Kaiser-Wilhelm-Gedächtniskirche und Halensee* (in: a.a.O., S. 16 ff.).

Eisenberg, Ursula:

– *Erster Morgen nach den Ferien* (in: *Umsteigen bitte. Gedichte aus Berlin,* hrsg. von J. Beckelmann und H. Schmid, Berlin 1980, S. 8).

– *Januar 1978* (in: a.a.O., S. 10).

– *Kinderfreundliche Maßnahme* (in: a.a.O., S. 41).

Eluard, Paul:

– *Botschaft an die Jugend des Berliner Treffens ... und an Stephan Hermlin* (in: *Gesicht einer Stadt. Gedichte über Berlin,* hrsg. von G. Deicke und E. R. Greulich, Berlin 1959, S. 63 f., Nachdichtung von Stephan Hermlin).

Endler, Adolf:

– *Der Laubenpieperfriedhof – In memoriam Paul Gurk* (in: *Tausendäugig diese Häuser. Prag und Berlin in Lyrik und Prosa.* Berlin-Auswahl von A. Herzberg, Berlin 1985, S. 109).

– *Die Windvögel über Berlin* (in: a.a.O., S. 111).

Engel, Fritz:

– *Berlinerinnen* (in: *Um uns die Stadt. Eine Anthologie neuer Großstadtdichtung,* hrsg. von R. Seitz und H. Zucker, Berlin 1931, S. 97).

– *Symphonie Berlin* (in: a.a.O., S. 42 f.).

Erb, Elke:

– *Die Dichter wohnen in den Jahrhunderten* (in: *Tausendäugig diese Häuser. Prag und Berlin in Lyrik und Prosa.* Berlin-Auswahl von A. Herzberg, Berlin (DDR) 1985, S. 90).

– *Die Küche* (in: a.a.O., S. 91).

– *Gedächtniskirche* (in: *Berlin im Gedicht. Gedichte aus 200 Jahren,* hrsg. von Jutta Rosenkranz, Husum 1987, S. 68).

– *Sommer in Berlin* (in: *Umsteigen bitte. Gedichte aus Berlin,* hrsg. von J. Bekkelmann und H. Schmid, Berlin 1980, S. 51).

Fabich, Peter J.:

– *Gedächtnis für eine Mietskaserne* (in: *Lyrik non stop. Gedichte in Berlin. Lesungen 1974 und 1975,* hrsg. von der Neuen Gesellschaft für Literatur e. V. Berlin, Berlin 1975, S. 21).

– *Berlin* (in: P. J. F., *Ophelia in Wannsee. Gedichte,* Langenbach b. Geroldsgrün 1980, S. 16).

– *Berliner Karyatiden* (in: a.a.O., S. 18).

– *Eingabe beim Amt für Umweltschutz, Postskriptum auf der Rückseite einer Briefmarke mit Berlin-Motiv* (in: a.a.O., S. 14).

- *Frühlingsanfang in Lübars* (in: a.a.O., S. 50).
- *Großer Stern mit Siegessäule* (in: a.a.O., S. 23).
- *Manteuffelstraße, SO 36* (in: a.a.O., S. 10).
- *Ophelia in Wannsee* (in: a.a.O., S. 49).
- *Staatsgrenze bei Neukölln* (in: a.a.O., S. 32).
- *Sternwarte Friedrichstraße* (in: a.a.O., S. 34).
- *Umsetzung der Familie Halenke vom Gröbenufer in andre Gefilde* (in: a.a.O., S. 12).

Falkner, Gerhard:
- *Perlin* (in: *Berlin! Berlin! Eine Großstadt im Gedicht*, hrsg. von H.-M. Speier, Stuttgart 1987, S. 46).
- *stadt, nacht, kuß* (in: *Park*, Heft 23, Berlin 1984, S. 6).

Farokhzad, Freydoun:
- *Berlin* (in: *Deutsche Teilung. Ein Lyrik-Lesebuch*, hrsg. von K. Morawietz, Wiesbaden 1966, S. 201).

Feuchtwanger, Lion:
- *Herr B. W. Smith besichtigt die Leipziger Straße* (in: *Hier schreibt Berlin*, hrsg. von H. Günther, Neuausgabe München 1963, S. 44 f.).

Fink, Georg:
- *Haus in Berlin O* (in: *Um uns die Stadt. Eine Anthologie neuer Großstadtdichtung*, hrsg. von R. Seitz und H. Zucker, Berlin 1931, S. 33 f.).

Fischer-Baling, Sibylle:
- *Vision, Ostersonntag 1946 in der S-Bahn* (in: *Junges Berlin*, hrsg. von R. Kukowka, Berlin 1948, S. 57 f.).

Flieger, Jan:
- *Peter Hille* (in: *Peter Hille – Ein Leben unterwegs. Dichtungen und Dokumente*, hrsg. von F. Kienecker, Paderborn–München–Wien–Zürich 1979, S. 129).

Fontane, Theodor:
- *Auf dem Matthäikirchhof* (in: *Die gespiegelte Stadt. 200 Jahre Gedichte über Berlin*, hrsg. von G. Sichelschmidt, Berlin 1971, S. 20).
- *Auf der Kuppe der Müggelberge* (in: *Berlin im Gedicht. Gedichte aus 200 Jahren*, hrsg. von Jutta Rosenkranz, Husum 1987, S. 44 f.).
- *Auf der Treppe von Sanssouci, 7./8. Dezember 1885 (Zu Menzels 70. Geburtstag)* (in: Th. F., *Werke, Schriften und Briefe. Sämtliche Romane, Erzählungen, Gedichte, Nachgelassenes*, Abteilung I, 6. Band, hrsg. von W. Keitel und H. Nürnberger, München, 2. Aufl. 1978, S. 262 ff.).
- *Berliner (Zum 7. November 1879)* (in: a.a.O., S. 884 ff.).
- *Berliner Landpartie* (in: a.a.O., S. 810 f.).

- *Berliner Republikaner* (in: *Gedichte auf Berlin,* hrsg. von W. G. Oschilews-ki, Berlin 1958, S. 26).
- *Berliner Spottvers* (in: *Siebenhundert Jahre berlinischen Lebens im Spiegel des Gedichts,* hrsg. von K. Nase, Berlin 1926, S. 96).
- *Einzug* (16. Juni 1871) (in: Th. F., *Werke,* a.a.O., S. 238 f.).
- *Kaiser Friedrich III., 1. Letzte Fahrt* (6. Juni 1888) (in: a.a.O., S. 246 f.).
- *Kaiser Wilhelms Helm (Zum Attentat Nobilings auf Wilhelm I. am 2. Juni 1878)* (in: a.a.O., S. 571 f.).
- *Kaiser Wilhelms Rückkehr (17. März 1871)* (in: a.a.O., S. 571).
- *Land Gosen* (in: *Berliner Gedichte,* hrsg. von K. Lubasch und E. F. Tuch-mann, Berlin 1931, S. 9).
- *Veränderungen in der Mark* (in: *Siebenhundert Jahre…,* a.a.O., S. 223 f.).
- *Wurzels (Berliner Ehedialoge)* (in: a.a.O., S. 221 f.).

Franke, Marlies:
- *Paris Bar* (in: *Berliner Lesebuch,* hrsg. von P. Feraru, Berlin 1986, S. 51).

Franz, Michael:
- *Schinkels Schauspielhaus* (in: *Tausendäugig diese Häuser. Prag und Berlin in Lyrik und Prosa.* Berlin-Auswahl von A. Herzberg, Berlin 1985, S. 133).
- *Stolpische Straße, Berlin-Prenzlauer Berg* (in: *Berlin. 100 Gedichte aus 100 Jahren,* hrsg. von H. K. Schlosser, Berlin 1987, S. 108 f.).

Franzke, Günther:
- *Ich und Berlin* (in: *Um uns die Stadt. Eine Anthologie neuer Großstadtdich-tung,* hrsg. von R. Seitz und H. Zucker, Berlin 1931, S. 149 f.).
- *Karriere Berlin* (in: a.a.O., S. 25 f.).

Fried, Erich:
- *Prüfung von Freuden in Friba-Frabi* (in: E. F., *Die Beine der größeren Lügen. Einundfünfzig Gedichte,* Berlin 1969, S. 12).

Friedrich, Paul:
- *Berlin schläft* (in: *Im steinernen Meer. Großstadtgedichte,* hrsg. von O. Hüb-ner und J. Moegelin, Berlin 1910, S. 191 f.).

Fuchs, Günter Bruno:
- *Abzählreim* (in: G. B. F., *Pennergesang. Gedichte & Chansons,* München 1965, S. 103).
- *Da drüben* (in: *Das Mauerbuch. Texte und Bilder aus Deutschland von 1945 bis heute,* hrsg. von M. Hammer u. a., Berlin 1981, S. 168).
- *Der Bernhardiner RWS* (in: G. B. F., *Pennergesang,* a.a.O., S. 108).
- *Der Sperling und andere Vögel* (in: a.a.O., S. 7).
- *Der Westen, der Kapitalismus…* (in: *Berlin, du deutsche deutsche Frau. Eine literarische Chronik der geteilten Stadt mit Texten und Bildern von Autoren*

aus Ost und West, hrsg. von J. Krüger und E. Schmitz, Darmstadt 1985, S. 174 ff.).

- *Ein Maler aus Berlin* (in: *Berlin im Gedicht. Gedichte aus 200 Jahren,* hrsg. von Jutta Rosenkranz, Husum 1987, S. 35).
- *Erholungszentren* (in: *Berlin, du deutsche deutsche Frau.* a.a.O., S. 64).
- *Freitagabend halbneun* (in: G. B. F., *Pennergesang,* a.a.O., S. 112).
- *Frost* (in: a.a.O., S. 63).
- *Hallesches Tor* (in: a.a.O., S. 129).
- *Kanalufer* (in: a.a.O., S. 59).
- *Kneipenandacht* (in: a.a.O., S. 116).
- *Kurzhymne auf eine Zeichnung von Ali Schindehütte* (in: a.a.O., S. 105).
- *Lied der Kanalpenner* (in: a.a.O., S. 111).
- *Lied des Mannes im Wasserwagen* (in: a.a.O., S. 94).
- *Liturgie im Hinterhof* (in: a.a.O., S. 42).
- *Nachtkneipe am Görlitzer Bahnhof* (in: a.a.O., S. 128).
- *Peter Hille in Friedrichshagen* (in: a.a.O., S. 93).
- *Spree* (in: a.a.O., S. 58).
- *Stadtrundfahrt, letzte Station* (in: a.a.O., S. 114).
- *Stiller Monolog eines alten Mannes in der Volkshochschule* (in: *Berlin zum Beispiel. Eine gesamtberliner Anthologie mit Beiträgen aus Lyrik, Prosa und Grafik,* hrsg. von H. Schwenger, Berlin 1964, S. 77).
- *Taubenvernichtung* (in: G. B. F., *Pennergesang,* a.a.O., S. 60).
- *Untergang* (in: a.a.O., S. 102).
- *Veteranenlied* (in: *Hier schreibt Berlin heute. Eine Anthologie,* hrsg. von R. Hartung, München 1963, S. 79).
- *Westhafen* (in: G. B. F., *Pennergesang,* a.a.O., S. 100).

Fuchs, Jürgen:
- *Andere Richtungen* (in: J. F., *Pappkameraden, Gedichte,* Reinbek b. Hamburg 1981, S. 88).
- *Der Westen* (in: a.a.O., S. 74 ff.).
- *Der da winkt* (in: a.a.O., S. 87).

Fühmann, Franz:
- *1. Mai 1952 in Berlin* (in: *Gesicht einer Stadt. Gedichte über Berlin,* hrsg. von G. Deicke und E. R. Greulich, Berlin 1959, S. 132 ff.).
- *Aufbausonntag* (in: a.a.O., S. 163 ff.).
- *Der fünfzehnte August* (in: a.a.O., S. 101 ff.).

Gasper-Binder, Christiane:
- *Osterspaziergang in der Hasenheide* (in: *Umsteigen bitte. Gedichte aus Berlin,* hrsg. von J. Beckelmann und H. Schmid, Berlin 1980, S. 24).

Gaworski, Henryk:
- *Der Eindruck von Berlin* (in: *Gesicht einer Stadt. Gedichte über Berlin*, hrsg. von G. Deicke und E. R. Greulich, Berlin 1959, S. 82, Nachdichtung: Viktor Mika).

Geibel, Emanuel:
- *Berlin* (in: *Siebenhundert Jahre berlinischen Lebens im Spiegel des Gedichts*, hrsg. von K. Nase, Berlin 1926, S. 128).

Gerhardt, Michael:
- *Young boys gone west* (in: *Mauerechos. Junge Literatur auf gut Deutsch. Eine Anthologie*, hrsg. von G. Haberbosch, Berlin 1984, S. 64).

Gerlach, Jens:
- *Der Gang zum Ehrenmal* (in: *Gesicht einer Stadt. Gedichte über Berlin*, hrsg. von G. Deicke und E. R. Greulich, Berlin 1959, S. 218 ff.).

Gilbert, Robert:
- *Der letzte Berliner* (in: *Berlin im Gedicht*, hrsg. von B. und W. Laufenberg, Frankfurt/M. 1987, S. 158 ff.).
- *Still am Times Square steh' ick da* (in: *Gedichte aus Berlin*, hrsg. von W. A. Oschilewski, Berlin 1958, S. 81).

Glomb, Ronald:
- *Auf dem Heimweg, leicht betrunken nachts* (in: *Berlin-Zulage. Gedichte aus der Provinz*, hrsg. von H. U. Hirschfelder u. a., Berlin 1982, S. 16).
- *Frühling in Berlin* (in: a.a.O., S.16).

Goldschlag, George A.:
- *City* (in: *Um uns die Stadt. Eine Anthologie neuer Großstadtdichtung*, hrsg. von R. Seitz und H. Zucker, Berlin 1931, S. 173 f.).
- *Die Ballade von der Untergrundbahn* (in: a.a.O., S.165 f.).

Goll, Yvan:
- *Hedwig Warmbier, Blumenfrau auf dem Potsdamer Platz* (in: *Berliner Gedichte*, hrsg. von K. Lubasch und E. F. Tuchmann, Berlin 1931, S. 46).
- *Ode an Berlin* (in: Y. G., *Der Eiffelturm*, Berlin 1924, S. 76 f.).

Gorlin, Michael:
- *Die Universität* (in: *Um uns die Stadt. Eine Anthologie neuer Großstadtdichtung*, hrsg. von R. Seitz und H. Zucker, Berlin 1931, S. 39 f.).

Gosch, Walther:
- *Die Stadt* (in: *Gedichte aus Berlin*, hrsg. von W. G. Oschilewski, Berlin 1958, S. 63).

Grass, Günter:
- *Brandmauern* (in: G. G., *Gesammelte Gedichte*, Darmstadt und Neuwied 1971, S. 76).
- *Der Bär* (in: a.a.O., S.46).

- *Die große Trümmerfrau spricht* (in: a.a.O., S.153 ff.).
- *Gasag* (in: a.a.O., S.57).
- *Gefunden* (in: a.a.O., S.88).
- *Gesamtdeutscher März* (in: *Das Mauerbuch. Texte und Bilder aus Deutschland von 1945 bis heute,* hrsg. von M. Hammer u. a., Berlin 1981, S. 176 f.).
- *Gleisdreieck* (in: G. G., *Gesammelte Gedichte,* a.a.O., S.79).
- *Im Botanischen Garten* (in: a.a.O., S.245 f.).
- *Mein Radiergummi* (in: a.a.O., S.88).
- *Sechsundsechzig* (in: a.a.O., S.243).
- *Tränentüchlein* (in: a.a.O., S.258).

Gressmann, Uwe:
- *Raumfahrt* (in: *Über die großen Städte. Gedichte 1885–1967,* hrsg. von F. Hofmann u. a., Berlin und Weimar 1968, S. 406).

Greulich, E. R.:
- *Berliner Sommersonntag* (in: *Gesicht einer Stadt. Gedichte über Berlin,* hrsg. von G. Deicke und E. R. Greulich, Berlin 1959, S. 263).
- *Von der Blindheit gesunder Augen* (in: *Berlin – Stimmen einer Stadt. 99 Autoren – 100 Jahre an der Spree,* hrsg. von R. Greuner, Berlin 1970, S. 448).
- *Vor einer Fontäne am Alexanderplatz* (in: a.a.O., S.598).

Greve, Ludwig:
- *Berlin* (in: L. G., *Gedichte,* München 1961, S. 7 f.).

Grosz, George:
- *Berlin 1917 I–III* (in: G. G., *Ach knallige Welt, du Lunapark. Gesammelte Gedichte,* hrsg. von K. P. Dencker, München und Wien 1986, S. 30 ff.).

Guhde, Christel:
- *Auf Höfen zu heulen* (in: *Berlin-Zulage. Gedichte aus der Provinz,* hrsg. von H. U. Hirschfelder u. a., Berlin 1982, S. 55).

Gustas, Aldona:
- *Berlin war graswarm…* (in: A. G., *Puppenruhe, Gedichte,* Düsseldorf 1977, S. 55).
- *Brechts Gedichte an die Marie A.* (in: *Berliner Malerpoeten,* hrsg. von A. Gustas, Berlin 1974, S. 32).
- *Der Funkturm* (in: a.a.O., S.31).
- *Der Tiergarten ist…* (in: *Das Berlin-Buch der Neuen Rabenpresse,* hrsg. von G. B. Fuchs, Berlin 1968, o. S.).
- *Die Havel erteilt…* (in: A. G., *Eine Welle, eine Muschel und Venus persönlich. Gedichte,* Düsseldorf 1979, o. S.).
- *Die Nationalgalerie…* (in: *Lyrik non stop. Gedichte in Berlin. Lesungen 1974 und 1975,* hrsg. von der Neuen Gesellschaft für Literatur e.V. Berlin, Berlin 1975, S. 24).

- *Die Sonne nimmt...* (in: A. G., *Frankierter Morgenhimmel. Gedichte*, Düsseldorf 1975, S. 21).
- *Eichhörnchengott* (in: *Berliner Malerpoeten*, a.a.O., S. 34).
- *Gestern zog die Poesie...* (in: *A. G., Puppenruhe*, a.a.O., S. 51).
- *Havelschwäne* (in: *Die gespiegelte Stadt. 200 Jahre Gedichte über Berlin*, hrsg. von G. Sichelschmidt, Berlin 1971, S. 91).
- *Jebensstraße* (in: *Berliner Malerpoeten*, a.a.O., S. 35).
- *Junge Hunde* (in: *Berliner Autoren-Stadtbuch*, Abt. Literatur der Akademie der Künste Berlin, Berlin 1985, S. 56).
- *Kleistpark* (in: *Lyrik non stop*, a.a.O., S. 23).
- *Komm...* (in: A. G., *Frankierter Morgenhimmel*, a.a.O., S. 17).
- *Milljöh* (in: *Berlin-Zulage. Gedichte aus der Provinz*, hrsg. von H. U. Hirschfelder u.a., Berlin 1982, S. 22).
- *Mir schwant...* (in: A. G., *Frankierter Morgenhimmel*, a.a.O., S. 18).
- *Mit einem alten Freund...* (in: A. G., *Puppenruhe*, a.a.O., S. 53).
- *Naturberlin* (in: *Berliner Autoren-Stadtbuch*, a.a.O., S. 56).
- *Potsdamer Straße* (in: *Berliner Malerpoeten* a.a.O., S. 36).
- *Richtung Ruhleben* (in: *Lyrik non stop*, a.a.O., S. 25).
- *Sechs Freundinnen* (in: *Stadtansichten. Gedichte Westberliner Autoren*, hrsg. von P. Gerlinghoff, Berlin 1977, S. 132).
- *Tiergarten* (in: *Die gespiegelte Stadt*, a.a.O., S. 92).
- *Viktoria-Luise-Platz* (in: *Berliner Malerpoeten*, a.a.O., S. 38).
- *Weddingpanke* (in: *Berlin-Zulage*, a.a.O., S. 22).
- *Winterfeldplatz* (in: *Berlin-Zulage*, a.a.O., S. 23).
- *Winterfeldplatz* (in: *Umsteigen bitte. Gedichte aus Berlin*, hrsg. von J. Beckelmann und M. Schmid, Berlin 1980, S. 20).

Hacks, Peter:
- *Ode auf Berlin* (in: *Berlin. 100 Gedichte aus 100 Jahren*, hrsg. von H. K. Schlosser, Berlin 1987, S. 146).

Hädecke, Wolfgang:
- *Teltowkanal* (in: *Die gespiegelte Stadt. 200 Jahre Gedichte über Berlin*, hrsg. von G. Sichelschmidt, Berlin 1971, S. 90).

Hannsmann, Margarete:
- *Berlin Hauptstadt der DDR* (in: M. H., *Landkarten*, Düsseldorf 1980, S. 92 f.).
- *Berlin West* (in: *Park*, Heft 10, Berlin 1980, S. 25).
- *Neubrandenburg* (in: *Park*, a.a.O., S. 26).

Hardekopf, Ferdinand:
- *Bar in Berlin* (in: *Die gespiegelte Stadt. 200 Jahre Gedichte über Berlin,* hrsg. von G. Sichelschmidt, Berlin 1971, S. 33).
- *Halensee* (in: *Die gespiegelte Stadt,* a.a.O., S. 3 f.).
- *Wir Gespenster* (in: *Deutsche Großstadtlyrik vom Naturalismus bis zur Gegenwart,* hrsg. von W. Rothe, Stuttgart 1973, S. 158).

Harder, Natalie:
- *Auskunft der Kinder* (in: *Umsteigen bitte. Gedichte aus Berlin,* hrsg. von J. Beckelmann und H. Schmid, Berlin 1980, S. 40).
- *Berliner Frühling 1973* (in: *Lyrik non stop. Gedichte in Berlin. Lesungen 1974 und 1975,* hrsg. von der Neuen Gesellschaft für Literatur e. V. Berlin, Berlin 1975, S. 28).
- *Berliner Hof* (in: *Umsteigen bitte,* a.a.O., S. 42).

Harig, Ludwig:
- *Brief nach Berlin* (in: *Deutsche Teilung. Ein Lyrik-Lesebuch,* hrsg. von K. Morawietz, Wiesbaden 1966, S. 206 f.).

Hart, Julius:
- *Auf der Fahrt nach Berlin* (in: *Die gespiegelte Stadt. 200 Jahre Gedichte über Berlin,* hrsg. von G. Sichelschmidt, Berlin 1971, S. 21 f.).
- *Berlin* (in: a.a.O., S. 23 f.).
- *Nebeltag in Berlin* (in: J. H., *Triumph des Lebens,* Florenz und Leipzig 1898, S. 6 ff.).

Hartleben, Otto Erich:
- *Gottvertrauen zum Bajonette* (in: *Die Berliner Moderne 1885–1914,* hrsg. von J. Schutte und P. Sprengel, Stuttgart 1987, S. 261 f.).

Hartung, Harald:
- *Fregestrasse* (in: H. H., *Augenzeit,* Pfullingen 1978, S. 17).
- *In der plötzlichen Stille* (in: H. H., *Traum im deutschen Museum. Gedichte 1965–1985,* München 1986, S. 144).
- *Savignyplatz, spät* (in: a.a.O., S. 111).
- *Winter in Tempelhof* (in: a.a.O., S. 108 f.).

Hasenclever, Walter:
- *Der Gefangene* (in: *Menschheitsdämmerung. Symphonie jüngster Dichtung,* hrsg. von K. Pinthus, Berlin 1920, S. 87).
- *Die Mörder sitzen in der Oper* (in: *Über die großen Städte. Gedichte 1885–1967,* hrsg. von F. Hofmann u. a., Berlin und Weimar 1968, S. 148 f.).

Haufs, Rolf:
- *Anruf* (in: *Deutsche Großstadtlyrik vom Naturalismus bis zur Gegenwart,* hrsg. von W. Rothe, Stuttgart 1973, S. 428).
- *Aus den Schöneberger Sinngedichten* (in: *Die Meisengeige. Zeitgenössische*

Nonsensverse, hrsg. von G. B. Fuchs, München 1964, S. 108).
- *Brief an G. S.* (in: R. H., *Straße nach Kohlhasenbrück. Gedichte,* Neuwied a. Rhein 1962, S. 43 f.).
- *Die Nacht vor der Flucht* (in: a.a.O., S.10).
- *Gedicht über den Maler Johannes Niemeyer in Steinstücken* (in: R. H., *Die Geschwindigkeit eines einzigen Tages. Gedichte,* Reinbek b. Hamburg 1976, S. 49).
- *Havelsee* (in: R. H., *Straße nach Kohlhasenbrück,* a.a.O., S.11).
- *Märkisches Viertel* (in: R. H., *Die Geschwindigkeit...,* a.a.O., S.62).
- *Neujahrstag* (in: R. H., *Juniabschied. Gedichte,* Reinbek b. Hamburg 1984, S. 79).
- *Schloßpark* (in: a.a.O., S.54).
- *Steinstücken* (in: *Die gespiegelte Stadt. 200 Jahre Gedichte über Berlin,* hrsg. von G. Sichelschmidt, Berlin 1971, S. 93 f.).
- *Straße nach Kohlhasenbrück* (in: a.a.O., S.94).
- *Tage* (in: R. H., *Sonntage in Moabit. Gedichte,* Neuwied und Berlin 1964, S. 25).
- *Vom Fall eines Straßenbaumes* (in: *Das Berlin-Buch der Neuen Rabenpresse,* hrsg. von G. B. Fuchs, Berlin 1968, o. S.).
- *Wannsee* (in: R. H., *Straße nach Kohlhasenbrück,* a.a.O., S.32).
- *Was ich in der Nacht erlebt habe* (in: R. H., *Die Geschwindigkeit...,* a.a.O., S.12).
- *Weg zur Arbeit* (in: R. H., *Juniabschied,* a.a.O., S.64).
- *Widmung RWS* (in: R. H., *Sonntage in Moabit,* a.a.O., S.42).

Haushofer, Albrecht:
- *Rundmarsch der Gefangenen* (in: *Gedichte auf Berlin,* hrsg. von W. G. Oschilewski, Berlin 1958, S. 75).
- *Silvestersegen* (in: A. H., *Moabiter Sonette,* München 1976, S. 20).

Heinrich, Reinhart:
- *Bericht des Linienbusses 57 über sein rätselhaftes Verschwinden aus dem Straßenverkehr* (in: *Tausendäugig diese Häuser. Prag und Berlin in Lyrik und Prosa. Berlin-Auswahl von A. Herzberg,* Berlin 1985, S. 129 f.).

Heinze, Hartmut:
- *30. April 1945* (in: H. H., *Indischer Weg,* Darmstadt 1975, S. 27).
- *Ausverkauf* (in: *Berlin-Zulage. Gedichte aus der Provinz,* hrsg. von H. U. Hirschfelder u. a., Berlin 1982, S. 24).
- *Bahnhof Unter den Linden* (in: H. H., *Pokhara und Bruckner,* Berlin 1974, S.25).
- *Bozener Straße* (in: H. H., *Berliner Elegien,* Berlin 1975, S. 26).
- *Brücke* (in: H. H., *Pokhara und Bruckner,* a.a.O., S.52).

- *Ein Tag in Berlin* (in: *Lyrik non stop. Gedichte in Berlin. Lesungen 1974 und 1975,* hrsg. von der Neuen Gesellschaft für Literatur e. V. Berlin, Berlin 1975, S. 32).
- *Es gibt* (in: *Berlin-Zulage,* a.a.O., S.24).
- *Gendarmenmarkt 1958* (in: H. H., *Indischer Weg,* a.a.O., S.28).
- *Jettchen – in memoriam Georg Hermann* (in: H. H., *Pokhara und Bruckner,* S. 4).
- *Neues Museum* (in: H. H., *Neues Museum,* Berlin 1979, o. S.).
- *Orplid an der Havel* (in: H. H., *Pokhara und Bruckner,* a.a.O., S.13).
- *Stadtgang* (in: H. H., *Berliner Elegien,* a.a.O., S.53).
- *Weniger nicht* (in: H. H., *Berliner Elegien,* a.a.O., S.52).

Heissenbüttel, Helmut:
- *Westberlinstadtlandschaftsgelegenheitsgedicht* (in: H. H., *Oedipuskomplex made in Germany, Gelegenheitsgedichte, Totentage, Landschaften 1965–1980,* Stuttgart 1981, S. 93 ff.).

Held, Franz:
- *Auf der Weidendammer Brücke* (in: *Die Berliner Moderne 1885–1914,* hrsg. von J. Schutte und P. Sprengel, Stuttgart 1987, S. 280).

Henckel, Karl:
- *Am Brückenrande* (in: *Im steinernen Meer. Großstadtgedichte,* hrsg. von O. Hübner und J. Moegelin, Berlin 1910, S. 7).
- *Berliner Abendbild* (in: *Deutsche Großstadtlyrik vom Naturalismus bis zur Gegenwart,* hrsg. von W. Rothe, Stuttgart 1973, S. 46).

Henniger, Gerd:
- *Dunkelziffer* (in: G. H., *Bei lebendigem Leib. Gedichte,* Berlin 1978, S. 25).
- *Ende der Vorfahrt* (in: a.a.O., S.46).
- *Schlachtensee* (in: a.a.O., S.30).
- *So ein Glück* (in: a.a.O., S.39).
- *Tauentzien* (in: a.a.O., S.6).
- *Umzug* (in: a.a.O., S.8).
- *Zen-Musik im Europa-Center* (in: a.a.O., S.43).
- *Öffnungszeiten* (in: a.a.O., S.42).

Herrmann, Paul:
- *Sonntags* (in: P. H., *Lokaltermine. Berliner Kneipengedichte,* Berlin 1969, S.17).

Herrmann-Neisse, Max:
- *An eine Jüdin in Schwarz* (in: M. H.-N., *Sie und die Stadt. Gedichte,* Berlin 1914, S. 75).
- *An einen Backfisch vom Bayrischen Platz* (in: M. H.-N., *Gesammelte Werke,* hrsg. von K. Völker, *Um uns die Fremde, Gedichte 2,* 1986, S. 81).

- *Ankunft in Berlin* (in: M. H.-N., *Gesammelte Werke*, hrsg. von K. Völker, *Schattenhafte Lockung, Gedichte 3,* Frankfurt/M. 1987, S. 201).
- *Bahnhof Zoo – Tiergarten* (in: *Die gespiegelte Stadt. 200 Jahre Gedichte über Berlin,* hrsg. von G. Sichelschmidt, Berlin 1971, S. 47).
- *Berliner Landschaft* (in: a.a.O., S. 8).
- *Der Dichter im Restaurant* (in: *Sie und die Stadt,* a.a.O., S. 79).
- *Die Jugend* (in: M. H.-N., *Gesammelte Werke, Gedichte 3,* a.a.O., S. 9).
- *Herbstlicher Tiergarten* (in: *Die gespiegelte Stadt,* a.a.O., S. 48).
- *Kassandra seit 1933* (in: a.a.O., S. 49).
- *Letzter warmer Tag im Tiergarten* (in: *Berliner Gedichte,* hrsg. von K. Lubasch und E. F. Tuchmann, Berlin 1931, S. 58 f.).
- *Literatencafé* (in: M. H.-N., *Gesammelte Werke,* a.a.O., *Mir bleibt mein Lied, Gedichte 4,* Frankfurt/M. 1987, S. 89 f.).
- *Maiabend im Tiergarten* (in: *Die gespiegelte Stadt,* a.a.O., S. 211 f.).
- *Nacht im Stadtpark* (in: *Sie und die Stadt,* a.a.O., S. 58).
- *Türme in der großen Stadt* (in: *Empörung, Andacht, Ewigkeit. Gedichte,* Leipzig 1917, S. 18).
- *Vorstadtmorgen* (in: *Sie und die Stadt,* a.a.O., S. 49).

Herzfelde, Wieland:
- *Berlin* (in: *Berlin im Gedicht,* hrsg. von B. und W. Laufenberg, Frankfurt/M. 1987, S. 54 f.).

Heyder, Wolfgang:
- *Whough* (in: *Berlin-Zulage, Gedichte aus der Provinz,* hrsg. von H. U. Hirschfelder u. a., Berlin 1982, S. 17).

Heym, Georg:
- *Berlin I* (in: G. H., *Dichtungen und Schriften,* hrsg. von K. L. Schneider, Hamburg und München 1964, Bd. 1, S. 57).
- *Berlin II* (in: a.a.O., S. 58).
- *Berlin III* (in: a.a.O., S. 68).
- *Berlin V* (in: a.a.O., S. 94).
- *Berlin VI* (in: a.a.O., S. 102).
- *Berlin VII* (in: a.a.O., S. 108).
- *Berlin VIII* (in: a.a.O., S. 188).
- *Der Sonntag* (in: a.a.O., S. 305).
- *Die Vorstadt* (in: a.a.O., S. 133 f.).
- *Die neuen Häuser* (in: a.a.O., S. 390).
- *Sommernachmittag (Berlin IV)* (in: a.a.O., S. 93).

Hille, Peter:
- *Blutende Eiche* (in: P. H., *Gesammelte Werke,* hrsg. von F. Kienecker, Bd. 1, Essen 1984, S. 87).

Hilsenrath, Edgar:
- *Deutsch-deutsches Gespräch* (in: *Mauersprünge. Besondere Berliner Verkehrs-formen,* hrsg. von Urs Jaeggi, Reinbek bei Hamburg 1988, S. 119).

Hirsch, Leo:
- *Romanze vom Wedding* (in: *Um uns die Stadt. Eine Anthologie neuer Groß-stadtdichtung,* hrsg. von R. Seitz und H. Zucker, Berlin 1931, S. 113 f.).

Hirschfelder, Hans Ulrich:
- *12 Uhr mittags* (in: H. U. H., *Orangen. Gedichte,* Berlin 1980, S. 48).
- *Blaue Stadt* (in: a.a.O., S. 25 ff.).
- *Frauen, Gedichte, Frauen* (in: a.a.O., S. 20).
- *Hansaplast* (in: a.a.O., S. 18 f.).
- *Same player shoots again* (in: a.a.O., S. 15).
- *Schwarzes Café* (in: a.a.O., S. 23).

Hoddis, Jakob van:
- *Am Abend* (in: *Weltende. Gesammelte Dichtungen,* hrsg. von H. Bäcker, Zürich 1958, S. 40).
- *Am Lietzensee* (in: a.a.O., S. 30).
- *He!* (in: a.a.O., S. 13).
- *Morgens* (in: *Menschheitsdämmerung. Symphonie jüngster Dichtung,* hrsg. von K. Pinthus, Berlin 1920, S. 119).
- *Stadt* (in: *Weltende,* a.a.O., S. 19).

Höllerer, Walter:
- *Berlin* (in: *Das Berlin-Buch der Neuen Rabenpresse,* hrsg. von G. B. Fuchs, Berlin 1968, o. S.).
- *Bunkerberg Berlin-Wedding* (in: W. H., *Gedichte 1942–1982,* Frankfurt/M. 1982, S. 199).
- *Denkmalsdämmerung* (in: a.a.O., S. 198).

Hoernle, Edwin:
- *Marsch in den Westen* (in: *Berlin. 100 Gedichte aus 100 Jahren,* hrsg. von H. K. Schlosser, Berlin 1987, S. 61 f.).

Hoffmann, Max:
- *Parade* (in: *Im steinernen Meer. Großstadtgedichte,* hrsg. von O. Hübner und J. Moegelin, Berlin 1910, S. 179 f.).

Hollaender, Friedrich:
- *Das Jroschenlied* (in: F. H., *Chansons,* 1967, S. 167 f.).
- *Gesang der Mädchen im Romanischen Café* (in: a.a.O., S. 135 f.).
- *Oh, Mond* (in: a.a.O., S. 171 f.).
- *Wenn ick mal tot bin* (in: a.a.O., S. 165 f.).

Holz, Arno:
- *(„Aus dem Phantasus') In den Grunewald...* (in: *Berliner Gedichte,* hrsg. von K. Lubasch und E. F. Tuchmann, Berlin 1931, S. 15).
- *Berliner Himmelfahrtstag* (in: A. H., *Werke,* hrsg. von W. Emrich und A. Holz, Neuwied und Berlin 1961, Bd. 1, S. 356 ff.).
- *Brücke zum Zoo* (in: a.a.O., S. 264).
- *Die Märzgefallenen* (in: *Gedichte auf Berlin,* hrsg. von W. G. Oschilewski, Berlin 1958, S. 45 f.).
- *Ein Bild* (in: A. H., *Werke,* hrsg. von W. Emrich und A. Holz, Neuwied und Berlin 1962, Bd. 5, S. 61).
- *Großstadtmorgen* (in: a.a.O., S. 105 f.).
- *Meine Nachbarschaft* (in: *Im steinernen Meer. Großstadtgedichte,* hrsg. von O. Hübner und J. Moegelin, Berlin 1910, S. 101 f.).
- *Phantasus* (in: a.a.O., S. 108 f.).
- *Phantasus III* (in: *Über die großen Städte, Gedichte 1885–1967,* hrsg. von F. Hofmann, Berlin und Weimar 1968, S. 24 f.).
- *Phantasus IV* (in: *Berlin – Stimmen einer Stadt. 99 Autoren – 100 Jahre an der Spree,* hrsg. von R. Greuner, Berlin 1970, S. 27 ff.).
- *Tagebuchblatt* (in: *Im steinernen Meer,* a.a.O., S. 12 ff.).

Huchel, Peter:
- *Havelnacht* (in: P. H., *Gesammelte Werke,* hrsg. von A. Vieregg, Bd. 1, Frankfurt/M. 1984, S. 88 f.).
- *Ophelia* (in: *Berlin, du deutsche deutsche Frau. Eine literarische Chronik der geteilten Stadt mit Texten und Bildern von Autoren aus Ost und West,* hrsg. von J. Krüger und E. Schmitz, Darmstadt 1985, S. 55 f.).

Huckauf, Peter:
- *Alltag* (in: *Lyrik non stop. Gedichte in Berlin. Lesungen 1974 und 1975,* hrsg. von der Neuen Gesellschaft für Literatur e. V. Berlin, Berlin 1975, S. 36).
- *Berlin, Bitte* (in: *Berliner Autoren-Stadtbuch,* hrsg. von der Abt. Literatur der Akademie der Künste Berlin, Berlin 1985, S. 80).
- *Berlin, Schlesischestrasse* (in: P. H., *Oase, Ruine. Gedichte,* Berlin 1976, S. 34).
- *Untergrundbahn* (in: P. H., *lautraits,* Berlin 1981, S. 26).

Hübner, Johannes:
- *Berlin am Meer* (in: J. H., *Gedichte,* Berlin 1983, S. 179).
- *Vorstadt* (in: *Lyrik non stop. Gedichte in Berlin. Lesungen 1974 und 1975,* hrsg. von der Neuen Gesellschaft für Literatur e. V. Berlin, Berlin 1975, S. 42).

Huhn, Kurt:
- *Morgendämmerung* (in: *Gesicht einer Stadt. Gedichte über Berlin,* hrsg. von G. Deicke und E. R. Greulich, Berlin 1959, S. 236).

- *Opernbau* (in: *Berlin – Stimmen einer Stadt. 99 Autoren – 100 Jahre an der Spree*, hrsg. von R. Greuner, Berlin 1970, S. 424 f.).

Hurwicz, Angelika:
- *Brechts Grab im Oktober 1956* (in: *Gesicht einer Stadt. Gedichte über Berlin*, hrsg. von G. Deicke und E. R. Greulich, Berlin 1959, S. 277).

Jacquemoth, Jos:
- *Kinderfreundliche Stadt* (in: *Berlin-Zulage. Gedichte aus der Provinz*, hrsg. von H. U. Hirschfelder u. a., Berlin 1982, S. 59).

Janowitz, Hans:
- *Die Letzten* (in: *Berliner Gedichte*, hrsg. von K. Lubasch und E. F. Tuchmann, Berlin 1931, S. 50).

Jentzsch, Bernd:
- *Ein Wiesenstück* (in: B. J., *Quartiermachen. Gedichte*, München und Wien 1978, S. 75).

Johnson, Uwe:
- *Berlin für ein zuziehendes Kind* (in: U. J., *Berliner Sachen. Aufsätze*, Frankfurt/M. 1975, S. 99 ff.).
- *Im Gespräch mit einem Hamburger* (in: a.a.O., S.108 ff.).

Juhre, Arnim:
- *Tempelhof* (in: *Die gespiegelte Stadt. 200 Jahre Gedichte über Berlin*, hrsg. von G. Sichelschmidt, Berlin 1971, S. 86).

Kästner, Erich:
- *Berlin im Regen* (in: *Um uns die Stadt. Eine Anthologie neuer Großstadtdichtung*, hrsg. von R. Seitz und H. Zucker, Berlin 1931, S. 140 f.).
- *Berlin in Zahlen* (in: a.a.O., S.72 f.).
- *Besuch vom Lande* (in: E. K., *Gesammelte Schriften für Erwachsene*, München und Zürich 1969, Bd. 1: Gedichte, S. 197 f.).
- *Prima Wetter* (in: *Lunapark und Alexanderplatz. Berlin in Poesie und Prosa*, hrsg. von B. E. Werner und O. Reichel, München 1964, S. 34 f.).
- *Sozusagen in der Fremde* (in: E. K., *Gesammelte Schriften…*, a.a.O., S.228 f.).

Kahlau, Heinz:
- *Eroberung einer Stadt* (in: *Berlin. 100 Gedichte aus 100 Jahren*, hrsg. von H. K. Schlosser, Berlin 1987, S. 100).
- *Farben und Sekunden* (in: *Gesicht einer Stadt. Gedichte über Berlin*, hrsg. von G. Deicke und E. R. Greulich, Berlin 1959, S. 151 f.).

Kahle, Maria:
- *Berlin* (in: M. K., *Volk, Freiheit, Vaterland. Gedichte,* Hagen 1923, S. 37 f.).

Kaléko, Mascha:
- *Bleibtreu heißt die Straße* (in: M. K., *Das lyrische Stenogrammheft. Kleines Lesebuch für Große,* Reinbek b. Hamburg 1974, S. 136).
- *Frühling über Berlin* (in: a.a.O., S. 37).
- *Julinacht an der Gedächtniskirche* (in: a.a.O., S. 31).
- *Kleine Havel-Ansichtskarte* (in: a.a.O., S. 63 ff.).
- *Piefkes Frühlingserwachen* (in: a.a.O., S. 65).
- *Souvenir à Kladow* (in: M. K., *Verse für Zeitgenossen,* hrsg. von G. Zach-Westphal, Reinbek b. Hamburg 1980, S. 16).
- *Spät nachts* (in: *Stadtleben. Ein Lesebuch,* hrsg. von K. Riha, Darmstadt und Neuwied 1983, S. 154 f.).

Kammrad, Horst:
- *Zehlendorfer Herbstgedanken* (in: *Stadtansichten. Gedichte Westberliner Autoren,* hrsg. von P. Gerlinghoff u. a., Berlin 1977, S. 49).

Karsunke, Yaak:
- *Auskunft* (in: *Berlin, du deutsche deutsche Frau. Eine literarische Chronik der geteilten Stadt mit Texten und Bildern von Autoren aus Ost und West,* hrsg. von J. Krüger und E. Schmitz, Darmstadt 1985, S. 50).
- *Berliner Mauer* (in: Y. K., *reden & ausreden,* Berlin 1969, S. 35).
- *Für die weinenden Indianer* (in: *Die Hälfte der Stadt. Ein Berliner Lesebuch,* hrsg. von K.-M. Schädlich und F. Werner, München 1982, S. 43 ff.).

Kerfin, Gerhard:
- *Jerusalemer Friedhof (in memoriam)* (in: *Umsteigen bitte. Gedichte aus Berlin,* hrsg. von J. Beckelmann und H. Schmid, Berlin 1980, S. 25).

Kern, Hans:
- *Gleisdreieck* (in: *Um uns die Stadt. Eine Anthologie neuer Großstadtdichtung,* hrsg. von R. Seitz und H. Zucker, Berlin 1931, S. 189 f.).

Kerndl, Rainer:
- *Gedanken an einen Westberliner Freund* (in: *Gesicht einer Stadt. Gedichte über Berlin,* hrsg. von G. Deicke und E. R. Greulich, Berlin 1959, S. 118).

Kerr, Alfred:
- *Berlin im Licht und im Dunkel* (in: *Hier schreibt Berlin. Ein Dokument der 20er Jahre,* hrsg. von H. Günther, Neuausgabe, München 1963, S. 42).
- *Berliner Barde I–III* (in: A. K., *Caprichos, Strophen des Nebenstroms,* Berlin 1926, S. 121 f.).
- *Berliner Landschaft (Nach Goethe)* (in: a.a.O., S. 106 f.).
- *Berliner Ostern I–IV* (in: a.a.O., S. 144 ff.).
- *Der Kellner* (in: a.a.O., S. 114).

- *Der Kreuzberg* (in: *Reise-Textbuch-Berlin. Ein literar. Begleiter auf den Wegen durch die Stadt*, hrsg. von B. und W. Laufenberg, München 1987, S. 217).
- *Der Kreuzberg* (in: A. K., *Caprichos*, a.a.O., S. 137).
- *Der Radler* (in: a.a.O., S. 108).
- *Fasching in Berlin* (in: a.a.O., S. 133 f.).
- *Flurgespräch* (in: a.a.O., S. 96).
- *Freibad* (in: a.a.O., S. 113).
- *Juli I, II* (in: a.a.O., S. 112).
- *Luna-Park* (in: a.a.O., S. 128).
- *Sechstagerennen* (in: a.a.O., S. 127).
- *Spätherbst* (in: a.a.O., S. 123).
- *Testament eines Berliners* (in: a.a.O., S. 98).

Kessel, Martin:
- *Berliner Leichenpolka* (in: *Die gespiegelte Stadt. 200 Jahre Gedichte über Berlin*, hrsg. von G. Sichelschmidt, Berlin 1971, S. 65).
- *Berliner Totentanz* (in: *Lunapark und Alexanderplatz. Berlin in Poesie und Prosa*, hrsg. von B. E. Werner und O. Reichel, München 1964, S. 120 ff.).
- *Das Diktat der Stadt* (in: *Die gespiegelte Stadt*, a.a.O., S. 66).
- *Ode* (in: a.a.O., S. 67 f.).

Kesten, Hermann:
- *Die deutsche Mauer* (in: *Deutsche Teilung. Ein Lyrik-Lesebuch*, hrsg. von K. Morawietz, Wiesbaden 1966, S. 189).
- *Unpassende Romantik in Berlin* (in: *Um uns die Stadt. Eine Anthologie neuer Großstadtdichtung*, hrsg. von R. Seitz und H. Zucker, Berlin 1931, S. 163).

Kieseler, Manfred H.:
- *Berlin* (in: *Gesicht einer Stadt. Gedichte über Berlin*, hrsg. von G. Deicke und E. R. Greulich, Berlin 1959, S. 184).

Kihn, Hans Alfred:
- *Karnevals-Vision in Berlin O* (in: *Um uns die Stadt. Eine Anthologie neuer Großstadtdichtung*, hrsg. von R. Seitz und H. Zucker, Berlin 1931, S. 178 ff.).

Kipphardt, Heinar:
- *Gesang vom Elend und Ruhm der großen Stadt Berlin* (in: *Berlin, du deutsche deutsche Frau. Eine literarische Chronik der geteilten Stadt mit Texten und Bildern von Autoren aus Ost und West*, hrsg. von J. Krüger und E. Schmitz, Darmstadt 1985, S. 24 ff.).

Kirsch, Rainer:
- *Empfang in meiner Heimatstadt* (in: *Tausendäugig diese Häuser. Prag und Berlin in Lyrik und Prosa*. Berlin-Auswahl von A. Herzberg, Berlin 1985, S. 102 f.).

Kirsch, Sarah:
- *Berliner Schwan* (in: *Berlin – Stimmen einer Stadt. 99 Autoren – 100 Jahre an der Spree*, hrsg. von R. Greuner, Berlin 1970, S. 507 f.).
- *Die Übung* (in: S. K., *Erdreich. Gedichte*, Stuttgart 1982, S. 46 ff.).
- *Er ließ mich nach seinen frohen Befehlen* (in: *Berlin – Stimmen einer Stadt*, a.a.O., S. 511).
- *Großer Stern* (in: S. K., *Erdreich*, a.a.O., S. 45).
- *Jemand bekommt Kohlen* (in: S. K., *Landaufenthalt. Gedichte*, Ebenhausen 1977, S. 51).
- *Naturschutzgebiet* (in: S. K., *Erdreich*, a.a.O., S. 48).
- *Sanssouci* (in: S. K., *Landaufenthalt*, a.a.O., S. 52 f.).
- *The Last of November* (in: S. K., *Drachensteigen. Gedichte*, Ebenhausen 1979, S. 17).
- *Trauriger Tag* (in: *Über die großen Städte. Gedichte 1885–1967*, hrsg. von F. Hofmann, Berlin und Weimar 1968, S. 383).
- *Valet* (in: S. K., *Erdreich*, a.a.O., S. 49).
- *Vorortzug* (in: *Das Mauerbuch. Texte und Bilder aus Deutschland von 1945 bis heute*, hrsg. von M. Hammer u. a., Berlin 1981, S. 230).
- *Winter* (in: *Über die großen Städte*, a.a.O., S. 400).

Kirsten, Wulf:
- *Stadtrand* (in: *Tausendäugig diese Häuser. Prag und Berlin in Lyrik und Prosa*. Berlin-Auswahl von A. Herzberg, Berlin 1985, S. 108).

Kiwus, Karin:
- *Dutschke was here* (in: K. K., *Angenommen später. Gedichte*, Frankfurt/M. 1979, S. 48 f.).

Klabund (d. i. Henschke, Alfred):
- *Berliner Mittelstandsbegräbnis* (in: *Deutsche Großstadtlyrik vom Naturalismus bis zur Gegenwart*, hrsg. von W. Rothe, Stuttgart 1973, S. 261 f.).
- *Berliner Weihnacht 1918* (in: *Berlin – Stimmen einer Stadt. 99 Autoren – 100 Jahre an der Spree*, hrsg. von R. Greuner, Berlin 1970, S. 135 f.).
- *Die Brüderschaft* (in: *Gedichte des Expressionismus*, hrsg. von D. Bode, Stuttgart 1966, S. 78 f.).
- *Er hat als Jöhr* (in: *Deutsche Großstadtlyrik…*, a.a.O., S. 262).
- *Früher Morgen in der Friedrichstraße* (in: K., *Der himmlische Vagant*, Köln 1968, S. 340).
- *In Lichterfelde-Ost* (in: *Lunapark und Alexanderplatz. Berlin in Poesie und Prosa*, hrsg. von B. E. Werner und O. Reichel, München 1964, S. 96 f.).
- *In der Stadtbahn* (in: *Deutsche Großstadtlyrik…*, a.a.O., S. 259 f.).
- *Proleten* (in: *Über die großen Städte. Gedichte 1885–1967*, hrsg. von F. Hofmann, Berlin und Weimar 1968, S. 96).

– *Sommerabend im Tiergarten* (in: *Die gespiegelte Stadt. 200 Jahre Gedichte über Berlin,* hrsg. von G. Sichelschmidt, Berlin 1971, S. 56).

Klünner, Lothar:

– *Das Malermodell* (in: *Lunapark und Alexanderplatz. Berlin in Poesie und Prosa,* hrsg. von B. E. Werner und O. Reichel, München 1964, S. 94 f.).
– *Mansardenblicke* (in: *Lyrik non stop. Gedichte in Berlin. Lesungen 1974 und 1975,* hrsg. von der Neuen Gesellschaft für Literatur e. V. Berlin, Berlin 1975, S. 45).
– *Wahrheit meiner Stadt* (in: L. K., *Windbrüche. Gedichte,* Berlin 1976, S. 10).

Koch, Thilo:

– *Berlin – die gegenwärtige Stadt* (in: *Gedichte auf Berlin,* hrsg. von W. G. Oschilewski, Berlin 1958, S. 86 ff.).

Könneker, Marie-Louise:

– *Heute in unserer Straße* (in: *Stadtleben. Ein Lesebuch,* hrsg. von K. Riha, Darmstadt und Neuwied 1983, S. 99 ff.).
– *Vor Ort* (in: *Berlin, du deutsche deutsche Frau. Eine literarische Chronik der geteilten Stadt mit Texten und Bildern von Autoren aus Ost und West,* hrsg. von J. Krüger und E. Schmitz, Darmstadt 1985, S. 174).

Koeppel, Matthias:

– *Di Kongraußßehullen* (in: *Berlin, du deutsche deutsche Frau. Eine literarische Chronik der geteilten Stadt mit Texten und Bildern von Autoren aus Ost und West,* hrsg. von J. Krüger und E. Schmitz, Darmstadt 1985, S. 169).
– *Di Mauhur* (in: *Starckdeutsch. Eine Auswahl der stärksten Gedichte,* Berlin o. J., S. 90).

Kolbe, Uwe:

– *Abschied* (in: U. K., *Hineingeboren. Gedichte 1975–1979,* Frankfurt/M. 1982, S. 37).
– *Allmorgendliche Begrüßung* (in: a.a.O., S. 17).
– *Am Intershop* (in: a.a.O., S. 72).
– *Berlin am Abend* (in: a.a.O., S. 13).
– *Das ganze Werk oder Sisyphos soundsovielter* (in: a.a.O., S. 65).
– *Der, trunken noch, erwachte Dichter auf K. Mickel, Der See (1963)* (in: a.a.O., S. 118 f.).
– *Die Feigheit* (in: a.a.O., S. 98).
– *Die Krankheit im Frieden* (in: *Einst war ich Fänger im Schnee. Neue Texte und Bilder aus der DDR,* hrsg. von L. Rathenow, Berlin 1984, S. 22).
– *Flüchtiger weiblicher Schatten…* (in: a.a.O., S. 28).
– *Gedicht eines Fremden* (in: U. K., *Hineingeboren,* a.a.O., S. 47).
– *Hoflied* (in: a.a.O., S. 20).
– *Meine einzige Liebe* (in: a.a.O., S. 120).

- *Nachts in der S-Bahn* (in: U. K., *Bornholm II. Gedichte,* Frankfurt/M. 1987, S. 45).
- *S-Bahn-Fahren für dich* (in: U. K., *Abschiede und andere Liebesgedichte,* Frankfurt/M. 1983, S. 16).
- *So Pfeifen, Quietschen, Kreischen, profane...* (in: *Berlin, du deutsche deutsche Frau. Eine literarische Chronik der geteilten Stadt mit Texten und Bildern von Autoren aus Ost und West,* hrsg. von J. Krüger und E. Schmitz, Darmstadt 1985, S. 134).
- *Ums Brot (ja noch immer)* (in: U. K., *Hineingeboren,* a.a.O., S.29).
- *Wir leben mit Rissen* (in: a.a.O., S.80).

Kolmar, Gertrud:
- *Sie singen...* (in: *Über die großen Städte. Gedichte 1885–1967,* hrsg. von F. Hofmann, Berlin und Weimar 1968, S. 297 ff.).
- *Wappen von Berlin* (in: G. K., *Das lyrische Werk,* München 1960, S. 471 f.).

Koneffke, Jan:
- *Schöngesicht warte bis Juni dann ziehn wir* (in: *Erfahrungen 5: Sehr identisch. Eine Anthologie. Lyrik und Prosa,* hrsg. von H. Schumacher, Berlin 1984, S. 131.).
- *Wenn meine Freunde nichts vom Sommer verstehn* (in: a.a.O., S.134).

Korduan, Erwin:
- *Folgenreich* (in: *Berlin-Zulage. Gedichte aus der Provinz,* hrsg. von H. U. Hirschfelder u. a., Berlin 1982, S. 54).

Krämer, Karl Emerich:
- *Zeichne die Mauer* (in: *Deutsche Teilung. Ein Lyrik-Lesebuch,* hrsg. von K. Morawietz, Wiesbaden 1966, S. 190 f.).

Kraft, Gisela:
- *Aschik Veysel in Berlin* (in: G. K., *Aus dem Mauer-Diwan. Gedichte,* Düsseldorf 1983, S. 68).
- *Ballade von der Ankunft des Hadschi Bektasch im Gewand einer Taube* (in: a.a.O., S. 69 ff.).
- *Der gelbe Ochse träumt von Berlin* (in: a.a.O., S.66 f.).
- *Kara Mustafa vor Berlin* (in: a.a.O., S.57).
- *Museumsinsel* (in: a.a.O., S.46 ff.).
- *Spreebrücke* (in: a.a.O., S.50).
- *Yunus in Berlin* (in: a.a.O., S.58 ff.).

Krechel, Ursula:
- *Tiergarten im Winter* (in: U. K., *Verwundbar wie in den besten Zeiten. Gedichte,* Darmstadt und Neuwied 1979, S. 23).
- *Vor dem Schlesischen Tor* (in: U. K., *Vom Feuer lernen. Gedichte,* Darmstadt 1985, S. 35).

Kretzer, Max:
- *Das verklebte Berlin* (in: M. K., *Kreuz und Geißel. Soziale Auferstehungsgedichte und Zeitsatiren*, Leipzig 1919, S. 71).
- *Hotel Eden* (in: a.a.O., S. 84).

Krüger, Michael:
- *Wladiwostok – Pompeji* (in: *Berlin, ach Berlin*, hrsg. von H. W. Richter, Berlin 1981, S. 95 ff.).

Kuba:
- *O Menschheit, hilf* (in: *Berlin – Stimmen einer Stadt. 99 Autoren – 100 Jahre an der Spree*, hrsg. von R. Greuner, Berlin 1970, S. 368 ff.).
- *Ohne Kapitalisten gehts besser* (in: *Gesicht einer Stadt. Gedichte über Berlin*, hrsg. von G. Deicke und E. R. Greulich, Berlin 1959, S. 291 f.).

Kunert, Günter:
- *Am Kurfürstendamm* (in: G. K., *Berlin beizeiten. Gedichte*, München 1987, S. 22).
- *Am Landwehrkanal* (in: a.a.O., S. 11).
- *An der oberen Freiarcherbrücke* (in: a.a.O., S. 18).
- *Anzeige, Berlinisch* (in: G. K., *Unruhiger Schlaf. Gedichte*, München 1979, S. 157).
- *Augenschein am Lietzensee* (in: G. K., *Berlin beizeiten*, a.a.O., S. 29).
- *Beim Frisör am Stadtrand* (in: G. K., *Unterwegs nach Utopia. Gedichte*, München und Wien 1976, S. 63).
- *Berlin* (in: *Berlin, du deutsche deutsche Frau. Eine literarische Chronik der geteilten Stadt mit Texten und Bildern von Autoren aus Ost und West*, hrsg. von J. Krüger und E. Schmitz, Darmstadt 1985, S. 133).
- *Berlin – paläontologisch* (in: G. K., *Berlin beizeiten*, a.a.O., S. 44).
- *Berlin beizeiten* (in: a.a.O., S. 10).
- *Berliner August* (in: a.a.O., S. 27).
- *Berliner Lieder – Betrachten* (in: G. K., *Unruhiger Schlaf*, a.a.O., S. 43).
- *Berliner Lieder – Sterben* (in: a.a.O., S. 45).
- *Berliner Lieder – Wohnen* (in: a.a.O., S. 44).
- *Berliner Nachmittag* (in: a.a.O., S. 131).
- *Berliner Straße im Nordosten* (in: G. K., *Stilleben. Gedichte*, München 1983, S. 35).
- *Berliner Totentanz* (in: G. K., *Unruhiger Schlaf*, S. 215).
- *Berliner Winter – außen* (in: G. K., *Warnung vor Spiegeln. Gedichte*, München 1970, S. 54).
- *Berliner Winter – innen* (in: a.a.O., S. 55).
- *Berolina* (in: G. K., *Berlin beizeiten*, S. 31).
- *Charlottenburger Sonntagmorgen* (in: a.a.O., S. 34).

– *Chronik vom Kriegsende, Prolog, 1–10, Epilog* (in: *Gesicht einer Stadt. Gedichte über Berlin,* hrsg. von G. Deicke und E. R. Greulich, Berlin 1959, S. 14 ff.).
– *Das Geräusch des Regens* (in: G. K., *Im weiteren Fortgang. Gedichte,* München 1974, S. 43).
– *Der jüdische Friedhof in Weissensee* (in: G. K., *Berlin beizeiten,* a.a.O., S. 12).
– *Eine Reise wert* (in: a.a.O., S. 19).
– *Einmal Berlin und zurück* (in: a.a.O., S. 24).
– *Ernst Balcke* (in: *Warnung vor Spiegeln,* a.a.O., S. 40).
– *Fantasma* (in: G. K., *Berlin beizeiten,* a.a.O., S. 9).
– *Früher Morgen* (in: G. K., *Unruhiger Schlaf,* a.a.O., S. 240).
– *Gefährliche Ansicht später Stätte* (in: G. K., *Warnung vor Spiegeln,* a.a.O., S. 53).
– *Gleisdreieck* (in: G. K., *Berlin beizeiten,* a.a.O., S. 39).
– *Havel im Herbst* (in: a.a.O., S. 37).
– *Im Grenzbereich* (in: a.a.O., S. 16).
– *Juniberlin* (in: a.a.O., S. 23).
– *Mystifikation* (in: a.a.O., S. 21).
– *Märkischer Konstantin* (in: G. K., *Im weiteren Fortgang. Gedichte,* München 1974, S. 103).
– *März am Tauentzien* (in: G. K., *Berlin beizeiten,* a.a.O., S. 20).
– *Nachlaßlager, Kleine Alexanderstraße, Berlin* (in: G. K., *Unruhiger Schlaf,* a.a.O., S. 132).
– *Oktoberberlin* (in: G. K., *Berlin beizeiten,* a.a.O., S. 38).
– *Prinz-Albrecht-Straße* (in: a.a.O., S. 33).
– *Schillers Bett* (in: G. K., *Warnung vor Spiegeln,* a.a.O., S. 38).
– *Stadtbahnstenogramme* (in: G. K., *Berlin beizeiten,* a.a.O., S. 40 f.).
– *Swinemünder Straße* (in: a.a.O., S. 17).
– *Traf jemand* (in: G. K., *Unruhiger Schlaf,* a.a.O., S. 19).
– *Vision an der Oberbaumbrücke* (in: G. K., *Stilleben,* a.a.O., S. 37).
– *Wie mir heute meine Stadt erschien* (in: *Über die großen Städte. Gedichte 1885–1962,* hrsg. von F. Hofmann, Berlin und Weimar 1968, S. 441).
Kunze, Reiner:
– *Tatsachen* (in: R. K., *Auf eigene Hoffnung. Gedichte,* Frankfurt/M. 1981, S. 19).

Lange-Müller, Katja:
– *Selbstbildnis mit Stadt* (in: *Luchterhand-Jahrbuch der Lyrik 1987/88,* hrsg. von Ch. Buchwald und J. Becker, Darmstadt und Neuwied 1987, S. 21).

Langgässer, Elisabeth:
- *Die traurige Frau in der Untergrundbahn* (in: E. L., *Gesammelte Werke,* Bd. 1, Gedichte, Hamburg 1959, S. 216).
- *Negerin auf der Friedrichstraße* (in: a.a.O., S. 215 f.).

Langner, Ilse:
- *Berliner Waschfrau 1961* (in: *Hier schreibt Berlin heute. Eine Anthologie,* hrsg. von R. Hartung, München 1963, S. 100 f.).

Layh, Willi:
- *Eine Frage* (in: *Gesicht einer Stadt. Gedichte über Berlin,* hrsg. von G. Deikke und E. R. Greulich, Berlin 1959, S. 113).

Lehmann, Wilhelm:
- *Auf sommerlichem Friedhof (In memoriam Oskar Loerke)* (in: *Berlin im Gedicht. Gedichte aus 200 Jahren,* hrsg. v. J. Rosenkranz, Husum 1987, S. 91).

Lehn, Ralf:
- *Berlin* (in: *Umsteigen bitte. Gedichte aus Berlin,* hrsg. von J. Beckelmann und H. Schmid, Berlin 1980, S. 7).

Leising, Richard:
- *Berlin Mulackstraße* (in: *Berlin – Stimmen einer Stadt. 99 Autoren – 100 Jahre an der Spree,* hrsg. von R. Greuner, Berlin 1970, S. 505).

Lenz, Dieter:
- *Berliner Wirrnis* (in: *Umsteigen bitte. Gedichte aus Berlin,* hrsg. von J. Beckelmann und H. Schmid, Berlin 1980, S. 21).
- *Frieda D.* (in: *Stadtansichten. Gedichte Westberliner Autoren,* hrsg. von P. Gerlinghoff u. a., Berlin 1977, S. 88).
- *Spiegeleien* (in: *Umsteigen bitte,* a.a.O., S. 27 f.).

Lenz, Reimar:
- *Berlin, ein Zyklus* (in: *Hier schreibt Berlin heute. Eine Anthologie,* hrsg. von R. Hartung, München 1963, S. 70 ff.).

Leonard, Rudolf:
- *Berlin* (in: *Berlin – Stimmen einer Stadt. 99 Autoren – 100 Jahre an der Spree,* hrsg. von R. Greuner, Berlin 1970, S. 378 f.).
- *Berlin 1950* (in: a.a.O., S. 426).
- *Der tote Liebknecht* (in: *Menschheitsdämmerung. Symphonie jüngster Dichtung,* hrsg. von K. Pinthus, Berlin 1920, S. 249).
- *Die Hauptstadt der Republik* (in: *Berlin – Stimmen einer Stadt,* a.a.O., S. 407).
- *In der Stadt* (in: *Gesicht einer Stadt. Gedichte über Berlin,* hrsg. von G. Deikke und E. R. Greulich, Berlin 1959, S. 35).
- *Von Stadt zu Stadt* (in: *Über die großen Städte. Gedichte 1885–1967,* hrsg. von F. Hofmann, Berlin und Weimar 1968, S. 174).

- *Zuhause* (in: *Gesicht einer Stadt,* a.a.O., S. 31f.).

Lettau, Reinhard:
- *Ruhe in Berlin* (in: *Das Berlin-Buch der Neuen Rabenpresse,* hrsg. von G. B. Fuchs, Berlin 1968, o. S.).
- *Titania-Palast, Berlin* (in: R. L., *Gedichte,* Berlin 1968, S. 19).

Lichtenstein, Alfred:
- *Das Vorstadtkabarett* (in: *Gedichte auf Berlin,* hrsg. von W. G. Oschilewski, Berlin 1958, S. 47).
- *Der Ausflug* (in: *Menschheitsdämmerung. Symphonie jüngster Dichtung,* hrsg. von K. Pinthus, Berlin 1920, S. 22).
- *Die Fahrt nach der Irrenanstalt I, II* (in: *Gedichte des Expressionismus,* hrsg. von D. Bode, Stuttgart 1966, S. 71f.).
- *Die Nacht* (in: *Deutsche Großstadtlyrik vom Naturalismus bis zur Gegenwart,* hrsg. von W. Rothe, Stuttgart 1973, S. 140).
- *Die Stadt* (in: a.a.O., S. 141).
- *Gesänge an Berlin* (in: *Die gespiegelte Stadt. 200 Jahre Gedichte über Berlin,* hrsg. von G. Sichelschmidt, Berlin 1971, S. 52).
- *Nächtliches Abenteuer* (in: *Berlin im Gedicht.* hrsg. von B. und W. Laufenberg, Frankfurt/M. 1987, S. 62).
- *Sonntagnachmittag* (in: A. L., *Gesammelte Gedichte,* hrsg. von K. Kanzog, Zürich 1962, S. 52).

Liliencron, Detlev von:
- *»Unter den Linden«* (in: D. v. L., *Werke,* Erster Band: *Gedichte, Epos,* hrsg. von B. v. Wiese, Frankfurt/M. 1977, S. 195ff.).
- *Das alte Steinkreuz am Neuen Markt* (in: *Lunapark und Alexanderplatz. Berlin in Poesie und Prosa,* hrsg. von B. E. Werner und O. Reichel, München 1964, S. 112ff.).

Lindemann, Werner:
- *Kauft Chrysanthemen… An einer Straße in West-Berlin* (in: *Gesicht einer Stadt,* hrsg. von G. Deicke und E. R. Greulich, Berlin 1959, S. 136).

Lissauer, Ernst:
- *Balkons in der Vorstadt* (in: *Siebenhundert Jahre berlinischen Lebens im Spiegel des Gedichts,* hrsg. von K. Nase, Berlin 1926, S. 248).

Loerke, Oskar:
- *Berliner Winterabend* (in: O. L., *Gedichte,* hrsg. von P. Suhrkamp, neu durchgesehen von R. Tgahrt, Frankfurt/M. 1983, S. 441f.).
- *Blauer Abend in Berlin* (in: a.a.O., S. 29).
- *Der Pudel mit der Löwenschnur* (in: a.a.O., S. 145f.).
- *Der steinerne Wabenbau* (in: *Deutsche Großstadtlyrik vom Naturalismus bis zur Gegenwart,* hrsg. von W. Rothe, Stuttgart 1973, S. 164f.).

- *Die gespiegelte Stadt* (in: O. L., *Gedichte*, a.a.O., S. 133 f.).
- *Einschlafen in der Weltstadt* (in: a.a.O., S. 294).
- *Feuerschein der Weltstadt* (in: a.a.O., S. 434 ff.).
- *Hinterhaus* (in: *Deutsche Großstadtlyrik…*, a.a.O., S. 166).
- *Totenvögel, von einem Berliner Friedhof* (in: O. L., *Gedichte*, a.a.O., S. 138 f.).
- *Überwältigung* (in: a.a.O., S. 144).

Loewig, Roger:
- *An den Nothäfen…* (in: R. L., *Ewig rauchende Kältezeit. Gedichte*, Berlin 1979, S. 66).
- *Bricht wieder auf…* (in: a.a.O., S. 60).
- *Es ist Zeit* (in: *Die Hälfte der Stadt. Ein Lesebuch*, hrsg. von K. M. Schädlich und F. Werner, München 1982, S. 134).
- *Ich werde eingesperrt sein…* (in: R. L., *Ewig rauchende Kältezeit*, a.a.O., S. 65).
- *Ich wohnte zweimal in Berlin* (in: *Die Hälfte der Stadt*, a.a.O., S. 134).
- *Inschrift* (auf der nachfolgenden Zeichnung) (in: *Berliner Malerpoeten*, hrsg. von A. Gustas, München 1974, S. 48).
- *Manchmal stoßen Nebelkrähen…* (in: R. L., *Ewig rauchende Kältezeit*, a.a.O., S. 30).
- *Weite Entfernung* (in: *Die Hälfte der Stadt*, a.a.O., S. 133).

Lorber, Hans:
- *Frühling am Bretterzaun* (in: *Um uns die Stadt. Eine Anthologie neuer Großstadtdichtung*, hrsg. von R. Seitz und H. Zucker, Berlin 1931, S. 36).
- *Hochhausromanze* (in: *Gesicht einer Stadt. Gedichte über Berlin*, hrsg. von G. Deicke und E. R. Greulich, Berlin 1959, S. 206 f.).

Loschütz, Gert:
- *Einflugschneisen* (in: *Berlin, du deutsche deutsche Frau. Eine literarische Chronik der geteilten Stadt mit Texten und Bildern von Autoren aus Ost und West*, hrsg. von J. Krüger und E. Schmitz, Darmstadt 1985, S. 65).
- *Was tun* (in: *Das Berlin-Buch der Neuen Rabenpresse*, hrsg. von G. B. Fuchs, Berlin 1968, o. S.).

Lucebert:
- *Groß-Berlin 1956* (in: L., *Die Silbenuhr. Ausgew. Gedichte und Zeichnungen*, Frankfurt/M. 1981, S. 41).

Ludwig, Lori:
- *Fahrt nach Berlin* (in: *Gesicht einer Stadt. Gedichte über Berlin*, hrsg. von G. Deicke und E. R. Greulich, Berlin 1959, S. 187).

Lüdtke, Franz:
- *Am Grabe Kleists* (in: *Die Mark und Berlin im Spiegel der Dichtung*, hrsg. von Gustav Schaefer, Berlin 1926, S. 182).

Luthardt, Thomas:
- *Ostkreuz, sieben Uhr früh* (in: *Berlin. 100 Gedichte aus 100 Jahren,* hrsg. von H. K. Schlosser, Berlin 1987, S. 104).

Märchen, Artur:
- *Halt!* (in: *Umsteigen bitte. Gedichte aus Berlin,* hrsg. von J. Beckelmann und H. Schmid, Berlin 1980, S. 22).

Maier, Wolfgang:
- *In meiner Stadt* (in: W. M., *Gedichte. Eine Auswahl,* hrsg. von K. Riha, Siegen 1987, S. 37).
- *In meiner Stadt* (in: a.a.O., S. 27).
- *In meiner Stadt I* (in: a.a.O., S. 23 f.).
- *In meiner Stadt II* (in: a.a.O., S. 24).
- *Teltow-Kanal* (in: a.a.O., S. 41).

Martz, Daniel Pascal:
- *Plastikpunk* (in: *Mauerechos, Junge Literatur auf gut Deutsch. Eine Anthologie,* hrsg. von G. Haberbosch, Berlin 1984, S. 27).
- *Türkische Stricher,* (in: a.a.O., S. 33).

Matthies, Frank-Wolf:
- *Berliner Frühling* (in: F.-W. M., *Morgen. Gedichte,* Reinbek b. Hamburg 1979, S. 16 f.).
- *Die Stadt* (in: *Berliner Autoren-Stadtbuch,* hrsg. von der Abt. Literatur der Akademie der Künste, Berlin 1985, S. 120 f.).
- *Eigentlich vom Winter* (in: F.-W. M., *Morgen,* a.a.O., S. 26 f.).

Mauermann, Siegfried:
- *Mein Berlin* (in: *Am grünen Strand der Spree. Berliner Heimatgrüße an die Front,* hrsg. von L. Steeg, Berlin 1943, S. 50).

Mauersberger, Uta:
- *Aufenthalt in Berlin als Gast der Straßen* (in: U. M., *Balladen – Lieder – Gedichte,* Berlin 1983, S. 46).
- *Berlin via Berlin* (in: a.a.O., S. 63).
- *Spazieren durch die Berliner Wuhlheide* (in: a.a.O., S. 44).
- *Wieder Berlin Lindenstraße* (in: a.a.O., S. 57).

May, Wong:
- *12. Februar* (in: W. M., *Wannseegedichte,* Übersetzung: Nicolas Born, Berlin, S. 27).
- *15. Dezember* (in: a.a.O., S. 22).
- *16. Dezember* (in: a.a.O., S. 23).
- *6. November* (in: a.a.O., S. 7).
- *Die Bahnhofsuhr – 7. Dezember* (in: a.a.O., S. 18).

- *Januar* (in: a.a.O., S. 26).
- *Manchmal meine ich herumzugehn in einem riesigen Rock…* (in: a.a.O., S. 23).

Meckel, Christoph:
- *Gedicht für Günter Bruno Fuchs* (in: Ch., M., *Nachtessen. Gedichte,* Berlin 1975, S. 19 f.).
- *Nichts gegessen* (in: Ch. M., *Ausgewählte Gedichte,* Königstein i. T. 1979, S. 90).

Mehring, Walter:
- *Achtung Gleisdreieck!* (in: *Deutsche Großstadtlyrik vom Naturalismus bis zur Gegenwart,* hrsg. von W. Rothe, Stuttgart 1973, S. 244 f.).
- *An den Kanälen* (in: *Berlin – Stimmen einer Stadt. 99 Autoren – 100 Jahre an der Spree,* hrsg. von R. Greuner, Berlin 1970, S. 177 f.).
- *Aufmarsch der Großstadt* (in: *Deutsche Großstadtlyrik…,* a.a.O., S. 245 ff.).
- *Berlin dein Tänzer ist der Tod* (in: W. M., *Chronik der Lustbarkeiten. Die Gedichte, Lieder und Chansons 1918–1933,* hrsg. von Ch. Buchwald, Düsseldorf 1981, S. 63 ff.).
- *Berlin simultan* (in: *Dada Berlin. Texte, Manifeste, Aktionen,* hrsg. von K. Riha und H. Bergius, Stuttgart 1977, S. 106 f.).
- *Dada – Prolog 1919* (in: W. M., *Chronik der Lustbarkeiten,* a.a.O., S. 55 ff.).
- *Deutscher Liebesfrühling 1919* (in: a.a.O., S. 61 f.).
- *Die Ballade vom Panoptikum* (in: *Berliner Gedichte,* hrsg. von K. Lubasch und E. F. Tuchmann, Berlin 1931, S. 78 f.).
- *Heimat Berlin* (in: a.a.O., S. 76 f.).
- *Kinderlied* (in: *Berlin – Stimmen einer Stadt,* a.a.O., S. 179 ff.).
- *Mordsjubel* (in: W. M., *Chronik der Lustbarkeiten,* a.a.O., S. 59 ff.).
- *Ode an Berlin* (in: W. M., *Staatenlos im Nirgendwo. Die Gedichte, Lieder und Chansons: 1933–1974,* Düsseldorf 1981, S. 11 ff.).
- *Ode an Berlin* (in: *Berlin im Gedicht,* hrsg. von B. und W. Laufenberg, Frankfurt/M. 1987, S. 125 ff.).
- *Razzia (Berliner Nachtschutzmannslied)* (in: W. M., *Chronik der Lustbarkeiten,* a.a.O., S. 87 ff.).
- *Wenn wir Stadtbahn fahren* (in: *Berlin im Gedicht,* a.a.O., S. 117 ff.).

Meidinger-Geise, Inge:
- *Berliner Boden* (in: ‚*Der Autor und seine Landschaft'* – *die Kogge in Berlin,* hrsg. vom Kunstamt Wilmersdorf von Berlin, Berlin o. J., S. 54).
- *Berliner Notizen* (in: a.a.O., S. 53).
- *Neuköllner Straßenskizze* (in: a.a.O., S. 54).
- *Schildhorn 1975* (in: a.a.O., S. 81).

Meilhamer, Hanns:
- *Am Kanal* (in: *Umsteigen bitte. Gedichte aus Berlin,* hrsg. von J. Beckelmann und H. Schmid, Berlin 1980, S. 14).

Meurer, Kurt Erich:
- *Hof in Alt-Berlin* (in: *Berliner Gedichte,* hrsg. von K. Lubasch und E. F. Tuchmann, Berlin 1931, S. 36).
- *Tiergarten* (in: a.a.O., S.37).

Meyer, Alfred Richard:
- *Aschinger* (in: *Um uns die Stadt. Eine Anthologie neuer Großstadtdichtung,* hrsg. von R. Seitz und H. Zucker, Berlin 1931, S. 28 f.).
- *Berliner Bar* (in: *Hier schreibt Berlin,* hrsg. von H. Günter, Neuausgabe, München 1963, S. 98).
- *Berliner Frühling* (in: *Deutsche Großstadtlyrik vom Naturalismus bis zur Gegenwart,* hrsg. von W. Rothe, Stuttgart 1973, S. 240).
- *Chinesisches Restaurant* (in: *Um uns die Stadt,* a.a.O., S.49).
- *Georg Heym* (in: *Deutsche Großstadtlyrik...,* a.a.O., S.118).
- *Großlichterfelde* (in: a.a.O., S.243).
- *Horcher* (in: *Um uns die Stadt,* a.a.O., S.176 f.).
- *Kartoffelpufferstube* (in: a.a.O., S.141).
- *Munkepunke wird dionysisch* (in: *Berliner Gedichte,* hrsg. von K. Lubasch und E. F. Tuchmann, Berlin 1931, S. 69).
- *Märzlich den Kurfürstendamm herunter* (in: a.a.O., S.68).
- *Speise-Eis* (in: *Lunapark und Alexanderplatz. Berlin in Poesie und Prosa,* hrsg. von B. E. Werner und O. Reichel, München 1964, S. 51).
- *Und abends nach der Scala...* (1931) (in: *Berliner Gedichte,* a.a.O., S.70 f.).

Meyer, Detlev:
- *Aus der Vogelwelt* (in: D. M., *Heute nacht im Dschungel, 50 Gedichte,* Berlin 1978, S. 24).
- *Ax Bax* (in: a.a.O., S.14).
- *Berlin/1981* (in: a.a.O., S.28 f.).
- *Bildbeschreibung* (in: a.a.O., S.16).
- *Café Ein Stein (oder anderswo)* (in: a.a.O., S.10).
- *City* (in: a.a.O., S.27).
- *Der Preis der Prominenz* (in: a.a.O., S.11).
- *Die Lobpreisung des Kurfürstendamm* (in: a.a.O., S.15).
- *Disco-Fieber* (in: a.a.O., S.12).
- *Obdach für Jussuf* (in: a.a.O., S.62).
- *Sehnsucht* (in: a.a.O., S.29).
- *Trocadéro* (in: a.a.O., S.13).
- *Von Hesse zum Punk* (in: a.a.O., S.21).

- *Zwei walisische Städtenamen* (in: *Das Mauerbuch. Texte und Bilder aus Deutschland von 1945 bis heute,* hrsg. von M. Hammer u. a., Berlin 1981, S. 268).

Mickel, Karl:

- *Großer Bunkerberg* (in: *Tausendäugig diese Häuser. Prag und Berlin in Lyrik und Prosa.* Berlin-Auswahl von A. Herzberg, Berlin 1985, S. 116).
- *Herr Schwarz* (in: a.a.O., S. 118).
- *Lindenforum* (in: a.a.O., S. 117).

Morgenstern, Christian:

- *Berlin* (in: *Berliner Gedichte,* hrsg. von K. Lubasch und E. F. Tuchmann, Berlin 1931, S. 60).
- *Der alte Horaz in neuer Verdeutschung* (in: a.a.O., S. 65).
- *Die Häusertürme von Neu-Berlin* (in: a.a.O., S. 62 f.).
- *Großstadt-Höfe* (in: *Deutsche Großstadtlyrik vom Naturalismus bis zur Gegenwart,* hrsg. von W. Rothe, Stuttgart 1973, S. 87 f.).
- *Korf in Berlin* (in: Ch. M., *Alle Galgenlieder,* hrsg. von M. Morgenstern, Berlin 1935, S. 143).
- *Vom Stein-Platz zu Charlottenburg* (in: *Berliner Gedichte,* a.a.O., S. 61).

Morshäuser, Bodo:

- *Berliner Frühling* (in: B. M., *Alle Tage. Gedichte,* Berlin 1979, S. 68).
- *Bild einer Ausstellung* (in: a.a.O., S. 59).
- *Brief aus Berlin* (in: a.a.O., S. 34).
- *Der Gesang der Wälder* (in: a.a.O., S. 18).
- *Feuchte Hände* (in: a.a.O., S. 40).
- *Gemeinsam einsam* (in: *Park,* Heft 5, Berlin 1977, S. 8).
- *Grenzgelächter* (in: B. M., *Alle Tage,* a.a.O., S. 15).
- *Orte des Geschehens* (in: a.a.O., S. 55 f.).
- *Sonntags im Park* (in: a.a.O., S. 19).
- *Straßensperre* (in: a.a.O., S. 39).
- *Third World* (in: a.a.O., S. 29).
- *Tolstefanz, Sächsische Straße* (in: a.a.O., S. 44).

Mostar, Gerhart Herrmann:

- *Funktürme* (in: *Um uns die Stadt. Eine Anthologie neuer Großstadtdichtung,* hrsg. von R. Seitz und H. Zucker, Berlin 1931, S. 40).

Mühlenhaupt, Kurt:

- *o. T.* (in: *Das Berlin-Buch der Neues Rabenpresse,* hrsg. von G. B. Fuchs, Berlin 1968, o. S.).

Mühsam, Erich:

- *April! April!* (in: E. M., *Gesamtausgabe,* hrsg. von G. Emig, Bd. 1: *Gedichte,* Berlin 1983, S. 610 f.).

- *Familiensinn* (in: a.a.O., S. 619 f.).
- *Firnis* (in: a.a.O., S. 602 f.).
- *Plötzensee* (in: a.a.O., S. 181 f.).
- *Presseball* (in: a.a.O., S. 601 f.).
- *Semper idem* (in: a.a.O., S. 610).
- *Sensation und Leben* (in: a.a.O., S. 651 f.).
- *Uhland in Wilmersdorf* (in: a.a.O., S. 537 f.).

Müller, Inge:

- *Berlin O* (in: I. M., *Wenn ich schon sterben muß. Gedichte,* hrsg. von R. Pietraß, Darmstadt und Neuwied 1986, S. 12).
- *Gehn* (in: *Geländewagen 1 – Berlin,* hrsg. von W. Storch, Berlin 1979, S. 65).
- *Heimweg 45* (in: *Berlin. 100 Gedichte aus 100 Jahren,* hrsg. von H. K. Schlosser, Berlin 1987, S. 78).
- *Ringelnatz* (in: I. M., *Wenn ich schon sterben muß,* a.a.O., S. 101).
- *Weidendammer Brücke 61* (in: a.a.O., S. 71).

Müller, Rainer René:

- *Berlin, 22. 5. 84. Tegel* (in: R. R. M., *Rückzug ins Helle. Gedichte,* Stuttgart 1985, o. S.).
- *Vom Gehör* (in: a.a.O., o. S.).
- *Berlin, am Zoo* (in: *Park,* Heft 21/22, Berlin 1984, S. 22).
- *Mir ist das heuer immer verdorben…* (in: *Park,* Heft 10, Berlin 1980, S. 27).

Müller-Jahnke, Clara:

- *Im Vorort* (in: *Im steinernen Meer. Großstadtgedichte,* hrsg. von O. Hübner und J. Moegelin, Berlin 1910, S. 29 f.).

Münzberg, Olav:

- *Erinnerung an Tante Lotte oder Die Klassenfrage* (in: *Frankfurter Hefte,* 33. Jg., H. 12, 1979, S. 52).
- *Kleines Mauerstück* (in: a.a.O., S. 53).
- *Rudi Dutschke 1940–1979* (in: *Berliner Autoren-Stadtbuch,* hrsg. von der Abt. Literatur der Akademie der Künste Berlin, Berlin 1985, S. 131).
- *Stadt-Mitte* (in: *Frankfurter Hefte,* 33. Jg., H. 12, 1979, S. 51).

Myschkin, Mitja:

- *Bald…* (in: *Mauerechos. Junge Literatur auf gut Deutsch. Eine Anthologie,* hrsg. von G. Haberbosch, Berlin 1984, S. 40).

Naoum, Jusuf:
- *Meine Beziehungen* (in: *Stadtansichten. Gedichte Westberliner Autoren,* hrsg. von P. Gerlinghoff u. a., Berlin 1977, S. 94).

Neruda, Pablo:
- *Das gespaltene Geschlecht – I. Der Morgen in Berlin* (in: *Gesicht einer Stadt. Gedichte über Berlin*, hrsg. von G. Deicke und E. R. Greulich, Berlin 1959, S. 121 f.).
- *Das gespaltene Geschlecht – II. Junge Deutsche* (in: a.a.O., S. 321 ff.).
- *Das gespaltene Geschlecht – III. Die verwundete Stadt* (in: a.a.O., S. 128).

Neuburger, Kurt:
- *Neuer Berliner Leierkasten* (in: *Berlin zum Beispiel. Eine gesamtberliner Anthologie mit Beiträgen aus Lyrik, Prosa und Grafik*, hrsg. von H. Schwenger, Berlin 1963, S. 166 f.).

Neumann, Günter:
- *Berliner Abendspaziergang* (in: *Lunapark und Alexanderplatz. Berlin in Poesie und Prosa*, hrsg. von B. E. Werner und O. Reichel, München 1964, S. 82 ff.).
- *Ein Zillekind spricht* (in: a.a.O., S. 52).
- *Eine Laubenbesitzerin spricht* (in: a.a.O., S. 32 ff.).
- *Frau Meiers Morgenritt* (in: a.a.O., S. 107).
- *Wanderlied einer Berliner Hausfrau* (in: a.a.O., S. 104 ff.).

Neumann, Roland:
- *Laufen lernen* (in: *Park*, Heft 3, Berlin 1977, S. 20/21).
- *Paradise now oder Umarmungen im Living Theater* (in: *Lyrik non stop. Gedichte in Berlin. Lesungen 1974 und 1975*, hrsg. von der Neuen Gesellschaft für Literatur e. V. Berlin, Berlin 1975, S. 66).
- *Vorsuppe bei meiner Tante* (in: *Das Berlin-Buch der Neuen Rabenpresse*, hrsg. von G. B. Fuchs, Berlin 1968, o. S.).

Neuss, Wolfgang:
- *Fröhliche Ostern – Fröhliche Western* (in: *Das Mauerbuch. Texte und Bilder aus Deutschland von 1945 bis heute*, hrsg. von M. Hammer u. a., Berlin 1981, S. 175).

Noll, Wulf:
- *Berlingedanken* (in: *Mauerechos. Junge Literatur auf gut Deutsch. Eine Anthologie*, hrsg. von G. Haberbosch, Berlin 1984, S. 139).

Nordhausen, Richard:
- *Ein Grabkranz* (in: *Im steinernen Meer. Großstadtgedichte*, hrsg. von O. Hübner und J. Moegelin, Berlin 1910, S. 134).

Novak, Helga M.:
- *Wie der Schatten des Wacholders. Epilog zu ,Grünheide Grünheide'* (in: *Mauersprünge. Besondere Berliner Verkehrsformen*, hrsg. von Urs Jaeggi, Reinbek bei Hamburg, 1988, S. 170 ff.).

Ören, Aras:

- *15 Jahre Berlin* (in: A. Ö., *Die Fremde ist auch ein Haus. Berlin-Poem.* Aus dem Türkischen von Gisela Kraft, Berlin 1980, S. 27 ff.).
- *Anfang* (in: A. Ö., *Was will Niyazi in der Naunystraße. Ein Poem.* Aus dem Türkischen von A. Schmiede und J. Schenk, Berlin 1973, S. 5 f.).
- *Atifet* (in: a.a.O., S. 28 f.).
- *Atifet erzählt von Atifet* (in: a.a.O., S. 30).
- *Das Konsumchaos und wie Klaus Fleck erstickte* (in: a.a.O., S. 45 ff.).
- *Der Kreuzberg-Verschönerungstraum des Bauarbeiters namens Dieter* (in: *Berlin, ach Berlin,* hrsg. von H. W. Richter, Berlin 1981, S. 142 ff.).
- *Die Geschichte vom Schäfer Kahlkopf* (in: A. Ö., *Was will Niyazi…,* a.a.O., S. 42 ff.).
- *Dies ist das Resultat von Frau Kutzers heutigen Gedanken* (in: a.a.O., S. 10 f.).
- *Ein Blick auf Frau Kutzers Familiengeschichte* (in: a.a.O., S. 13 ff.).
- *Ein Ding wie ein Alptraum* (in: a.a.O., S. 7 f.).
- *Epilog: Eine Straße eine Stadt ein Dichter* (in: A. Ö., *Die Fremde ist auch ein Haus,* a.a.O., S. 68).
- *Flughafen* (in: a.a.O., S. 5 f.).
- *Frau Kutzers Nachbarn* (in: A. Ö., *Was will Niyazi…,* a.a.O., S. 21).
- *Frau Kutzers Traum* (in: a.a.O., S. 8 ff.).
- *Fünf Türken – ein Kramladen* (in: a.a.O., S. 55 ff.).
- *Halimes ungezogene Kinder* (in: a.a.O., S. 31 f.).
- *Hier ein Stück ihres Dialogs* (in: a.a.O., S. 39 ff.).
- *Kazim Akkaya* (in: a.a.O., S. 32 ff.).
- *Kudamm-Straßenverkäufer* (in: A. Ö., *Die Fremde ist auch ein Haus,* a.a.O., S. 46 ff.).
- *Mit einem Polizisten haben sie Nermin ins Krankenhaus geschickt* (in: A. Ö., *Was will Niyazi…,* a.a.O., S. 52 ff.).
- *Nermins Mann Ali und die Sache, weshalb Ali nicht nach Hause kam* (in: a.a.O., S. 50 ff.).
- *Nermins Schrecken* (in: a.a.O., S. 49 ff.).
- *Niyazi Gümüscilic* (in: a.a.O., S. 22).
- *Niyazi zieht Bilanz* (in: a.a.O., S. 22 ff.).
- *Niyazis Selbstgespräch* (in: A. Ö., *Die Fremde …,* a.a.O., S. 34 ff.).
- *Prolog* (in: a.a.O., S. 5).
- *Sabri San, der Tretmühlgaul und die weißen Mäuse* (in: A. Ö., *Was will Niyazi…,* a.a.O., S. 35 ff.).
- *Sabri muß ins Krankenhaus* (in: a.a.O., S. 41 ff.).
- *Stadtrundfahrt* (in: A. Ö., *Die Fremde ist auch ein Haus,* a.a.O., S. 44 ff.).
- *War Frau Kutzer glücklich?* (in: A. Ö., *Was will Niyazi…,* a.a.O., S. 16 ff.).

– *Was tun? Große Frage – kleine Antwort* (in: a.a.O., S. 63 ff.).
– *Woran ein Foto den Menschen mitunter erinnert* (in: a.a.O., S. 58 ff.).
– *Worüber Sabri San und Niyazi sich eines Nachts in der Kneipe unterhielten* (in: a.a.O., S. 38 f.).
– *Übergang* (in: A. Ö., *Ich anders sprechen lernen*, Berlin 1983, S. 13).

Pan, Peter:
– *Wiedersehen mit Berlin!* (in: *Gesicht einer Stadt. Gedichte über Berlin*, hrsg. von G. Deicke und E. R. Greulich, Berlin 1959, S. 158).
Pasternak, Boris:
– *Gleisdreieck* (in: *Russen in Berlin. Literatur, Malerei, Theater, Film 1918–1933*, hrsg. von Fritz Mierau, Leipzig 1987, S. 69).
Pastior, Oskar:
– *Berliner Kontamination I* (in: *Die Hälfte der Stadt. Ein Lesebuch*, hrsg. von K. M. Schädlich, München 1982, S. 64).
– *Die Stadt ihrer Meinung, die Präsenz der Ei –* (in: *europäische ideen*, H. 7, 1974, S. 22).
– *Maulwurf im Profil* (in: *Berlin, ach Berlin*, hrsg. von H. W. Richter, Berlin 1981, S. 65).
– *Seeblick* (in: a.a.O., S. 64).
Peri-Rossi, Cristina:
– *In der U-Bahn* (in: *Park*, Heft 16, Berlin 1982, S. 29).
– *Kneipe Bleibtreustraße* (in: a.a.O., S. 30).
– *Regnerischer Nachmittag* (in: a.a.O., S. 29).
Pessarrodona, Marta:
– *‚Pelze‘ an der Potsdamer Straße* (in: M. P., *Berlin Suite. Versión catellana de Ana María Moix. Edición bilingüe*, Barcelona 1985, S. 40 f.).
– *Alt Mariendorf* (in: a.a.O., S. 44 f.).
– *Berlin: Gener 1929* (in: a.a.O., S. 52 f.).
– *Nit a Alt Mariendorf* (in: a.a.O., S. 48 f.).
– *Rèquiem Berlinès* (in: a.a.O., S. 24 f.).
– *Schöneberg* (in: a.a.O., S. 32 f.).
Petri, Walther:
– *Am Mahnmal* (in: *Berlin. 100 Gedichte aus 100 Jahren*, hrsg. von H. K. Schlosser, Berlin 1987, S. 137).
Petschner, Raimund:
– *Kudamm* (in: *Umsteigen bitte. Gedichte aus Berlin*, hrsg. von J. Beckelmann und H. Schmid, Berlin 1980, S. 46).
– *Ostern Savignyplatz* (in: a.a.O., S. 32 f.).

Pieritz, Hildegard:
- *Drei alte Damen* (in: *Hier schreibt Berlin heute. Eine Anthologie,* hrsg. von R. Hartung, München 1963, S. 127).
- *Fußball* (in: *Umsteigen bitte. Gedichte aus Berlin,* hrsg. von J. Beckelmann und H. Schmid, Berlin 1980, S. 47).
- *Quadriga* (in: H. P., *Luftwurzeln. Gedichte,* Duisburg 1978, S. 29).
- *Sanierungsbezirk* (in: *Umsteigen bitte,* a.a.O., S.17).
- *Smog über der Stadt* (in: H. P., *Luftwurzeln,* a.a.O., S.29).
- *Straßenbild* (in: *Umsteigen bitte,* a.a.O., S.11).
- *Zeitgespenst* (in: *Hier schreibt Berlin heute,* a.a.O., S.126).

Pietrass, Adolf:
- *Berliner Hof* (in: *Tausendäugig diese Häuser. Prag und Berlin in Lyrik und Prosa.* Berlin-Auswahl von A. Herzberg, Berlin 1985, S. 112).
- *Trümmerberg* (in: a.a.O., S.115).

Pietrass, Richard:
- *Grenzfriedhof – Berliner Sophiengemeinde* (in: R. P., *Notausgang. Gedichte,* Berlin und Weimar 1980, S. 66).

Plepelič, Zvonko:
- *Da und dort in Westberlin* (in: Z. P., *Du kommen um sieben. Gedichte,* Berlin 1980, S. 20).
- *Jugoslawen auf dem Kurfürstendamm* (in: a.a.O., S.11).

Plümpe, Michael:
- *Attila* (in: *Erfahrungen 5: Sehr identisch. Eine Anthologie. Lyrik und Prosa,* hrsg. von H. Schumacher, Berlin 1984, S. 206).
- *Brillengläser getönt* (in: a.a.O., S.205).

Preißler, Helmut:
- *Wenn man in Jahren von Berlin sich erzählt* (in: *Gesicht einer Stadt. Gedichte über Berlin,* hrsg. von G. Deicke und E. R. Greulich, Berlin 1959, S. 107).

Pries Alfred:
- *Ihr schreit jeden Tag!* (in: *Deutsche Teilung. Ein Lyrik-Lesebuch,* hrsg. von K. Morawietz, Wiesbaden 1966, S. 214 f.).

Puttmann, E. O.:
- *An der Spree* (in: *Berliner Dichterbuch,* hrsg. von A. A. Kochmann, Berlin 1919, S. 82 f.).

Reicke, Georg:
- *Berlin W.* (in: *Im steinernen Meer. Großstadtgedichte,* hrsg. von O. Hübner und J. Moegelin, Berlin 1910, S. 173).
- *Berliner Sonntag* (in: a.a.O., S.155).
- *Der Rathausturm* (in: *Am grünen Strand der Spree. Heimatgrüße von der Front,* hrsg. von L. Steeg, Berlin 1943, S. 144).

– *Die Stille* (in: *Im steinernen Meer*, a.a.O., S. 27 ff.).

Reinig, Christa:
– *Berlin* (in: *Im Zeichen des Bären. Die schönsten Berlin-Geschichten*, hrsg. von H. Stummel, Hamburg 1964, S. 404).

Reinshagen, Gerlind:
– *Bild links: Drogenopfer Nr. 26 leblos in der Damentoilette Bahnhof Zoo* (in: *Geländewagen 1 – Berlin*, hrsg. von W. Storch, Berlin 1979, S. 72).

Rheiner, Walter:
– *Berlin* (in: *Berliner Gedichte*, hrsg. von K. Lubasch und E. F. Tuchmann, Berlin 1931, S. 24).
– *Berlin I–XI* (in: W. R., *Kokain. Lyrik, Prosa, Briefe*, Frankfurt/M., Olten, Wien 1985, S. 113 ff.).
– *Heimkehr* (in: a.a.O., S. 144).

Rheinsberg, Anna:
– *Vergessen* (in: *Umsteigen bitte. Gedichte aus Berlin*, hrsg. von J. Beckelmann und H. Schmid, Berlin 1980, S. 39).

Rilke, Rainer Maria:
– *An Heinrich von Kleists wintereinsamem Waldgrab in Wannsee* (in: R. M. R., *Sämtliche Werke*, hrsg. vom Rilke-Archiv in Verbindung mit R. Sieber-Rilke, bes. durch G. Zinn, Frankfurt/M. 1963, Bd. 3, S. 598 f.).

Ringelnatz, Joachim:
– *Abzähl-Reime* (in: J. R., *Das Gesamtwerk in sieben Bänden*, hrsg. von W. Pape, Bd. I: Gedichte, Berlin 1984, S. 177).
– *Am Sachsenplatz: Die Nachtigall* (in: *Deutsche Großstadtlyrik vom Naturalismus bis zur Gegenwart*, hrsg. von W. Rothe, Stuttgart 1973, S. 238).
– *Berlin* (in: *Die gespiegelte Stadt. 200 Jahre Gedichte über Berlin*, hrsg. von G. Sichelschmidt, Berlin 1971, S. 38).
– *Berlin (an den Kanälen)* (in: a.a.O., S. 36).
– *Berlin, Dezember 1923* (in: J. R., *Gesamtwerk*, a.a.O., S. 230 f.).
– *Frühlingsanfang auf der Bank vorm Anhalter Bahnhof* (in: *Berlin – Stimmen einer Stadt. 99 Autoren – 100 Jahre an der Spree*, hrsg. von R. Greuner, Berlin 1970, S. 224).
– *Im Aquarium in Berlin* (in: *Die gespiegelte Stadt*, a.a.O., S. 37).
– *Kanäle in Berlin* (in: *Deutsche Großstadtlyrik…*, a.a.O., S. 238 f.).
– *Lied aus einem Berliner Droschkenfenster* (in: J. R., *Das Gesamtwerk*, a.a.O., S. 221 f.).
– *Maiengruß an den Redakteur* (in: a.a.O., S. 291).
– *Müde in Berlin* (in: *Deutsche Großstadtlyrik…*, a.a.O., S. 239).
– *Nach der Trennung. Lichterfelde* (in: J. R., *Das Gesamtwerk*, a.a.O., S. 431 f.).
– *Noctambulatio* (in: *Lunapark und Alexanderplatz. Berlin in Poesie und Prosa*, hrsg. von B. E. Werner und O. Reichel, München 1964, S. 74 f.).

- *Sehnsucht nach Berlin* (in: *Hier schreibt Berlin,* hrsg. von H. Günther, Neuausgabe, München 1963, S. 132).
- *Unter den Linden* (in: *Berlin im Gedicht,* hrsg. von B. und W. Laufenberg, Frankfurt/M. 1987, S. 63).

Ritter, Erich:
- *Friedhof bei Schildhorn* (in: *Die Mark und Berlin im Spiegel der Dichtung,* hrsg. von G. Schaefer, Berlin 1926, S. 183).

Röhrer, Wolfgang:
- *Die Spinne – geopfert für Gewinne?* (in: *Stadtansichten. Gedichte, Westberliner Autoren,* hrsg. von P. Gerlinghoff, Berlin 1977, S. 46).

Rogge, Johannes Friedrich:
- *Hymnen an Berlin: I* (in: J. F. R., *Hymnen an Berlin,* Berlin 1948, S. 7).
- *Hymnen an Berlin: II* (in: a.a.O., S. 9).
- *Hymnen an Berlin: III* (in: a.a.O., S. 11 ff.).
- *Hymnen an Berlin: IV* (in: a.a.O., S. 15).
- *Hymnen an Berlin: V* (in: a.a.O., S. 17).
- *Hymnen an Berlin: VI* (in: a.a.O., S. 19).
- *Hymnen an Berlin: VII* (in: a.a.O., S. 21).

Rohde, Hedwig:
- *Die Stadtviertel* (in: H. R., *Wohnungssuche. Gedichte,* Berlin 1987, S. 13 ff.).
- *Wannsee im Winter* (in: a.a.O., S. 49 f.).

Rosenkranz, Jutta:
- *Stadtnacht* (in: *Berlin im Gedicht. Gedichte aus 200 Jahren,* hrsg. von Jutta Rosenkranz, Husum 1987, S. 85).

Rosenthal, R.:
- *Aus den Fenstern schwarzes Licht* (in: *Einst war ich Fänger im Schnee. Neue Texte und Bilder aus der DDR,* hrsg. von L. Rathenow, Berlin 1984, S. 46).

Rothmann, Ralf:
- *Ohne Titel (für Armin)* (in: *Die Ungeduld auf dem Papier und andere Lebenszeichen,* hrsg. von J. Wellbrock, Berlin 1978, S. 17).

Rück, Fritz:
- *Berlin* (in: *Über die großen Städte. Gedichte 1885–1967,* hrsg. von F. Hofmann, Berlin und Weimar 1968, S. 166).

Rühm, Gerhard:
- *Ich, Gerhard, Rühm, bestätige hiermit eidesstattlich, daß ich beim Überschreiten des Kudamms* (in: *Das Berlin-Buch der Neuen Rabenpresse,* hrsg. von G. B. Fuchs, Berlin 1968, o. S.).

Rusch, Heinz:
- *Berliner Porträts 1–3* (in: *Gesicht einer Stadt. Gedichte über Berlin,* hrsg. von G. Deicke und E. R. Greulich, Berlin 1959, S. 154 ff.).

Sallmann, Michael:
- *Berliner Szene* (in: M. S., *Nichts Besonderes. Gedichte und Texte*, Kreuzberger Hefte 1, Berlin, 2. Aufl. 1984, S. 34 f.).

Salomon, Horst:
- *An einen Grenzgänger* (in: *Gesicht einer Stadt. Gedichte über Berlin,* hrsg. von G. Deicke und E. R. Greulich, Berlin 1959, S. 149 f.).

Salus, Hugo:
- *Berlin* (in: *Im steinernen Meer. Großstadtgedichte,* hrsg. von O. Hübner und J. Moegelin, Berlin 1910, S. 178 f.).

Sanguineti, Edoardo:
- *der beamtin im minirock ...* (in: *europäische ideen,* Heft 7, 1974, S. 30)
- *Reisebilder: 7.* (in: E. S., *Reisebilder, 32 Gedichte,* Berlin 1972, o. S.).
- *Reisebilder: 9.* (in: a.a.O., o. S.).
- *Reisebilder: 10.* (in: a.a.O., o. S.).
- *Reisebilder: 11.* (in: a.a.O., o. S.).
- *Reisebilder: 14.* (in: a.a.O., o. S.).
- *Reisebilder: 15.* (in: a.a.O., o. S.).
- *Reisebilder: 17.* (in: a.a.O., o. S.).
- *Reisebilder: 19.* (in: a.a.O., o. S.).
- *Reisebilder: 20.* (in: a.a.O., o. S.).
- *Reisebilder: 21.* (in: a.a.O., o. S.).
- *Reisebilder: 22.* (in: a.a.O., o. S.).
- *Reisebilder: 24.* (in: a.a.O., o. S.).
- *Reisebilder: 25.* (in: a.a.O., o. S.).
- *Reisebilder: 26.* (in: a.a.O., o. S.).
- *Reisebilder: 27.* (in: a.a.O., o. S.).
- *Reisebilder: 29.* (in: a.a.O., o. S.).
- *Reisebilder: 30.* (in: a.a.O., o. S.).

Sauerheimer, Peter:
- *Köllnische Heide (Ein Sofakissenbild)* (in: P. S., *Silberblick. Gedichte,* Berlin 1976, S. 59).
- *Letzte Runde (Kreuzberger Monolog)* (in: a.a.O., S. 27 ff.).
- *SO 36* (in: a.a.O., S. 58).

Schaefer, Oda:
- *Mitten durch mich* (in: *Deutsche Teilung. Ein Lyrik-Lesebuch,* hrsg. von K. Morawietz, Wiesbaden 1966, S. 196 ff.).

Schenk, Johannes:
- *Ich bring dir einen Friedrichstadtpalast mit* (in: *Das Mauerbuch. Texte und Bilder aus Deutschland von 1945 bis heute,* hrsg. von M. Hammer u. a., Berlin 1981, S. 176).

Scher, Peter:
- *Berliner Karneval* (in: *Berliner Gedichte,* hrsg. von K. Lubasch und E. F. Tuchmann, Berlin 1931, S. 72).

Schickele, René:
- *Abschied von Berlin* (in: *Berliner Gedichte,* hrsg. von K. Lubasch und E. F. Tuchmann, Berlin 1931, S. 30).
- *Auf der Friedrichstraße bei Sonnenuntergang* (in: *Deutsche Großstadtlyrik vom Naturalismus bis zur Gegenwart,* hrsg. von W. Rothe, Stuttgart 1973, S. 97).
- *Der Potsdamer Platz* (in: *Gedichte auf Berlin,* hrsg. von W. G. Oschilewski, Berlin 1958, S. 57).
- *Vorortballade* (in: *Berliner Gedichte,* a.a.O., S. 31).

Schirmeier, Walter:
- *Wie wir wohnen...* (in: *Deutsche Großstadtlyrik vom Naturalismus bis zur Gegenwart,* hrsg. von W. Rothe, Stuttgart 1973, S. 296 f.).

Schlemihl, Peter (d. i. Thoma, Ludwig):
- *In der Berliner Siegesallee* (in: *Berliner Gedichte,* hrsg. von K. Lubasch und E. F. Tuchmann, Berlin 1931, S. 66).

Schmich, Bernd:
- *Anhalter Bahnhof* (in: *Erfahrungen 2, Anthologie. 2.* Jahrbuch des ‚Lyrischen Arbeitskreises am Germanischen Seminar der Freien Universität Berlin‘, hrsg. von H. Schumacher, Berlin 1979, S. 41).

Schmidt, Rainer G.:
- *Wegerich* (in: *Die Ungeduld auf dem Papier und andere Lebenszeichen,* hrsg. von J. Wellbrock, Berlin 1978, S. 47).

Schmidtbonn, Wilhelm:
- *Berlin* (in: *Siebenhundert Jahre berlinischen Lebens im Spiegel des Gedichts,* hrsg. von K. Nase, Berlin 1926, S. 263).

Schnell, Robert Wolfgang:
- *Berliner Schwalbe* (in: *Die gespiegelte Stadt. 200 Jahre Gedichte über Berlin,* hrsg. von G. Sichelschmidt, Berlin 1971, S. 79).
- *Berliner Wozzek* (in: *Das Berlin-Buch der Neuen Rabenpresse,* hrsg. von G. B. Fuchs, Berlin 1968, o. S.).
- *Ostern 1948 an Kleists Grab* (in: *Berliner Malerpoeten,* hrsg. von A. Gustas, Herford und Berlin 1977, 2. Auflage 1978, S. 100).
- *Reichpietschufer* (in: *Das Berlin-Buch...,* a.a.O., o. S.).

Schnog, Karl:
- *Bekenntnis zu Berlin* (in: *Gesicht einer Stadt. Gedichte über Berlin,* hrsg. von G. Deicke und E. R. Greulich, Berlin 1959, S. 214).

Schnurre, Wolfdietrich:
- *Prospekt I* (in: *Die gespiegelte Stadt. 200 Jahre Gedichte über Berlin,* hrsg. von G. Sichelschmidt, Berlin 1971, S. 80).
- *Prospekt II* (in: a.a.O., S. 81).

Schönberg, Karl:
- *Tiergarten* (in: *Berliner Gedichte,* hrsg. von K. Lubasch und E. F. Tuchmann, Berlin 1931, S. 53).
- *Wertheim* (in: a.a.O., S. 52).

Scholz, Wilhelm von:
- *Mond über Dächern Berlins* (in: *Die gespiegelte Stadt. 200 Jahre Gedichte über Berlin,* hrsg. von G. Sichelschmidt, Berlin 1971, S. 32).

Schreiber, Mathias:
- *Letzte Hilfe* (in: *Das Berlin-Buch der Neuen Rabenpresse,* hrsg. von G. B. Fuchs, Berlin 1968, o. S.).

Schröter, Karl Heinz:
- *Berlin* (in: *Deutsche Teilung. Ein Lyrik-Lesebuch,* hrsg. von K. Morawietz, Wiesbaden 1966, S. 207 f.).

Schüler, Gustav:
- *Im Frühling* (in: *Im steinernen Meer. Großstadtgedichte,* hrsg. von O. Hübner und J. Moegelin, Berlin 1910, S. 51 f.).

Schulz, Jan-Cornelius:
- *S-Bahn* (in: *Park,* Heft 4, Berlin 1977, S. 23).

Schulz, Jo:
- *Berlin-Rosenthal, DDR* (in: *Berlin – Stimmen einer Stadt. 99 Autoren – 100 Jahre an der Spree,* hrsg. von R. Greuner, Berlin 1970, S. 470 ff.).
- *Osterspaziergänger 68* (in: a.a.O., S. 583 ff.).

Schur, Ernst:
- *Die steinerne Stadt* (in: *Siebenhundert Jahre berlinischen Lebens im Spiegel des Gedichts,* hrsg. von K. Nase, Berlin 1926, S. 266 ff.).

Schwitters, Kurt:
- *An das Proletariat Berlins! Durchgangsverkehr* (in: *Berlin. 100 Gedichte aus 100 Jahren,* hrsg. von H. K. Schlosser, Berlin 1987, S. 38).

Seeger, Bernhard:
- *Marcelle* (in: *Gesicht einer Stadt. Gedichte über Berlin,* hrsg. von G. Deicke und E. R. Greulich, Berlin 1959, S. 73 f.).

Seidel, Ina:
- *Hof in der Großstadt* (in: *Gedichte auf Berlin,* hrsg. von W. G. Oschilewski, Berlin 1958, S. 74).
- *Schwalben und Sterne über Berlin* (in: a.a.O., S. 72).

Seidler, Georg:
- *Schrebergärten* (in: *Um uns die Stadt. Eine Anthologie neuer Großstadtdichtung,* hrsg. von R. Seitz und H. Zucker, Berlin 1931, S. 144 f.).

Sichelschmidt, Gustav:
- *Anhalter Bahnhof* (in: G. S., *Kleine Stadtrundfahrt. Berlin-Gedichte,* Berlin 1972, S. 3).
- *Aquarium* (in: a.a.O., S. 4).
- *Bahnhof Zoo* (in: a.a.O., S. 5).
- *Berlin-Museum* (in: a.a.O., S. 8).
- *Berliner Bär* (in: a.a.O., S. 6).
- *Berliner Herbst* (in: a.a.O., S. 7).
- *Botanischer Garten* (in: a.a.O., S. 9).
- *Brandenburger Tor (Quadriga)* (in: a.a.O., S. 10).
- *Café Kranzler* (in: a.a.O., S. 11).
- *Charlottenburger Schloß* (in: a.a.O., S. 12).
- *Charlottenburger Schloßpark* (in: a.a.O., S. 13).
- *Checkpoint Charly* (in: a.a.O., S. 14).
- *Der Funkturm* (in: a.a.O., S. 19).
- *Die Freiheitsglocke* (in: a.a.O., S. 17).
- *Dreilinden* (in: a.a.O., S. 15).
- *Fehrbelliner Platz* (in: a.a.O., S. 16).
- *Frühling im Viktoriapark* (in: a.a.O., S. 18).
- *Gartenlokal* (in: a.a.O., S. 20).
- *Grunewald* (in: a.a.O., S. 22).
- *Grüne Woche* (in: a.a.O., S. 21).
- *Hallesches Tor* (in: a.a.O., S. 23).
- *Hasenheide* (in: a.a.O., S. 24).
- *Jerusalemer Friedhof* (in: a.a.O., S. 25).
- *Jungfernheide* (in: a.a.O., S. 26).
- *Kanalmöven* (in: a.a.O., S. 27).
- *Kleine Stadtrundfahrt* (in: a.a.O., S. 28).
- *Kreuzberg* (in: a.a.O., S. 29).
- *Kudamm bei Nacht* (in: a.a.O., S. 30).
- *Märkisches Viertel* (in: a.a.O., S. 31).
- *Nationalgalerie* (in: a.a.O., S. 32).
- *Naunynstraße* (in: a.a.O., S. 33).
- *Ostern am Wittenbergplatz* (in: a.a.O., S. 34).
- *Pfaueninsel* (in: a.a.O., S. 35).
- *Philharmonie* (in: a.a.O., S. 36).
- *Polizeistunde* (in: a.a.O., S. 37).

- *S-Bahn* (in: a.a.O., S. 38).
- *Schloß Tegel* (in: a.a.O., S. 39).
- *Schlüters Großer Kurfürst* (in: a.a.O., S. 40).
- *Schöneberger Wochenmarkt* (in: a.a.O., S. 41).
- *Siegessäule* (in: a.a.O., S. 42).
- *Strandbad Wannsee* (in: a.a.O., S. 44).
- *Tauben an der Gedächtniskirche* (in: a.a.O., S. 45).
- *Tempelhofer Feld* (in: a.a.O., S. 46).
- *Tiergarten* (in: a.a.O., S. 47).
- *Weddinger Hinterhof* (in: a.a.O., S. 48).
- *Wolkenbruch über Berlin* (in: a.a.O., S. 49).
- *Zoo* (in: a.a.O., S. 50).

Skarmeta, Antonio:
- *Erste deutsche Liebe eines chilenischen Exilanten in West-Berlin* (in: *Berliner Autoren-Stadtbuch*, hrsg. von der Abt. Literatur der Akademie der Künste Berlin, Berlin 1985, S. 183).
- *Nach der ersten Nacht* (in: a.a.O., S. 183).

Slucki, Arnold:
- *Berlin – Auftakt zu einem Poem* (in: *Gesicht einer Stadt. Gedichte über Berlin*, hrsg. von G. Deicke und E. R. Greulich, Berlin 1959, S. 83 f.).

Speier, Michael:
- *Berlin* (in: *Park*, Heft 6, Berlin 1978, S. 11).
- *Die Nachtspielautomaten warteten…* (in: *Park*, Heft 5, Berlin 1977, S. 22).
- *Du & ich – ein Schuh* (in: *Park*, Heft 8, Berlin 1979, S. 33).
- *Eiszeit I* (in: a.a.O., S. 32).
- *Landschaftsminuten* (in: *Park*, Heft 7, Berlin 1978, S. 18).
- *Monaden I* (in: *Lyrik non stop. Gedichte in Berlin. Lesungen 1974 und 1975*, hrsg. von der Neuen Gesellschaft für Literatur e. V. Berlin, Berlin 1975, S. 84).
- *Transit* (in: *Park*, Heft 7, Berlin 1978, S. 17).

Steineckert, Gisela:
- *Icke* (in: *Berlin – Stimmen einer Stadt. 99 Autoren – 100 Jahre an der Spree*, hrsg. von R. Greuner, Berlin 1970, S. 536).

Steinmetz, Rudolf:
- *Mondnacht, Berlin 1945* (in: *Junges Berlin*, hrsg. von R. Kukowka, Berlin 1948, S. 22 f.).

Stemmle, Robert Adolf:
- *Neues Kreisspiel für Mädchen* (in: *Um uns die Stadt. Eine Anthologie neuer Großstadtdichtung*, hrsg. von R. Seitz und H. Zucker, Berlin 1931, S. 35).

Stengel, Hansgeorg:
- *Barbaren* (in: *Gesicht einer Stadt. Gedichte über Berlin,* hrsg. von G. Deicke und E. R. Greulich, Berlin 1959, S. 138).
- *Berlin ist viel zu klein* (in: a.a.O., S.70).
- *Bär von Berlin – 1955 zu einem Zille-Original* (in: a.a.O., S.153).
- *Die Glocke* (in: a.a.O., S.117).

Stephan, Peter M.:
- *Berliner Blau* (in: *Berlin im Gedicht. Gedichte aus 200 Jahren,* hrsg. von J. Rosenkranz, Husum 1987, S. 47).

Stitzer, Karl:
- *Da lachen die Hühner* (in: *Gesicht einer Stadt. Gedichte über Berlin,* hrsg. von G. Deicke und E. R. Greulich, Berlin 1959, S. 146).

Stöppler, Erika:
- *Grundeigentümlich* (in: *Berlin-Zulage. Gedichte aus der Provinz,* hrsg. von H. U. Hirschfelder u. a., Berlin 1982, S. 38).

Stranka, Walter:
- *Ein unvergeßlicher junger Kämpfer. Für Helmut Just* (in: *Gesicht einer Stadt. Gedichte über Berlin,* hrsg. von G. Deicke und E. R. Greulich, Berlin 1959, S. 120).

Straub, Dieter:
- *In einer stadt* (in: D. S., *Zorn im weißen Oleander,* Berlin 1970, S. 26).
- *Seuche in Berlin* (in: *Berlin-Zulage. Gedichte aus der Provinz,* hrsg. von H. U. Hirschfelder u. a., Berlin 1982, S. 20).

Straub, Karl Willy:
- *Kurfürstendamm* (in: *Berliner Gedichte,* hrsg. von K. Lubasch und E. F. Tuchmann, Berlin 1931, S. 54).

Streit, Monica:
- *Berlin* (in: *Berliner Autoren-Stadtbuch,* hrsg. von der Abt. Literatur der Akademie der Künste Berlin, Berlin 1985, S. 193).

Strittmatter, Eva:
- *Herbst in Berlin* (in: *Berlin. 100 Gedichte aus 100 Jahren,* hrsg. von H. K. Schlosser, Berlin 1987, S. 153).

Strub, Urs Martin:
- *Der Lunapark V* (in: *Über die großen Städte. Gedichte 1885–1967,* hrsg. von F. Hofmann, Berlin und Weimar 1968, S. 424).

Techel, Sabine:
- *Ein theoretischer Ansatz* (in: *Park,* Heft 9, Berlin 1979, S. 19).
- *Szondi was here* (in: S. T., *Es kündigt sich an. Gedichte,* Frankfurt/M. 1986, S. 31).

Teschke, Holger:
- *Nächtliche Einfahrt mit Punks in den Ostbahnhof* (in: *Berlin. 100 Gedichte aus 100 Jahren,* hrsg. von H. K. Schlosser, Berlin 1987, S. 106).

Theobaldy, Jürgen:
- *Bushaltestelle* (in: J. T., *Zweiter Klasse. Gedichte,* Berlin 1976, S. 36).
- *Die Kanäle* (in: J. T., *Die Sommertour. Gedichte,* Reinbek b. Hamburg 1983, S. 48).
- *Die nächste Inflation* (in: J. T., *Zweiter Klasse,* a.a.O., S. 56).
- *Kaffee, Beethoven* (in: J. T, *Schwere Erde, Rauch. Gedichte,* Hamburg 1980, S. 59).
- *Noch einmal raus* (in: a.a.O., S. 25).
- *Roxy, mit Musik* (in: a.a.O., S. 60 f.).
- *Vor dem Mondlicht* (in: a.a.O., S. 52).
- *Zu dir, Nicolas* (in: a.a.O., S. 84).

Thörne, Volker von:
- *Die Stadt in der ich lebe...* (in: *Berlin, du deutsche deutsche Frau. Eine literarische Chronik der geteilten Stadt mit Texten und Bildern von Autoren aus Ost und West,* hrsg. von I. Krüger und E. Schmitz, Darmstadt 1985, S. 9).

Tilgner, Wolfgang:
- *Die freundlichen groben Gesellen* (in: *Berlin – Stimmen einer Stadt. 99 Autoren – 100 Jahre an der Spree,* hrsg. von R. Greuner, Berlin 1970, S. 554 ff.).

Tkaczyk, Wilhelm:
- *Bunte Träume* (in: *Tausendäugig diese Häuser. Prag und Berlin in Lyrik und Prosa.* Berlin-Auswahl von A. Herzberg, Berlin 1985, S. 122).

Tragelehn, B. K.:
- *An C. M. in Westberlin* (in: B. K. T., *NÖSPL: Gedichte 1956–1981,* Basel und Frankfurt/M. 1982, S. 14).
- *Berliner Elegien* (in: a.a.O., S. 109).
- *Ein Abend in Deutschland* (in: *Geländewagen 1, Berlin,* hrsg. von W. Storch, Berlin 1979, S. 70).
- *Le Jeu Berlin-Ouest 1960* (in: B. K. T., *NÖSPL:* a.a.O., S. 16 f.).
- *Le Jeu Berlin-Ouest 1980* (in: a.a.O., S. 114).

Treichel, Hans-Ulrich:
- *Alte Tradition* (in: *Stadtansichten. Gedichte Westberliner Autoren,* hrsg. von P. Gerlinghoff u. a., Berlin 1977, S. 29).
- *Berliner Perspektiven* (in: a.a.O., S. 108 f.).
- *Du Ungesunde* (in: *Neue Zürcher Zeitung,* 27. 3. 1987, S. 42).
- *Ein Brief vom Bezirksamt Abt. Bauwesen/Stadtplanungsamt* (in: a.a.O., S. 64 f.).
- *Halbes Liebeslied für Berlin* (in: *Neue Zürcher Zeitung,* 27. 3. 1987, S. 42).

- *Mythos Berlin 1987* (in: *Frankfurter Allgemeine Zeitung,* 20.10.1987).
- *Potsdamer Straße* (in: *Mauersprünge. Besondere Berliner Verkehrsformen,* hrsg. von Urs Jaeggi, Reinbek bei Hamburg 1988, S. 102 f.).

Trojan, Johannes:
- *In das Ausstellungs-Gedenkbuch 1896* (in: *Im steinernen Meer. Großstadtgedichte,* hrsg. von O. Hübner und J. Moegelin, Berlin 1910, S. 173 f.).

Tsakiridis, Vagelis:
- *Drei Variationen über die Prostituierte Stadt Berlin (West)* (in: *Berlin, du deutsche deutsche Frau. Eine literarische Chronik der geteilten Stadt mit Texten und Bildern von Autoren aus Ost und West,* hrsg. von J. Krüger und E. Schmitz, Darmstadt 1985, S. 60).

Tucholsky, Kurt:
- *An die Berlinerin* (in: *Deutsche Großstadtlyrik vom Naturalismus bis zur Gegenwart,* hrsg. von W. Rothe, Stuttgart 1973, S. 267 f.).
- *Berliner Abend* (in: *Berlin im Gedicht. Gedichte aus 200 Jahren,* hrsg. von J. Rosenkranz, Husum 1987, S. 78 f.).
- *Berliner Bälle* (in: *Deutsche Großstadtlyrik...,* a.a.O., S. 268 f.).
- *Berliner Herbst* (in: *Lunapark und Alexanderplatz. Berlin in Poesie und Prosa,* hrsg. von B. E. Werner und O. Reichel, München 1964, S. 54 f.).
- *Home, sweet home* (in: *Deutsche Großstadtlyrik...,* a.a.O., S. 264).
- *Häuser* (in: *Berlin, 100 Gedichte aus 100 Jahren,* hrsg. von H. K. Schlosser, Berlin 1987, S. 49 ff.).
- *Imma mit die Ruhe!* (in: *Lunapark und Alexanderplatz,* a.a.O., S. 49).
- *Spaziergänge eines Berliners* (in: *Deutsche Großstadtlyrik...,* a.a.O., S. 265 f.).
- *Theorie der Leidenschaft Berlin N 54* (in: a.a.O., S. 271 f.).

Tiger, Theobald (d. i. Tucholsky, Kurt):
- *Confessio* (in: *Hier schreibt Berlin,* hrsg. von H. Günther, München 1963, S. 43 f.).
- *Häuser* (in: *Um uns die Stadt. Eine Anthologie neuer Großstadtdichtung,* hrsg. von R. Seitz und H. Zucker, Berlin 1931, S. 29 ff.).
- *In Weißensee* (in: *Berliner Gedichte,* hrsg. von K. Lubasch und E. F. Tuchmann, Berlin 1931, S. 88 f.).

Uhlmann, Joachim:
- *Havelhöhen in Grazie* (in: *Hier schreibt Berlin heute. Eine Anthologie,* hrsg. von R. Hartung, München 1963, S. 36).
- *Medusenstern überm Wannsee* (in: *Berlin zum Beispiel. Eine gesamtberliner Anthologie mit Beiträgen aus Lyrik, Prosa und Grafik,* hrsg. von H. Schwenger, Berlin 1964, S. 106).

– *Szene* (in: *Berliner Malerpoeten*, hrsg. von A. Gustas, Herford und Berlin 1974, S. 124).

Uhlmann, Nepomuk:
– *8 %* (in: *Stadtansichten. Gedichte Westberliner Autoren*, hrsg. von P. Gerlinghoff u. a., Berlin 1977, S. 59 f.).
– *Liebesgedicht an K.* (in: a.a.O., S.120 f.).
– *Abends in Kreuzberg* (in: N. U., *Wo efeu erde zart umarmt. Gedichte*, Berlin 1974, o. S.).
– *Berlin* (in: a.a.O., o. S.).
– *Berlin-Kreuzberg, September 1973* (in: a.a.O., o. S.).

Vaupel, Karl:
– *In der Laubenkolonie* (in: *Um uns die Stadt. Eine Anthologie neuer Großstadtdichtung*, hrsg. von R. Seitz und H. Zucker, Berlin 1931, S. 143 f.).

Vesper, Guntram:
– *Nachtfahrt Transit Westberlin* (in: *Mauersprünge. Besondere Berliner Verkehrsformen*, hrsg. von Urs Jaeggi, Reinbek bei Hamburg 1988, S. 114).

Wannicke, Achim:
– *Absurdistan, ein Berliner Madrigal* (in: *Litfass*, Heft 42, München 1987, S. 137 ff.).
– *Bärlin* (in: *Park*, Heft 27/28, Berlin 1986, S. 16).

Wegner, Armin T.:
– *Das Warenhaus* (in: *Gedichte auf Berlin*, hrsg. von W. G. Oschilewski, Berlin 1958, S. 51 ff.).
– *Der Zug der Häuser* (in: *Hier schreibt Berlin*, hrsg. von H. Günther, Neuausgabe, München 1963, S. 135).

Wegner, Bettina:
– *Sie war kinderlos und Mitte dreißig…* (in: *Mauersprünge. Besondere Berliner Verkehrsformen*, hrsg. von Urs Jaeggi, Reinbek bei Hamburg 1988, S. 186 f.).

Weinert, Erich:
– *»Treffpunkt für Landwirte«* (in: *Hier schreibt Berlin*, hrsg. von H. Günther, Neuausgabe, München 1963, S. 47 f.).
– *Exmittiert* (in: *Um uns die Stadt. Eine Anthologie neuer Großstadtdichtung*, hrsg. von R. Seitz und H. Zucker, Berlin 1931, S. 79 f.).
– *Helles Lied aus dem dunklen Hof* (in: *Berlin – Stimmen einer Stadt. 99 Autoren – 100 Jahre an der Spree*, hrsg. von R. Greuner, Berlin 1970, S. 288 f.).
– *Sommersonntag am Wannsee* (in: a.a.O., S.187 ff.).
– *Stadtbahnbogen 314* (in: a.a.O., S.251 ff.).

Weisbach, Reinhard:
- *Fahre, nimm und fahre!* (in: *Tausendäugig diese Häuser. Prag und Berlin in Lyrik und Prosa.* Berlin-Auswahl von A. Herzberg, Berlin 1985, S. 121).

Weisenborn, Günther:
- *Heimkehr nach Berlin* (in: *Berlin – Stimmen einer Stadt. 99 Autoren – 100 Jahre an der Spree,* hrsg. von R. Greuner, Berlin 1970, S. 371 f.).

Wellbrock, Jürgen:
- *Fußnoten* (in: J. W., *Land an den Füßen. Gedichte,* Berlin 1977, S. 75 ff.).
- *Umzug* (in: a.a.O., S. 9 f.).

Werner, Nils:
- *Berlin von oben…* (in: *Gesicht einer Stadt. Gedichte über Berlin,* hrsg. von G. Deicke und E. R. Greulich, Berlin 1959, S. 267 f.).
- *Liebe auf den ersten Blick* (in: a.a.O., S. 186).
- *Strafsache Scheil. Nach einer Westberliner Zeitungsmeldung* (in: a.a.O., S. 137).
- *Testament eines Westwärtigen* (in: a.a.O., S. 139 f.).
- *Wanderers Klage* (in: a.a.O., S. 147 f.).

Wetzel, Hellmuth:
- *Untergrundbahn* (in: *Die Berliner Moderne 1885–1914,* hrsg. von J. Schutte und P. Sprengel, Stuttgart 1987, S. 330 f.).

Weyrauch, Wolfgang:
- *Berlin* (in: W. W., *Dreimal geköpft. Unbekannte Gedichte,* Arnheim 1983, S. 11 ff.).
- *Ode an Berlin* (in: *Gedichte auf Berlin,* hrsg. von W. G. Oschilewski, Berlin 1958, S. 77 ff.).

Wiengarn, Bettina:
- *Zwischen Berlin* (in: B. W., *Alles noch einmal. Gedichte,* Hamburg 1984, S. 59).

Wiens, Paul:
- *Berlin dreiundfünfzig* (in: *Tausendäugig diese Häuser. Prag und Berlin in Lyrik und Prosa.* Berlin-Auswahl von A. Herzberg, Berlin 1985, S. 73).
- *Berliner Lied 1952* (in: *Gesicht einer Stadt. Gedichte über Berlin,* hrsg. von G. Deicke und E. R. Greulich, Berlin 1959, S. 189).
- *Die Stadt hieß Berlin* (in: *Über die großen Städte. Gedichte 1885–1967,* hrsg. von F. Hofmann, Berlin und Weimar 1968, S. 443).
- *Erklärung II* (in: *Gesicht einer Stadt,* a.a.O., S. 245 ff.).
- *Genosse General* (in: a.a.O., S. 289).
- *Gespräch am Märchenbrunnen* (in: a.a.O., S. 274 f.).
- *Stimme der Stadt* (in: a.a.O., S. 233 f.).
- *Unter den Linden* (in: a.a.O., S. 287).

– *Volksfest in Grünau 1949* (in: a.a.O., S.48 f.).

Wille, Bruno:
– *Entzauberung* (in: *Berlin – Stimmen einer Stadt. 99 Autoren – 100 Jahre an der Spree,* hrsg. von R. Greuner, Berlin 1970, S. 25 f.).
– *Straße* (in: *Über die großen Städte. Gedichte 1885–1967,* hrsg. von F. Hofmann, Berlin und Weimar 1968, S. 19 f.).

Wipp, Peter:
– *»An die Baustelle Stalinallee«...* (in: *Gesicht einer Stadt. Gedichte über Berlin,* hrsg. von G. Deicke und E. R. Greulich, Berlin 1959, S. 200 f.).
– *Berliner Herbst 1953* (in: *Berlin – Stimmen einer Stadt. 99 Autoren – 100 Jahre an der Spree,* hrsg. von R. Greuner, Berlin 1970, S. 459 f.).
– *Berliner Weihnachtsmarkt* (in: *Gesicht einer Stadt,* a.a.O., S.270).
– *Marsch der Jugend* (in: a.a.O., S.58).
– *Richtfest in der Stalinallee* (in: a.a.O., S.194).
– *So grüßt Berlin den Mai* (in: a.a.O., S.282).
– *Westberliner Litfaßsäule* (in: a.a.O., S.141).
– *Westberliner Wiegenlied* (in: a.a.O., S.116).

Wirpsza, Witold:
– *Berlin: Als Zeichen und Verstellung, 1. Eine gewisse Romantik* (in: W. W., *Drei Berliner Gedichte,* Berlin 1976, S. 39 f.).
– *Berlin: Als Zeichen und Verstellung, 3. Die Natur* (in: a.a.O., S.43).
– *Berlin: Als Zeichen und Verstellung, 4. Der Schatten* (in: a.a.O., S.44 f.).
– *Berlin: Als Zeichen und Verstellung, 6. Die Unnatur* (in: a.a.O., S.48).

Witzel, Herbert Friedrich:
– *Spaziergang* (in: *Umsteigen bitte. Gedichte aus Berlin,* hrsg. von J. Beckelmann und H. Schmid, Berlin 1980, S. 59).

Wohmann, Gabriele:
– *Flug 690 PAA* (in: *Berlin, ach Berlin,* hrsg. von H. W. Richter, Berlin 1981, S. 190 ff.).

Wolfenstein, Alfred:
– *Der Tag von Berlin* (in: *Berliner Gedichte,* hrsg. von K. Lubasch und E. F. Tuchmann, Berlin 1931, S. 47).
– *Einen Griff verfehlt* (in: *Um uns die Stadt. Eine Anthologie neuer Großstadtdichtung,* hrsg. von R. Seitz und H. Zucker, Berlin 1931, S. 122).

Wünsche, Günther:
– *Himmel meiner Stadt* (in: *Berlin – Stimmen einer Stadt. 99 Autoren – 100 Jahre an der Spree,* hrsg. von R. Greuner, Berlin 1970, S. 535).

Würtz, Hannes:
– *Schornsteinfeger* (in: a.a.O., S.560 f.).
– *Vibration* (in: a.a.O., S.558 f.).

Wüstenfeld, Michael:
- *Für Uwe Kolbe...* (in: *Berührung ist nur eine Randerscheinung. Neue Literatur aus der DDR,* hrsg. von S. Anderson und E. Erb, Köln 1985, S. 82).

Zahl, Peter-Paul:
- *Berliner Fremdenführer* (in: P.-P. Z, *Schutzimpfung. Gedichte,* Berlin 1975, S. 60 ff.).
- *Kreuzberg, Bruder, ist Westberlins Harlem...* (in: *Berlin, du deutsche deutsche Frau. Eine literarische Chronik der geteilten Stadt mit Texten und Bildern von Autoren aus Ost und West,* hrsg. von J. Krüger und E. Schmitz, Darmstadt 1985, S. 170 ff.).
- *Märkisches Viertel* (in: P.-P. Z., *Schutzimpfung,* a.a.O., S. 16 f.).

Zapf, Hans:
- *Ecke Joachimstaler* (in: *Hier schreibt Berlin,* hrsg. von H. Günther, Neuausgabe, München 1963, S. 108).

Zech, Paul:
- *Berlin* (in: *Deutsche Großstadtlyrik vom Naturalismus bis zur Gegenwart,* hrsg. von W. Rothe, Stuttgart 1973, S. 208 f.).
- *Berlin, halt ein...* (in: *Über die großen Städte. Gedichte 1885–1967,* hrsg. von F. Hofmann, Berlin und Weimar 1968, S. 125 f.).
- *Die nüchterne Stadt* (in: *Deutsche Großstadtlyrik...,* a.a.O., S. 133 f.).
- *Droschkenpferde* (in: *Gedichte auf Berlin,* hrsg. von W. G. Oschilewski, Berlin 1958, S. 58).
- *Fünfuhr-Tee im Adlon* (in: *Berlin – Stimmen einer Stadt. 99 Autoren – 100 Jahre an der Spree,* hrsg. von R. Greuner, Berlin 1970, S. 169).
- *Kronprinzen-Palais* (in: a.a.O., S. 168).
- *Mai-Nacht (1911)* (in: a.a.O., S. 75).
- *Potsdamer Platz* (in: *Deutsche Großstadtlyrik...,* a.a.O., S. 209).
- *Romanisches Café* (in: a.a.O., S. 210).

Zeller, Eva:
- *Berlin* (in: *Deutsche Großstadtlyrik vom Naturalismus bis zur Gegenwart,* hrsg. von W. Rothe, Stuttgart 1973, S. 471).

Zerna, Herta:
- *Abend am Westhafen* (in: H. Z. und K. Mühlenhaupt (Zeichnungen), *Inmitten von Berlin,* Berlin 1973, S. 21).
- *Erntefest* (in: *Die gespiegelte Stadt. 200 Jahre Gedichte über Berlin,* hrsg. von G. Sichelschmidt, Berlin 1971, S. 71).
- *Frühlingserwachen in Schmargendorf* (in: *Inmitten von Berlin,* a.a.O., S. 8).
- *Fährmann an der Hansa-Brücke* (in: *Junges Berlin,* hrsg. von R. Kukowka, Berlin 1948, S. 68).

– *Grunewaldsee mit Schloß* (in: *Inmitten von Berlin,* a.a.O., S.10).
– *Grüne Woche* (in: *Die gespiegelte Stadt,* a.a.O., S.72 f.).
– *Halali* (in: *Inmitten von Berlin,* a.a.O., S.66).
– *Moabiter Gesänge, I* (in: a.a.O., S.54).
– *Moabiter Gesänge, II* (in: a.a.O., S.55).
– *Mond auf dem Herd I* (in: a.a.O., S.58).
– *Panorama* (in: a.a.O., S.18).
– *Rasenmäher* (in: *Die gespiegelte Stadt,* a.a.O., S.74).
– *Spree-Ufer* (in: *Inmitten von Berlin,* a.a.O., S. 20).
– *Tauwetter – stellenweise möglich* (in: a.a.O., S.5).
– *Weihnachtsmarkt drüben* (in: a.a.O., S.78).

Zimmering, Max:
– *An Rosa Luxemburg* (in: *Berlin – Stimmen einer Stadt. 99 Autoren – 100 Jahre an der Spree,* hrsg. von R. Greuner, Berlin 1970, S. 145).
– *Berlin 1951* (in: *Gesicht einer Stadt. Gedichte über Berlin,* hrsg. von G. Deikke und E. R. Greulich, Berlin 1959, S. 65).
– *Berliner Pfingsten* (in: a.a.O., S.59).
– *Leninplatz Berlin* (in: *Berlin – Stimmen einer Stadt,* a.a.O., S.365 ff.).

Zinner, Hedda:
– *Nun bin ich heimgekehrt* (in: a.a.O., S.389 ff.).

Zollikofer, Fred von:
– *Berlin* (in: *Gedichte auf Berlin,* hrsg. von W. G. Oschilewski, Berlin 1958, S. 66).
– *Berlin I* (in: F. v. Z., *Heimkehr. Gedichte,* Berlin 1948, S. 10 f.).
– *Berlin II* (in: a.a.O., S.12).
– *Berlin III* (in: a.a.O., S.13).
– *Erwachen der Stadt* (in: a.a.O., S.15).
– *Heimkehr nach Berlin* (in: *Berlin im Gedicht,* hrsg. von B. und W. Laufenberg, Frankfurt/M. 1987, S.31 f.).

Zoozmann, Richard:
– *Berliner Mädels* (in: *Im steinernen Meer. Großstadtgedichte,* hrsg. von O. Hübner und J. Moegelin, Berlin 1910, S. 175 f.).
– *Kreuzberg* (in: a.a.O., S.181 f.).

Zuberbühler:
– *Presseball 1928* (in: *Lunapark und Alexanderplatz. Berlin in Poesie und Prosa,* hrsg. von B. E. Werner und O. Reichel, München 1964, S. 76 ff.).

Zucker, Heinz:
– *Nacht im Tiergarten* (in: *Berliner Gedichte,* hrsg. von K. Lubasch und E. F. Tuchmann, Berlin 1931, S. 51).

Zur Linde, Otto:
- *An der Bismarckstraße* (in: O. z. L., *Prosa, Gedichte, Briefe.* Ausw. und Nachwort H. Röttger, Wiesbaden 1974, S. 84 f.).
- *Park Witzleben* (in: a.a.O., S. 81 f.).

Zwetajewa, Marina:
- *An Berlin* (in: *Russen in Berlin. Literatur, Malerei, Theater, Film 1918–1933*, hrsg. von F. Mierau, Leipzig 1987, S. 68).

Nach Gedichtüberschriften und -anfängen geordnet

Aschinger (Meyer, Alfred Richard)
Atifet (Ören, Aras)
Atifet erzählt von Atifet (Ören, Aras)
Attila (Plümpe, Michael)
Au Rendez-vous international (Berlin 1973) (Braun, Volker)
Auf Höfen zu heulen (Guhde, Christel)
Auf dem Heimweg, leicht betrunken nachts (Glomb, Ronald)
Auf dem Matthäikirchhof (Fontane, Theodor)
Auf der Fahrt nach Berlin (Hart, Julius)
Auf der Felsenterrasse zu Berlin (1889) (Busse, Carl)
Auf der Friedrichstraße bei Sonnenuntergang (Schickele, René)
Auf der Kuppe der Müggelberge (Fontane, Theodor)
Auf der Terrasse des Café Josty (Boldt, Paul)
Auf der Trambahn (Corrinth, Curt)
*Auf der Treppe von Sanssouci, 7./8. Dezember 1885 (Zu Menzels 70. Geburts-
    tag)* (Fontane, Theodor)
Auf der Weidendammer Brücke (Held, Franz)
Auf einem Balkon in Berlin NW 64 (Eichholz, Marianne)
Auf sommerlichem Friedhof (In memoriam Oskar Loerke) (Lehmann, Wil-
    helm)
Aufbausonntag (Fühmann, Franz)
Aufenthalt in Berlin als Gast der Straßen (Mauersberger, Uta)
Aufmarsch der Großstadt (Mehring, Walter)
Augenschein am Lietzensee (Kunert, Günter)
Aus den Fenstern schwarzes Licht (Rosenthal, R.)
Aus den Schöneberger Sinngedichten (Haufs, Rolf)
Aus der Vogelwelt (Meyer, Detlev)
Ausgeträumt (Born, Nicolas)
Auskunft (Karsunke, Yaak)
Auskunft der Kinder (Harder, Natalie)
Ausverkauf (Heinze, Hartmut)
Autofahrt (Blass, Ernst)
Ax Bax (Meyer, Detlev)

Bahnhof (Blass, Ernst)
Bahnhof Friedrichstraße (Carlsson, Bernd)
Bahnhof Friedrichstraße (Eichholz, Marianne)
Bahnhof Unter den Linden (Heinze, Hartmut)
Bahnhof Zoo (Baconsky, A. E.)
Bahnhof Zoo (Sichelschmidt, Gustav)

Berlin (Reinig, Christa)
Berlin (Rheiner, Walter)
Berlin (Ringelnatz, Joachim)
Berlin (Rück, Fritz)
Berlin (Salus, Hugo)
Berlin (Salus, Hugo)
Berlin (Schmidtbonn, Wilhelm)
Berlin (Schröter, Karl Heinz)
Berlin (Speier, Michael)
Berlin (Streit, Monica)
Berlin (Uhlmann, Nepomuk)
Berlin (Weyrauch, Wolfgang)
Berlin (Zech, Paul)
Berlin (Zeller, Eva)
Berlin (Zollikofer, Fred von)
Berlin (1890) (Busse, Carl)
Berlin (An den Kanälen) (Ringelnatz, Joachim)
Berlin – Auftakt zu einem Poem (Slucki, Arnold)
Berlin – Die gegenwärtige Stadt (Koch, Thilo)
Berlin – paläontologisch (Kunert, Günter)
Berlin 1917 I–III (Grosz, George)
Berlin 1918 (Eich, Günter)
Berlin 1950 (De Haas, Helmut)
Berlin 1950 (Leonhard, Rudolf)
Berlin 1951 (Zimmering, Max)
Berlin 1951 – Weltfestspiele der Jugend (Deicke, Günther)
Berlin Hauptstadt der DDR (Hannsmann, Margarete)
Berlin I (Heym, Georg)
Berlin I (Zollikofer, Fred von)
Berlin I–XI (Rheiner, Walter)
Berlin II (Heym, Georg)
Berlin II (Zollikofer, Fred von)
Berlin III (Heym, Georg)
Berlin III (Zollikofer, Fred von)
Berlin Mulackstraße (Leising, Richard)
Berlin O (Müller, Inge)
Berlin V (Heym, Georg)
Berlin VI (Heym, Georg)
Berlin VII (Laubenfest/Erste Fassung) (Heym, Georg)
Berlin VIII (Heym, Georg)

Berlin W. (Reicke, Georg)
Berlin West (Hannsmann, Margarete)
Berlin am Abend (Kolbe, Uwe)
Berlin am Meer (Hübner, Johannes)
Berlin beizeiten (Kunert, Günter)
Berlin dein Tänzer ist der Tod (Mehring, Walter)
Berlin dreiundfünfzig (Wiens, Paul)
Berlin für ein zuziehendes Kind (Johnson, Uwe)
Berlin im Feuersturm (Birkenfeld, Günther)
Berlin im Licht und im Dunkel (Kerr, Alfred)
Berlin im November 1956 (Deicke, Günther)
Berlin im Regen (Kästner, Erich)
Berlin im allgemeinen (Eichholz, Marianne)
Berlin in Zahlen (Kästner, Erich)
Berlin ist viel zu klein (Stengel, Hansgeorg)
Berlin nachts (Alten, Christa)
Berlin schläft (Friedrich, Paul)
Berlin simultan (Mehring, Walter)
Berlin stand auf! (Becher, Johannes R.)
Berlin via Berlin (Mauersberger, Uta)
Berlin von oben... (Werner, Nils)
Berlin war graswarm... (Gustas, Aldona)
Berlin! Berlin! (Becher, Johannes R.)
Berlin, 22.5.84. Tegel (Müller, Rainer René)
Berlin, August 1961 (Deicke, Günther)
Berlin, Bitte (Huckauf, Peter)
Berlin, Chausseestraße 125 (Bienek, Horst)
Berlin, Dezember 1923 (Ringelnatz, Joachim)
Berlin, Hafenplatz (Eich, Günter)
Berlin, Schlesischestrasse (Huckauf, Peter)
Berlin, am Zoo (Müller, Rainer René)
Berlin, Ein Zyklus (Lenz, Reimar)
Berlin, halt ein... (Zech, Paul)
Berlin-Kreuzberg, September 1973 (Uhlmann, Nepomuk)
Berlin-London (Becker, Jürgen)
Berlin-Museum (Sichelschmidt, Gustav)
Berlin-Rosenthal, DDR (Schulz, Jo)
Berlin. Für Stephan Hermlin (Alberti, Aitana)
Berlin/1981 (Meyer, Detlev)
Berlin: Als Zeichen und Verstellung, 1. Eine gewisse Romantik (Wirpsza, Witold)

Berlin: Als Zeichen und Verstellung, 3. Die Natur (Wirpsza, Witold)
Berlin: Als Zeichen und Verstellung, 4. Der Schatten (Wirpsza, Witold)
Berlin: Als Zeichen und Verstellung, 6. Die Unnatur (Wirpsza, Witold)
Berlin: Gener 1929 (Pessarrodona, Marta)
Berliner (Zum 7. November 1879) (Fontane, Theodor)
Berliner Abend (Boldt, Paul)
Berliner Abend (Tucholsky, Kurt)
Berliner Abendbild (Henckell, Karl)
Berliner Abendspaziergang (Neumann, Günter)
Berliner August (Kunert, Günter)
Berliner Bar (Meyer, Alfred Richard)
Berliner Barde I–III (Kerr, Alfred)
Berliner Blau (Stephan, Peter M.)
Berliner Boden (Meidinger-Geise, Inge)
Berliner Bälle (Tucholsky, Kurt)
Berliner Bär (Sichelschmidt, Gustav)
Berliner Dezember (Aue, Walter)
Berliner Elegie (Tragelehn, B. K.)
Berliner Fremdenführer (Zahl, Peter-Paul)
Berliner Frühling (Matthies, Frank-Wolf)
Berliner Frühling (Meyer, Alfred Richard)
Berliner Frühling (Morshäuser, Bodo)
Berliner Frühling 1973 (Harder, Natalie)
Berliner Gespenster (Doehler, Gottfried)
Berliner Herbst (Baconsky, A. E.)
Berliner Herbst (Sichelschmidt, Gustav)
Berliner Herbst (Tucholsky, Kurt)
Berliner Herbst 1953 (Wipp, Peter)
Berliner Himmelfahrtstag (Holz, Arno)
Berliner Hof (Harder, Natalie)
Berliner Hof (Pietrass, Adolf)
Berliner Kaffee (Bartholdy, Gina)
Berliner Karneval (Scher, Peter)
Berliner Karyatiden (Fabich, Peter J.)
Berliner Kontamination I (Pastior, Oskar)
Berliner Landpartie (Fontane, Theodor)
Berliner Landschaft (Herrmann-Neiße, Max)
Berliner Landschaft (Nach Goethe) (Kerr, Alfred)
Berliner Leichenpolka (Kessel, Martin)
Berliner Lenzepistel (Bierbaum, Otto Julius)

Berliner Lied 1952 (Wiens, Paul)
Berliner Lieder – Betrachten (Kunert, Günter)
Berliner Lieder – Sterben (Kunert, Günter)
Berliner Lieder – Wohnen (Kunert, Günter)
Berliner Mauer (Karsunke, Yaak)
Berliner Mittelstandsbegräbnis (Klabund)
Berliner Mädels (Zoozmann, Richard)
Berliner Nachmittag (Kunert, Günter)
Berliner Notizen (Meidinger-Geise, Inge)
Berliner Ostern I–IV (Kerr, Alfred)
Berliner Para-Phrasen (Born, Nicolas)
Berliner Perspektiven (Treichel, Hans-Ulrich)
Berliner Pfingsten (Zimmering, Max)
Berliner Porträts 1–3 (Rusch, Heinz)
Berliner Programm-Gedicht, 1971 (Becker, Jürgen)
Berliner Republikaner (Fontante, Theodor)
Berliner Schwalbe (Schnell, Robert Wolfgang)
Berliner Schwan (Kirsch, Sarah)
Berliner Sommer (Bisinger, Gerald)
Berliner Sommersonntag (Greulich, E. R.)
Berliner Sonntag (Reicke, Georg)
Berliner Spottvers (Fontane, Theodor)
Berliner Straße im Nordosten (Kunert, Günter)
Berliner Szene (Sallmann, Michael)
Berliner Totentanz (Kessel, Martin)
Berliner Totentanz (Kunert, Günter)
Berliner Waschfrau 1961 (Langner, Ilse)
Berliner Weihnacht 1918 (Klabund)
Berliner Weihnachtsmarkt (Wipp, Peter)
Berliner Winter – außen (Kunert, Günter)
Berliner Winter – innen (Kunert, Günter)
Berliner Winterabend (Loerke, Oskar)
Berliner Wirrnis (Lenz, Dieter)
Berliner Wozzek (Schnell, Robert Wolfgang)
Berliner Zukunftsvision (Asmus, Frank)
Berlinerinnen (Engel, Fritz)
Berlingedanken (Noll, Wulf)
Bernauer Straße (Bartsch, Kurt)
Bernauer Straße (Eichholz, Marianne)
Berolina (Kunert, Günter)

Besuch vom Lande (Kästner, Erich)
Bezirk Tiergarten (Becker, Jürgen)
Bild einer Ausstellung (Morshäuser, Bodo)
Bild links: Drogenopfer Nr. 26 leblos in der Damentoilette Bahnhof Zoo (Reinshagen, Gerlind)
Bildbeschreibung (Meyer, Detlev)
Blaue Stadt (Hirschfelder, Hans Ulrich)
Blauer Abend in Berlin (Loerke, Oskar)
Bleibtreu heißt die Straße (Kaléko, Mascha)
Blick vom Funkturm (Brücher, August)
Blutende Eiche (Hille, Peter)
Botanischer Garten (Eichholz, Marianne)
Botanischer Garten (Sichelschmidt, Gustav)
Botschaft an die Jugend des Berliner Treffens … und an Stephan Hermlin (Eluard, Paul)
Bozener Straße (Heinze, Hartmut)
Brandenburger Tor (Eichholz, Marianne)
Brandenburger Tor (Quadriga) (Sichelschmidt, Gustav)
Brandmauern (Grass, Günter)
Brasch (Bartsch, Kurt)
Brechts Gedicht an die Marie A. (Gustas, Aldona)
Brechts Grab im Oktober 1956 (Hurwicz, Angelika)
Bricht wieder auf … (Loewig, Roger)
Brief an G. S. (Haufs, Rolf)
Brief aus Berlin (Morshäuser, Bodo)
Brief nach Berlin (Harig, Ludwig)
Brillengläser getönt (Plümpe, Michael)
Brücke (Heinze, Hartmut)
Brücke zum Zoo (Holz, Arno)
Brücke über den Humboldthafen (Eichholz, Marianne)
Bundeseck (Eich, Günter)
Bunkerberg Berlin-Wedding (Höllerer, Walter)
Bunte Träume (Tkaczyk, Wilhelm)
Bushaltestelle (Theobaldy, Jürgen)
Bär von Berlin – 1955 zu einem Zille-Original (Stengel, Hansgeorg)
Bärlin (Wannicke, Achim)

Café (Benn, Gottfried)
Café Kranzler (Sichelschmidt, Gustav)
Café des Westens (Benn, Gottfried)

Cafe Ein Stein (oder anderswo) (Meyer, Detlev)
Charlottenburg, bürgerlich (Eichholz, Marianne)
Charlottenburger Schloß (Sichelschmidt, Gustav)
Charlottenburger Schloßpark (Sichelschmidt, Gustav)
Charlottenburger Sonntagmorgen (Kunert, Günter)
Checkpoint Charly (Sichelschmidt, Gustav)
Chinesisches Restaurant (Meyer, Alfred Richard)
Chronik vom Kriegsende, Prolog, 1–10, Epilog (Kunert, Günter)
City (Goldschlag, George A.)
City (Meyer, Detlev)
Confessio (Tiger, Theobald, d. i. Tucholsky, Kurt)

D-Zug (Benn, Gottfried)
Da drüben (Fuchs, Günter Bruno)
Da lachen die Hühner (Stitzer, Karl)
Da und dort in Westberlin (Plepelič, Zvonko)
Dada – Prolog 1919 (Mehring, Walter)
Das Bild der Mutter auf dem Kollwitzplatz (Deicke, Günther)
Das Diktat der Stadt (Kessel, Martin)
Das Geräusch des Regens (Kunert, Günter)
Das Jahr 66 oder 11 mal 11 Zeilen ad majorem Austriae gloriam (Bisinger, Gerald)
Das Jroschenlied (Hollaender, Friedrich)
Das Konsumchaos und wie Klaus Fleck erstickte (Ören, Aras)
Das Malermodell (Klünner, Lothar)
Das Treppenhaus (Dehmel, Walter)
Das Vorstadtkabarett (Lichtenstein, Alfred)
Das Warenhaus (Wegner, Armin T.)
Das alte Steinkreuz am Neuen Markt (Liliencron, Detlev von)
Das ganze Werk oder Sisyphos soundsovielter (Kolbe, Uwe)
Das gespaltene Geschlecht – I. Der Morgen in Berlin (Neruda, Pablo)
Das gespaltene Geschlecht – II. Junge Deutsche (Neruda, Pablo)
Das gespaltene Geschlecht – III. Die verwundete Stadt (Neruda Pablo)
Das verklebte Berlin (Kretzer, Max)
Demonstration im Villenviertel (Dehmel, Walter)
Denk an den August (Berger, Uwe)
Denkmalsdämmerung (Höllerer, Walter)
Der Ausflug (Lichtenstein, Alfred)
Der Bernhardiner RWS (Fuchs, Günter Bruno)
Der Bär (Grass, Günter)

der beamtin im minirock ... (Sanguineti, Edoardo)
Der Dichter im Restaurant (Herrmann-Neiße, Max)
Der Eindruck von Berlin (Gaworski, Henryk)
Der Funkturm (Gustas, Aldona)
Der Funkturm (Sichelschmidt, Gustav)
Der Gang zum Ehrenmal (Gerlach, Jens)
Der Gefangene (Hasenclever, Walter)
Der Gesang der Wälder (Morshäuser, Bodo)
Der Hugenottenfriedhof (Biermann, Wolf)
Der Hund (Blass, Ernst)
Der Kellner (Kerr, Alfred)
Der Kreuzberg (Kerr, Alfred)
Der Kreuzberg (Kerr, Alfred)
Der Kreuzberg-Verschönerungstraum des Bauarbeiters namens Dieter (Ören, Aras)
Der Laubenpieperfriedhof – In memoriam Paul Gurk (Endler, Adolf)
Der Lunapark V (Strub, Urs Martin)
Der Morgenzug (Berger, Uwe)
Der Müggelsee (Braun, Volker)
Der Nachbar, Berlin (Bolaender, Gerhard)
Der Paß (Bartsch, Kurt)
Der Potsdamer Platz (Schickele, René)
Der Preis der Prominenz (Meyer, Detlev)
Der Pudel mit der Löwenschnur (Loerke, Oskar)
Der Radler (Kerr, Alfred)
Der Rathausturm (Reicke, Georg)
Der Sonntag (Heym, Georg)
Der Sperling und andere Vögel (Fuchs, Günter Bruno)
Der Tag von Berlin (Wolfenstein, Alfred)
Der Tiergarten ist ... (Gustas, Aldona)
Der Westen (Fuchs, Jürgen)
Der Westen, der Kapitalismus (Fuchs, Günter Bruno)
Der Zug der Häuser (Wegner, Armin T.)
Der alte Horaz in neuer Verdeutschung (Morgenstern, Christian)
Der da winkt (Fuchs, Jürgen)
Der ferne Krieg (Braun, Volker)
Der fünfzehnte August (Fühmann, Franz)
Der gelbe Ochse träumt von Berlin (Kraft, Gisela)
Der große Lübbe-See (Eich, Günter)
Der jüdische Friedhof in Weissensee (Kunert, Günter)

Der letzte Berliner (Gilbert, Robert)

Der sowjetische Soldat (Berger, Uwe)

Der steinerne Gast (Anders, Richard)

Der steinerne Wabenbau (Loerke, Oskar)

Der tote Liebknecht (Leonhard, Rudolf)

Der, trunken noch, erwachte Dichter auf K. Mickel, Der See (1963) (Kolbe, Uwe)

Deutsch-deutsches Gespräch (Hilsenrath, Edgar)

Deutscher Liebesfrühling 1919 (Mehring, Walter)

Deutschlandhalle (Eichholz, Marianne)

Di Kongraußßehullen (Koeppel, Matthias)

Di Mauhur (Koeppel, Matthias)

Die Bahnhofsuhr – 7. Dezember (May, Wong)

Die Ballade vom Panoptikum (Mehring, Walter)

Die Ballade von dem Drainage-Leger Fredi Rohsmeisl aus Buckow (Biermann, Wolf)

Die Ballade von der Buckower Süßkirschenzeit (Biermann, Wolf)

Die Ballade von der Untergrundbahn (Goldschlag, George A.)

Die Brüderschaft (Klabund)

Die Dichter wohnen in den Jahrhunderten (Erb, Elke)

Die Fahrt nach der Irrenanstalt I, II (Lichtenstein, Alfred)

Die Falsche (Beschorner, Herward)

Die Feigheit (Kolbe, Uwe)

Die Freiheitsglocke (Sichelschmidt, Gustav)

Die Friedensstadt – Zum Neuaufbau Berlins (Becher, Johannes R.)

Die Geschichte vom Schäfer Kahlkopf (Ören, Aras)

Die Glocke (Stengel, Hansgeorg)

Die Hauptstadt der Republik (Leonhard, Rudolf)

Die Havel erteilt … (Gustas, Aldona)

Die Häusertürme von Neu-Berlin (Morgenstern, Christian)

Die Jugend (Herrmann-Neiße, Max)

Die Kanäle (Theobaldy, Jürgen)

Die Klarheit der Sonne (Bisinger, Gerald)

Die Kommenden (Aus dem Norden Berlins) (Beutler, Margarete)

Die Krankheit im Frieden (Kolbe, Uwe)

Die Küche (Erb, Elke)

Die Letzten (Janowitz, Hans)

Die Lobpreisung des Kurfürstendamm (Meyer, Detlev)

Die Lösung (Brecht, Bertolt)

Die Mauer (Braun, Volker)

Die Motorradfahrer (Brasch, Thomas)
Die Märzgefallenen (Holz, Arno)
Die Mörder sitzen in der Oper (Hasenclever, Walter)
Die Nacht (Lichtenstein, Alfred)
Die Nacht vor der Flucht (Haufs, Rolf)
Die Nachtspielautomaten warteten … (Speier, Michael)
Die Nationalgalerie … (Gustas, Aldona)
Die Panzerwagen-Ballade (Becher, Johannes R.)
Die Pappel vom Karlplatz (Brecht, Bertolt)
Die Sonne nimmt … (Gustas, Aldona)
Die Sperber (Anonym)
Die Spinne – geopfert für Gewinne? (Röhrer, Wolfgang)
Die Spreekaten (Berger, Uwe)
Die Stadt (Gosch, Walter)
Die Stadt (Lichtenstein, Alfred)
Die Stadt (Matthies, Frank-Wolf)
Die Stadt hieß Berlin (Wiens, Paul)
Die Stadt ihrer Meinung, die Präsenz der Ei – (Pastior, Oskar)
Die Stadt in der ich lebe … (Thörne, Volker von)
Die Stadtviertel (Rohde, Hedwig)
Die Stille (Reicke, Georg)
Die Uhr (Egertorff, Georg)
Due Universität (Gorlin, Michael)
Die Vorstadt (Heym, Georg)
Die Windvögel über Berlin (Endler, Adolf)
Die Übung (Kirsch, Sarah)
Die deutsche Mauer (Kesten, Hermann)
Die freundlichen groben Gesellen (Tilgner, Wolfgang)
Die gespiegelte Stadt (Loerke, Oskar)
Die große Trümmerfrau spricht (Grass, Günter)
Die neuen Häuser (Heym, Georg)
Die nächste Inflation (Theobaldy, Jürgen)
Die nüchterne Stadt (Zech, Paul)
Die steinerne Stadt (Schur, Ernst)
Die stille Straße (Becher, Johannes R.)
Die traurige Frau in der Untergrundbahn (Langgässer, Elisabeth)
Die unendliche Reihe, Deutschland-Treffen der Freien Deutschen Jugend, Pfingsten, 1950 (Becher, Johannes R.)
Dies ist das Resultat von Frau Kutzers heutigen Gedanken (Ören, Aras)
Disco-Fieber (Meyer, Detlev)

Dornröschen und Schweinefleisch (Brasch, Thomas)
Drei Kugeln auf Rudi Dutschke (Biermann, Wolf)
Drei Variationen über die Prostituierte Stadt Berlin (West) (Tsakiridis, Vagelis)
Drei alte Damen (Pieritz, Hildegard)
Dreilinden (Sichelschmidt, Gustav)
Dreißig Jahre danach (Anders, Richard)
30. April 1945 (Heinze, Hartmut)
13. August 1971 (Denes, Ivan)
Droschkenpferde (Zech, Paul)
Du & ich – ein Schuh (Speier, Michael)
Du liegst (Celan, Paul)
Du Ungesunde (Treichel, Hans-Ulrich)
Dunkelziffer (Henniger, Gerd)
Dutschke was here (Kiwus, Karin)

Ecke Joachimstaler (Zapf, Hans)
Eichhörnchengott (Gustas, Aldona)
Eigentlich vom Winter (Matthies, Frank-Wolf)
Ein Abend in Deutschland (Tragelehn, B. K.)
Ein Bild (Holz, Arno)
Ein Blick auf Frau Kutzers Familiengeschichte (Ören, Aras)
Ein Brief vom Bezirksamt Abt. Bauwesen/Stadtplanungsamt (Treichel, Hans-Ulrich)
Ein Ding wie ein Alptraum (Ören, Aras)
Ein Faschist und ich (Delius, F. C.)
Ein Grabkranz (Nordhausen, Richard)
»Ein Löffel Suppe«, Berliner Erinnerung (Bierbaum, Otto Julius)
Ein Maler aus Berlin (Fuchs, Günter Bruno)
Ein Tag in Berlin (Heinze, Hartmut)
Ein theoretischer Ansatz (Techel, Sabine)
Ein unvergeßlicher junger Kämpfer. Für Helmut Just (Stranka, Walter)
Ein Wiesenstück (Jentzsch, Bernd)
Ein Wirrsal niedriger gebräunter Häuser ... (Avenarius, Ferdinand)
Ein Zillekind spricht (Neumann, Günter)
Eine Frage (Layh, Willi)
Eine Laubenbesitzerin spricht (Neumann, Günter)
Eine Reise wert (Kunert, Günter)
Eine Zeit in Berlin (Becker, Jürgen)
Einen Griff verfehlt (Wolfenstein, Alfred)

Einer der die U-Bahn besteigt nicht gleich aus (Cammert, Jörn)
Einflugschneisen (Loschütz, Gert)
*Eingabe beim Amt für Umweltschutz Postskriptum auf der Rückseite einer Brief-
marke mit Berlin-Motiv* (Fabich, Peter J.)
Einmal Berlin und zurück (Kunert, Günter)
Einschlafen in der Weltstadt (Loerke, Oskar)
Einzug (16. Juni 1871) (Fontane, Theodor)
Eiszeit I (Speier, Michael)
Elegie (Anderson, Sascha)
Empfang in meiner Heimatstadt (Kirsch, Rainer)
Ende der Vorfahrt (Henniger, Gerd)
Ende ... (Blass, Ernst)
Englisches Café (Benn, Gottfried)
Entzauberung (Wille, Bruno)
Epilog: Eine Straße eine Stadt ein Dichter (Ören, Aras)
Er hat als Jöhr (Klabund)
Er ließ mich nach seinen frohen Befehlen (Kirsch, Sarah)
Erholungszentren (Fuchs, Günter Bruno)
Erinnerung an Tante Lotte oder Die Klassenfrage (Münzberg, Olav)
Erklärung II (Wiens, Paul)
Ernst Balcke (Kunert, Günter)
Erntefest (Zerna, Herta)
Eroberung einer Stadt (Kahlau, Heinz)
Erste deutsche Liebe eines chilenischen Exilanten in West-Berlin (Skarmeta,
Antonio)
1. Mai 1952 in Berlin (Fühmann, Franz)
Erster Morgen nach den Ferien (Eisenberg, Ursula)
Erwachen der Stadt (Zollikofer, Fred von)
Es gibt (Heinze, Hartmut)
Es ist Zeit (Loewig, Roger)
Exmittiert (Weinert, Erich)

Fahre, nimm und fahre! (Weisbach, Reinhard)
Fahrt nach Berlin (Becher, Johannes R.)
Fahrt nach Berlin (Ludwig, Lori)
Familiensinn (Mühsam, Erich)
Fantasma (Kunert, Günter)
Farben und Sekunden (Kahlau, Heinz)
Fasching in Berlin (Kerr, Alfred)
Fehrbelliner Platz (Sichelschmidt, Gustav)

Fernsehen, 1972 (Becker, Jürgen)
Feuchte Hände (Morshäuser, Bodo)
Feuerschein der Weltstadt (Loerke, Oskar)
Firnis (Mühsam, Erich)
Flug 690 PAA (Wohmann, Gabriele)
Flughafen (Ören, Aras)
Flurgespräch (Kerr, Alfred)
Flüchtiger weiblicher Schatten ... (Kolbe, Uwe)
Folgenreich (Korduan, Erwin)
Fort von Berlin! (Blass, Ernst)
Frau Kutzers Nachbarn (Ören, Aras)
Frau Kutzers Traum (Ören, Aras)
Frau Meiers Morgenritt (Neumann, Günter)
Frauen, Gedichte, Frauen (Hirschfelder, Hans Ulrich)
Fregestrasse (Hartung, Harald)
Freibad (Kerr, Alfred)
Freibad Halensee (Eichholz, Marianne)
Freitagabend halbneun (Fuchs, Günter Bruno)
Frieda D. (Lenz, Dieter)
Friedhof bei Schildhorn (Ritter, Erich)
Friedrichstraßendirnen (Boldt, Paul)
Frost (Fuchs, Günter Bruno)
Fröhliche Ostern – Fröhliche Western (Neuss, Wolfgang)
Früher Morgen (Kunert, Günter)
Früher Morgen in der Friedrichstraße (Klabund)
Frühling am Bretterzaun (Lorber, Hans)
Frühling im Tiergarten (Doehler, Gottfried)
Frühling im Viktoriapark (Sichelschmidt, Gustav)
Frühling in Berlin (Glomb, Ronald)
Frühling über Berlin (Kaléko, Mascha)
Frühlingsanfang auf der Bank vorm Anhalter Bahnhof (Ringelnatz, Joachim)
Frühlingsanfang in Lübars (Fabich, Peter J.)
Frühlingserwachen in Schmargendorf (Zerna, Herta)
Fuffzig (Barnick, Helmut)
15 Jahre Berlin (Ören, Aras)
15. Dezember (May, Wong)
Funktürme (Mostar, Gerhart Herrmann)
Fußball (Pieritz, Hildegard)
Fußnoten (Wellbrock, Jürgen)
Fährmann an der Hansa-Brücke (Zerna, Herta)

Fünf Türken – ein Kramladen (Ören, Aras)
Fünfuhr-Tee im Adlon (Zech, Paul)
Für Helene Weigel (Brecht, Bertolt)
Für Klabund (Benn, Gottfried)
Für Oskar Loerke zum 50. Geburtstag (Benn, Gottfried)
Für Uwe Kolbe … (Wüstenfeld, Michael)
Für die weinenden Indianer (Karsunke, Yaak)

Gartenlokal (Sichelschmidt, Gustav)
Gasag (Grass, Günter)
Gedanken an einen Westberliner Freund (Kerndl, Rainer)
Gedanken beim Flug über die Berliner Mauer (Biermann, Wolf)
Gedenkfeier in Berlin (Aue, Walter)
Gedicht eines Fremden (Kolbe, Uwe)
Gedicht für Günter Bruno Fuchs (Meckel, Christoph)
Gedicht über den Maler Johannes Niemeyer in Steinstücken (Haufs, Rolf)
Gedächtnis für eine Mietskaserne (Fabich, Peter)
Gedächtniskirche (Erb, Ute)
Gefunden (Grass, Günter)
Gefährliche Ansicht später Stätte (Kunert, Günter)
Gehn (Müller, Inge)
Gemeinsam einsam (Morshäuser, Bodo)
Gendarmenmarkt (Eichholz, Marianne)
Gendarmenmarkt 1958 (Heinze, Hartmut)
General-Pape-Straße, Tempelhof (Anders, Richard)
Generations-Gedicht (Becker, Jürgen)
Genosse General (Wiens, Paul)
Georg Heym (Meyer, Alfred Richard)
Gesamtdeutscher März (Grass, Günter)
Gesang der Mädchen im Romanischen Café (Hollaender, Friedrich)
Gesang vom Elend und Ruhm der großen Stadt Berlin (Kipphardt, Heinar)
Gespräch am Märchenbrunnen (Wiens, Paul)
Gestern zog die Poesie … (Gustas, Aldona)
Gesänge an Berlin (Lichtenstein, Alfred)
Geteilte Stadt (Bienek, Horst)
Gleisdreieck (Grass, Günter)
Gleisdreieck (Kern, Hans)
Gleisdreieck (Kunert, Günter)
Gleisdreieck (Pasternak, Boris)

Glienicker Forst (Anders, Richard)
Gottvertraun zum Bajonette (Hartleben, Otto Erich)
Grabmal des Grafen von der Mark (Eichholz, Marianne)
Grabschrift für Karl Liebknecht (Brecht, Bertolt)
Grabschrift für Rosa Luxemburg (Brecht, Bertolt)
Grenzfriedhof – Berliner Sophiengemeinde (Pietrass, Richard)
Grenzgelächter (Morshäuser, Bodo)
Grenzgänger (Bauernfeind, Walter)
Groß-Berlin 1956 (Lucebert)
Große Stadt (Blass, Ernst)
Großer Bunkerberg (Mickel, Karl)
Großer Stern (Kirsch, Sarah)
Großer Stern mit Siegessäule (Fabich, Peter J.)
Großer Zoo (Delius, F. C.)
Großlichterfelde (Meyer, Alfred Richard)
Großstadt-Höfe (Morgenstern, Christian)
Großstadtimpressionen (Dreger, Manfred)
Großstadtmorgen (Holz, Arno)
Großstadtperipherie (Dehmel, Walter)
Grundeigentümlich (Stöppler, Erika)
Grunewald (Sichelschmidt, Gustav)
Grunewaldsee mit Schloß (Zerna, Herta)
Grüne Woche (Sichelschmidt, Gustav)
Grüne Woche (Zerna, Herta)
Gültig für eine Fahrt (Anders, Richard)

Hades (Bartsch, Kurt)
Halali (Zerna, Herta)
Halbes Liebeslied (Treichel, Hans-Ulrich)
Halensee (Hardekopf, Ferdinand)
Halimes ungezogene Kinder (Ören Aras)
Hallesches Tor (Fuchs, Günter Bruno)
Hallesches Tor (Sichelschmidt, Gustav)
Halt! (Märchen, Artur)
Hamlet (Bartsch, Kurt)
Hansaplast (Hirschfelder, Hans Ulrich)
Hasenheide (Sichelschmidt, Gustav)
Haus in Berlin O (Fink, Georg)
Havel bei Brüningslinden (Eichholz, Marianne)
Havel im Herbst (Kunert, Günter)

Havelhöhen in Grazie (Uhlmann, Joachim)
Havelnacht (Huchel, Peter)
Havelschwäne (Gustas, Aldona)
Havelsee (Haufs, Rolf)
He! (Hoddis, Jakob van)
Hedwig Warmbier, Blumenfrau auf dem Potsdamer Platz (Goll, Yvan)
Heimat Berlin (Mehring, Walter)
Heimfahrt (Becher, Johannes R.)
Heimkehr (Rheiner, Walter)
Heimkehr nach Berlin (Berger, Uwe)
Heimkehr nach Berlin (Weisenborn, Günther)
Heimkehr nach Berlin (Zollikofer, Fred von)
Heimweg 45 (Müller, Inge)
Helles Lied aus dem dunklen Hof (Weinert, Erich)
Herbst in Berlin (Strittmatter, Eva)
Herbstlicher Tiergarten (Herrmann-Neiße, Max)
Herr B. W. Smith besichtigt die Leipziger Straße (Feuchtwanger, Lion)
Herr Brecht (Biermann, Wolf)
Herr Schwarz (Mickel, Karl)
Heute in unserer Straße (Könneker, Marie-Luise)
Hier ein Stück ihres Dialogs (Ören, Aras)
Himmel meiner Stadt (Wünsche, Günther)
Himmelfahrt in Berlin (Biermann, Wolf)
Hinterhaus (Loerke, Oskar)
Hochhausromanze (Lorber, Hans)
Hof in Alt-Berlin (Meurer, Kurt Erich)
Hof in der Großstadt (Seidel, Ina)
Hoflied (Kolbe, Uwe)
Hohes Bauen, Hochhaus Weberwiese (Becher, Johannes R.)
Holzauktion (Heinze, Hartmut)
Home, sweet home (Tucholsky, Kurt)
Horcher (Meyer, Alfred Richard)
Hotel Eden (Kretzer, Max)
Hurrra Berlin! (Biedermeier)
Hymne auf Rosa Luxemburg (Becher, Johannes R.)
Hymnen an Berlin I: (Rogge, Johannes Friedrich)
Hymnen an Berlin II: (Rogge, Johannes Friedrich)
Hymnen an Berlin III: (Rogge, Johannes Friedrich)
Hymnen an Berlin IV: (Rogge, Johannes Friedrich)
Hymnen an Berlin V: (Rogge, Johannes Friedrich)

In meiner Stadt (Maier, Wolfgang)
In meiner Stadt (Maier, Wolfgang)
In meiner Stadt I (Maier, Wolfgang)
In meiner Stadt II (Maier, Wolfgang)
Inschrift (auf der nachfolgenden Zeichnung) (Loewig, Roger)
Intermezzo: Zwei Enten (Bisinger, Gerald)

Januar (May, Wong)
Januar 1978 (Eisenberg, Ursula)
Jebensstraße (Gustas, Aldona)
Jemand bekommt Kohlen (Kirsch, Sarah)
Jerusalemer Friedhof (Sichelschmidt, Gustav)
Jerusalemer Friedhof (in memoriam) (Kerfin, Gerhard)
Jettchen – in memoriam Georg Hermann (Heinze, Hartmut)
Joachimstaler Straße 2–3 (Eichholz, Marianne)
Jugoslawen auf dem Kurfürstendamm (Plepelič, Zvonko)
Juli I, II (Kerr, Alfred)
Julinacht an der Gedächtniskirche (Kaléko, Mascha)
Junge Hunde (Gustas, Aldona)
Jungfernheide (Sichelschmidt, Gustav)
Juniberlin (Kunert, Günter)

Kaffee, Beethoven (Theobaldy, Jürgen)
Kaiser Friedrich III., 1. Letzte Fahrt (6. Juni 1888) (Fontane, Theodor)
Kaiser Wilhelms Helm (Zum Attentat Nobilings auf Wilhelm I. am 2. Juni 1878) (Fontane, Theodor)
Kaiser Wilhelms Rückkehr (17. März 1871) (Fontane, Theodor)
Kamele (Beschorner, Herward)
Kanalmöven (Sichelschmidt, Gustav)
Kanalufer (Fuchs, Günter Bruno)
Kantate (Eichholz, Marianne)
Kanäle in Berlin (Ringelnatz, Joachim)
Kara Mustafa vor Berlin (Kraft, Gisela)
Karfreitagschmaus (Bisinger, Gerald)
Karl-Marx-Allee (Eichholz, Marianne)
Karnevals-Vision in Berlin O (Kihn, Hans Alfred)
Karriere Berlin (Franzke, Günther)
Kartoffelpufferstube (Meyer, Alfred Richard)
Kassandra seit 1933 (Herrmann-Neiße, Max)

Letzte Hilfe (Schreiber, Mathias)
Letzte Runde (Kreuzberger Monolog) (Sauernheimer, Peter)
Letzter warmer Tag im Tiergarten (Herrmann-Neiße, Max)
Liebe auf den ersten Blick (Werner, Nils)
Liebesgedicht an K. (Uhlmann, Nepomuk)
Lied aus einem Berliner Droschkenfenster (Ringelnatz, Joachim)
Lied der Kanalpenner (Fuchs, Günter Bruno)
Lied der Steinmetze – Neubau der Berliner Staatsoper (Berger, Uwe)
Lied des Mannes im Wasserwagen (Fuchs, Günter Bruno)
Lieder für Dominic 1, 2 (Binder-Gasper, Christiane)
Lila Luft (Celan, Paul)
Lindenforum (Mickel, Karl)
Literatencafé (Herrmann-Neiße, Max)
Liturgie im Hinterhof (Fuchs, Günter Bruno)
Lokalnotiz (Dehmel, Walter)
Luna-Park (Kerr, Alfred)
Lützowplatz (Eichholz, Marianne)

Mai-Nacht (1911) (Zech, Paul)
Maiabend im Tiergarten (Herrmann-Neiße, Max)
Maiengruß an den Redakteur (Ringelnatz, Joachim)
Manchmal meine ich herumzugehn in einem riesigen Rock … (May, Wong)
Manchmal stoßen Nebelkrähen … (Loewig, Roger)
Mansardenblicke (Klünner, Lothar)
Manteuffelstraße, SO 36 (Fabich, Peter J.)
Marcelle (Seeger, Bernhard)
Marsch der Jugend (Wipp, Peter)
Marsch in den Westen (Hoernle, Edwin)
Marx-Engels-Platz (Berger, Uwe)
Maulwurf im Profil (Pastior, Oskar)
Meck, meck, meck (Blass, Ernst)
Medusenstern überm Wannsee (Uhlmann, Joachim)
Mein Berlin (Mauermann, Siegfried)
Mein Radiergummi (Grass, Günter)
Meine Beziehungen (Naoum, Jusuf)
Meine Mietskasernenbraut (Biermann, Wolf)
Meine Nachbarschaft (Holz, Arno)
Meine Straße, VIII (Becher, Johannes R.)
Meine einzige Liebe (Kolbe, Uwe)
Messer (Bartsch, Kurt)

Milljöh (Gustas, Aldona)
Mir ist das heuer immer verdorben ... (Müller, Rainer René)
Mir schwant ... (Gustas, Aldona)
Mit einem Polizisten haben sie Nermin ins Krankenhaus geschickt (Ören, Aras)
Mit einem alten Freund ... (Gustas, Aldona)
Mitten am Tag eine Furcht (Brasch, Thomas)
Mitten durch mich (Schaefer, Oda)
Moabiter Gesänge, I (Zerna, Herta)
Moabiter Gesänge, II (Zerna, Herta)
Monaden I (Speier, Michael)
Mond auf dem Herd I (Zerna, Herta)
Mond über Dächern Berlins (Scholz, Wilhelm von)
Mondnacht, Berlin 1945 (Steinmetz, Rudolf)
Mordsjubel (Mehring, Walter)
Morgendämmerung (Huhn, Kurt)
Morgens (Hoddis, Jakob van)
Munkepunke wird dionysisch (Meyer, Alfred Richard)
Museumsinsel (Eichholz, Marianne)
Museumsinsel (Kraft, Gisela)
Mystifikation (Kunert, Günter)
Mythos Berlin 1987 (Treichel, Hans-Ulrich)
Märkischer Konstantin (Kunert, Günter)
Märkisches Museum (Bobrowski, Johannes)
Märkisches Viertel (Haufs, Rolf)
Märkisches Viertel (Sichelschmidt, Gustav)
Märkisches Viertel (Zahl, Peter-Paul)
März am Tauentzien (Kunert, Günter)
Märzlich den Kurfürstendamm herunter (Meyer, Alfred Richard)
Müde in Berlin (Ringelnatz, Joachim)

Nach der Trennung. Lichterfelde (Ringelnatz, Joachim)
Nach der ersten Nacht (Skarmeta, Antonio)
Nachlaßlager, Kleine Alexanderstraße, Berlin (Kunert, Günter)
Nacht (Blass, Ernst)
Nacht im Stadtpark (Herrmann-Neiße, Max)
Nacht im Tiergarten (Zucker, Heinz)
Nachtcafé (Benn, Gottfried)
Nachtcafé III (Benn, Gottfried)
Nachtfahrt Transit Westberlin (Vesper, Guntram)
Nachtkneipe am Görlitzer Bahnhof (Fuchs, Günter Bruno)

Nachts (Blass, Ernst)
Nachts in der S-Bahn (Kolbe, Uwe)
Nationalgalerie (Sichelschmidt, Gustav)
Naturberlin (Gustas, Aldona)
Naturschutzgebiet (Kirsch, Sarah)
Naunynstraße (Sichelschmidt, Gustav)
Nebeltag in Berlin (Hart, Julius)
Negerin auf der Friedrichstraße (Langgässer, Elisabeth)
Nehmen Se jrotesk – det hebt Ihnen (Blass, Ernst)
Nermins Mann Ali und die Sache, weshalb Ali nicht nach Hause kam (Ören,
    Aras)
Nermins Schrecken (Ören, Aras)
Neubrandenburg (Hannsmann, Margarete)
Neue Zeiten (Brecht, Bertolt)
Neuer Berliner Leierkasten (Neuburger, Kurt)
Neues Kreisspiel für Mädchen (Stemmle, Robert Adolf)
Neues Museum (Heinze, Hartmut)
Neujahrsnacht an der Sandkrugbrücke (Eichholz, Marianne)
Neujahrstag (Haufs, Rolf)
Neuköllner Straßenskizze (Meidinger-Geise, Inge)
Nichts gegessen (Meckel, Christoph)
Niederschönhausen (Eich, Günter)
Nit a Alt Mariendorf (Pessarrodona, Marta)
Niyazi Gümüscilic (Ören, Aras)
Niyazi zieht Bilanz (Ören, Aras)
Niyazis Selbstgespräch (Ören, Aras)
Noch einmal raus (Theobaldy, Jürgen)
Noctambulatio (Ringelnatz, Joachim)
Nun bin ich heimgekehrt (Zinner, Hedda)
Nächtliche Einfahrt mit Punks in den Ostbahnhof (Teschke, Holger)
Nächtliches Abenteuer (Lichtenstein, Alfred)

O Falladah, die du hangest! (Brecht, Bertolt)
O Menschheit, hilf (Kuba)
o. T. (Mühlenhaupt, Kurt)
Obdach für Jussuf (Meyer, Detlev)
Ode (Kessel, Martin)
Ode an Berlin (Goll, Yvan)
Ode an Berlin (Mehring, Walter)
Ode an Berlin (Weyrauch, Wolfgang)

Polizeistunde (Sichelschmidt, Gustav)
Portrait (Cammert, Jörn)
Potsdamer Platz (Eichholz, Marianne)
Potsdamer Platz (Zech, Paul)
Potsdamer Straße (Gustas, Aldona)
Potsdamer Straße (Treichel, Hans-Ulrich)
Presseball (Mühsam, Erich)
Presseball 1928 (Zuberbühler)
Preußenpark (Eichholz, Marianne)
Prima Wetter (Kästner, Erich)
Prinz-Albrecht-Straße (Kunert, Günter)
Proklamation für die Litfaßsäulen Berlins (Carlsson, Bernd)
Proleten (Klabund)
Prolog (Ören, Aras)
Prolog I –IV (Bisinger, Gerald)
Prolog zu einem deutschen Dichterwettstreit (Benn, Gottfried)
Prospekt I (Schnurre, Wolfdietrich)
Prospekt II (Schnurre, Wolfdietrich)
Prüfung von Freunden in Friba-Frabi (Fried, Erich)

Quadriga (Pieritz, Hildegard)

Rèquiem Berlinès (Pessarrodona, Marta)
Rangsdorf im August (Biermann, Wolf)
Rasenmäher (Zerna, Herta)
Raumfahrt (Gressmann, Uwe)
Razzia (Berliner Nachtschutzmannslied) (Mehring, Walter)
Regen (Blass, Ernst)
Regnerischer Nachmittag (Peri-Rossi, Cristina)
Reichpietschufer (Schnell, Robert Wolfgang)
Reisebilder: 7. (Sanguineti, Edoardo)
Reisebilder: 9. (Sanguineti, Edoardo)
Reisebilder: 10. (Sanguineti, Edoardo)
Reisebilder: 11. (Sanguineti, Edoardo)
Reisebilder: 14. (Sanguineti, Edoardo)
Reisebilder: 15. (Sanguineti, Edoardo)
Reisebilder: 17. (Sanguineti, Edoardo)
Reisebilder: 19. (Sanguineti, Edoardo)
Reisebilder: 20. (Sanguineti, Edoardo)
Reisebilder: 21. (Sanguineti, Edoardo)

Reisebilder: 22. (Sanguineti, Edoardo)
Reisebilder: 24. (Sanguineti, Edoardo)
Reisebilder: 25. (Sanguineti, Edoardo)
Reisebilder: 26. (Sanguineti, Edoardo)
Reisebilder: 27. (Sanguineti, Edoardo)
Reisebilder: 29. (Sanguineti, Edoardo)
Reisebilder: 30. (Sanguineti, Edoardo)
Restaurant (Benn, Gottfried)
Richtfest an der Stalinallee (Wipp, Peter)
Richtung Ruhleben (Gustas, Aldona)
Ringelnatz (Müller, Inge)
Romanisches Café (Zech, Paul)
Romanze vom Wedding (Hirsch, Leo)
Roxy, mit Musik (Theobaldy, Jürgen)
Rudi Dutschke 1940–1979 (Münzberg, Olav)
Ruhe in Berlin (Lettau, Reinhard)
Ruinen im Mond (Becher, Johannes R.)
Rundmarsch der Gefangenen (Haushofer, Albrecht)
Rückkehr nach Nordost 58 (Brasch, Peter)

S-Bahn (Schulz, Jan-Cornelius)
S-Bahn (Sichelschmidt, Gustav)
S-Bahn-Fahren für dich (Kolbe, Uwe)
SO 36 (Sauernheimer, Peter)
Saal der kreißenden Frauen (Benn, Gottfried)
Sabri San, der Tretmühlgaul und die weißen Mäuse (Ören, Aras)
Sabri muß ins Krankenhaus (Ören, Aras)
Same player shoots again (Hirschfelder, Hans Ulrich)
Sanierungsbezirk (Pieritz, Hildegard)
Sankt Marien (Eichholz, Marianne)
Sanssouci (Kirsch, Sarah)
Savignyplatz, spät (Hartung, Harald)
Scheunenviertel, Berlin (Bartsch, Kurt)
Schildhorn 1975 (Meidinger-Geise, Inge)
Schillers Bett (Kunert, Günter)
Schinkels Schauspielhaus (Franz, Michael)
Schlachtensee (Henniger, Gerd)
Schloß Tegel (Sichelschmidt, Gustav)
Schloßpark (Haufs, Rolf)
Schloßpark Charlottenburg (Anders, Richard)

Schloßpark Charlottenburg (Eichholz, Marianne)
Schloßpark Charlottenburg (Eichholz, Marianne)
Schlüters Großer Kurfürst (Sichelschmidt, Gustav)
Schornsteinfeger (Würtz, Hannes)
Schrebergärten (Seidler, Georg)
Schwalben und Sterne über Berlin (Seidel, Ina)
Schwarzes Café (Hirschfelder, Hans Ulrich)
Schöneberg (Pessarrodona, Marta)
Schöneberger Wochenmarkt (Sichelschmidt, Gustav)
Schöneweide (Braun, Volker)
Schöngesicht warte bis Juni dann ziehn wir (Koneffke, Jan)
Sechs Freundinnen (Gustas, Aldona)
Sechstagerennen (Kerr, Alfred)
6. November (May, Wong)
Sechsundsechzig (Grass, Günter)
16. Dezember (May, Wong)
Seeblick (Pastior, Oskar)
Sehnsucht (Meyer, Detlev)
Sehnsucht nach Berlin (Ringelnatz, Joachim)
Selbstbildnis mit Stadt (Lange-Müller, Katja)
Selbstgespräch (Becker, Jürgen)
Selbstportrait an einem Regensonntag in der Stadt Berlin (Biermann, Wolf)
Semper idem (Mühsam, Erich)
Sensation und Leben (Mühsam, Erich)
Seuche in Berlin (Straub, Dieter)
Sie singen ... (Kolmar, Getrud)
Sie war kinderlos und Mitte dreißig ... (Wegner, Bettina)
17. juni (Bezzel, Chris)
Siegessäule (Eichholz, Marianne)
Siegessäule (Sichelschmidt, Gustav)
Silvestersegen (Haushofer, Albrecht)
Smog über der Stadt (Pieritz, Hildegard)
So Pfeifen, Quietschen, Kreischen, profane ... (Kolbe, Uwe)
So ein Glück (Henniger, Gerd)
So grüßt Berlin den Mai (Wipp, Peter)
Sommer in Berlin (Arens, Birgitta)
Sommer in Berlin (Erb, Ute)
Sommerabend im Tiergarten (Klabund)
Sommernachmittag (Berlin IV) (Heym, Georg)
Sommersonntag am Wannsee (Weinert, Erich)

Stimme der Stadt (Wiens, Paul)
Stolpische Straße, Berlin-Prenzlauer Berg (Franz, Michael)
Stolz (Bartsch, Kurt)
Strafsache Scheil. Nach einer Westberliner Zeitungsmeldung (Werner, Nils)
Strandbad Wannsee (Sichelschmidt, Gustav)
Straße (Wille, Bruno)
Straße nach Kohlhasenbrück (Haufs, Rolf)
Straßenbild (Pieritz, Hildegard)
Straßensperre (Morshäuser, Bodo)
Städte (Berger, Uwe)
Swinemünder Straße (Kunert, Günter)
Symphonie Berlin (Engel, Fritz)
Szene (Uhlmann, Joachim)
Szondi was here (Techel, Sabine)

Tage (Haufs, Rolf)
Tagebuchblatt (Holz, Arno)
Tango Berlin (Bartsch, Kurt)
Tatsachen (Kunze, Reiner)
Tauben an der Gedächtniskirche (Sichelschmidt, Gustav)
Taubenvernichtung (Fuchs, Günter Bruno)
Tauentzien (Henniger, Gerd)
Tauwetter – stellenweise möglich (Zerna, Herta)
Teltow-Kanal (Maier, Wolfgang)
Teltowkanal (Hädecke, Wolfgang)
Tempelhof (Juhre, Arnim)
Tempelhofer Feld (Eichholz, Marianne)
Tempelhofer Feld (Sichelschmidt, Gustav)
Testament eines Berliners (Kerr, Alfred)
Testament eines Westwärtigen (Werner, Nils)
The Cries of the Birds oder so gegen fünf (Bisinger, Gerald)
The Last of November (Kirsch, Sarah)
Theorie der Leidenschaft Berlin N 54 (Tucholsky, Kurt)
Third World (Morshäuser, Bodo)
Tiergarten (Eichholz, Marianne)
Tiergarten (Gustas, Aldona)
Tiergarten (Meurer, Kurt Erich)
Tiergarten (Schönberg, Karl)
Tiergarten (Sichelschmidt, Gustav)
Tiergarten im Winter (Krechel, Ursula)

Tiergartenschlaf (Heinze, Hartmut)
Tierpark (Berger, Uwe)
Titania-Palast, Berlin (Lettau, Reinhard)
Tolstefanz, Sächsische Straße (Morshäuser, Bodo)
Totenvögel, von einem Berliner Friedhof (Loerke, Oskar)
Trablauf (Anders, Richard)
Traf jemand (Kunert, Günter)
Transit (Speier, Michael)
Trauriger Tag (Kirsch, Sarah)
»Treffpunkt für Landwirte« (Weinert, Erich)
Treptow (Berger, Uwe)
Trocadéro (Meyer, Detlev)
Tränentüchlein (Grass, Günter)
Trümmerberg (Pietrass, Adolf)
Türkische Stricher (Martz, Daniel Pascal)
Türme in der großen Stadt (Herrmann-Neiße, Max)

U-Bahn Rathaus Schöneberg (Anders, Richard)
Über der Stadtautobahn (Anders, Richard)
Übergang (Ören, Aras)
Überwältigung (Loerke, Oskar)
Uhland in Wilmersdorf (Mühsam, Erich)
Ums Brot (ja noch immer) (Kolbe, Uwe)
Umsetzung der Familie Halenke vom Gröbenufer in andre Gefilde (Fabich,
    Peter J.)
Umzug (Henniger, Gerd)
Umzug (Wellbrock, Jürgen)
Und abends nach der Scala … (1931) (Meyer, Alfred Richard)
Und jeden Mittwoch um halb drei … (Biermann, Wolf)
Unpassende Romantik in Berlin (Kesten, Hermann)
»Unter den Linden« (Liliencron, Detlev von)
Unter den Linden (Ringelnatz, Joachim)
Unter den Linden (Wiens, Paul)
Untergang (Fuchs, Günter Bruno)
Untergrundbahn (Benn, Gottfried)
Untergrundbahn (Huckauf, Peter)
Untergrundbahn (Wetzel, Hellmuth)
Untergrundbahn – Spiegelbild (Eich, Günter)
Untern Linden (Braun, Volker)

Valet (Kirsch, Sarah)
Vauo habe ich mir ausgesucht ... (Eich, Günter)
Veränderungen in der Mark (Fontane, Theodor)
Verdunkeltes Stadtbild (Eichholz, Marianne)
Vergessen (Rheinsberg, Anna)
Veteranenlied (Fuchs, Günter Bruno)
Vibration (Würtz, Hannes)
Viktoria-Luise-Platz (Gustas, Aldona)
Vision an der Oberbaumbrücke (Kunert, Günter)
Vision, Ostersonntag 1946 in der S-Bahn (Fischer-Baling, Sibylle)
Volksfest in Grünau 1949 (Wiens, Paul)
Volkspark (Anders, Richard)
Vom Fall eines Straßenbaumes (Haufs, Rolf)
Vom Gehör (Müller, Rainer Réne)
Vom Stein-Platz zu Charlottenburg (Morgenstern, Christian)
Von Hesse zum Punk (Meyer, Detlev)
Von Stadt zu Stadt (Leonhard, Rudolf)
Von der Blindheit gesunder Augen (Greulich, E. R.)
Von einem Fenster der Charité (Berger, Uwe)
Vor Ort (Könneker, Marie-Luise)
Vor dem Mondlicht (Theobaldy, Jürgen)
Vor dem Schlesischen Tor (Krechel, Ursula)
Vor den Weltfestspielen 1951 (Deicke, Günther)
Von einer Fontäne am Alexanderplatz (Greulich, E. R.)
Vorortballade (Schickele, René)
Vorortzug (Kirsch, Sarah)
Vorstadt (Hübner, Johannes)
Vorstadtmorgen (Herrmann-Neiße, Max)
Vorsuppe bei meiner Tante (Neumann, Roland)

Wahrheit meiner Stadt (Klünner, Lothar)
Wanderers Klage (Werner, Nils)
Wanderlied einer Berliner Hausfrau (Neumann, Günter)
Wannsee (Haufs, Rolf)
Wannsee 21. 11. 1811 (Bartsch, Kurt)
Wannsee im Winter (Rohde, Hedwig)
Wappen von Berlin (Kolmar, Gertrud)
War Frau Kutzer glücklich? (Ören, Aras)
Was bleibt denn (Bisinger, Gerald)
Was ich in der Nacht erlebt habe (Haufs, Rolf)

Was tun (Loschütz, Gert)
Was tun? Große Frage – kleine Antwort (Ören, Aras)
Weddinger Hinterhof (Sichelschmidt, Gustav)
Weddingpanke (Gustas, Aldona)
Weg mit der Mauer (Delius, F. C.)
Weg zur Arbeit (Deicke, Günther)
Weg zur Arbeit (Haufs, Rolf)
Wegerich (Schmidt, Rainer G.)
Weidendammer Brücke 61 (Müller, Inge)
Weihnachtsmarkt drüben (Zerna, Herta)
Weite Entfernung (Loewig, Roger)
Weniger nich – in memoriam Heym (Heinze, Hartmut)
Wenn ick mal tot bin (Hollaender, Friedrich)
Wenn man in Jahren von Berlin sich erzählt (Preißler, Helmut)
Wenn meine Freunde nichts vom Sommer verstehn (Koneffke, Jan)
Wenn wir Stadtbahn fahren (Mehring, Walter)
Wertheim (Schönberg, Karl)
Westberliner Litfaßsäule (Wipp, Peter)
Westberliner Wiegenlied (Wipp, Peter)
Westberlinstadtlandschaftsgelegenheitsgedicht (Heissenbüttel, Helmut)
Westhafen (Fuchs, Günter Bruno)
Whough (Heyder, Wolfgang)
Widmung RWS (Haufs, Rolf)
Wie der Schatten des Wacholders. Epilog zu ‚Grünheide Grünheide‘ (Novak, Helga M.)
Wie mir heute meine Stadt erschien (Kunert, Günter)
Wie wir wohnen … (Schirmer, Walter)
Wieder Berlin Lindenstraße (Mauersberger, Uta)
Wiedersehen mit Berlin! (Pan, Peter)
Wilhelmstraße (Eichholz, Marianne)
Winter (Kirsch, Sarah)
Winter in Tempelhof (Hartung, Harald)
Winterfeldplatz (Gustas, Aldona)
Winternotiz (Babendreyer, Hans)
Wir Gespenster (Hardekopf, Ferdinand)
Wir bauen Berlin (Brězan, Jurij)
Wir geben Berlin ein neues Gesicht, Berliner Aufbaulied 1952 (Dehmel, Walter)
Wir heben den Blick (Dehmel, Walter)
Wir leben mit Rissen (Kolbe, Uwe)
Wladiwostok – Pompeji (Krüger, Michael)

Wohin (Cammert, Jörn)
Wolkenbruch über Berlin (Sichelschmidt, Gustav)
Woran ein Foto den Menschen mitunter erinnert (Ören, Aras)
Worüber Sabri San und Niyazi sich eines Nachts in der Kneipe unterhielten
   (Ören, Aras)
Wurzels (Berliner Ehedialoge) (Fotante, Theodor)
Wärme (Berger, Uwe)
Wörter im Sommer (Becker, Jürgen)

You are leaving the American sector (Becker, Jürgen)
Young boys gone west (Gerhardt, Michael)
Yunus in Berlin (Kraft, Gisela)

Zehlendorfer Herbstgedanken (Kammrad, Horst)
Zeichne die Mauer (Krämer, Karl Emerich)
Zeit läuft unter den Eichen (Bauer, Maja)
Zeitgespenst (Pieritz, Hildegard)
Zeitmaschine (Born, Nicolas)
Zen-Musik im Europa-Center (Henniger, Gerd)
Zentralmarkthalle (Eichholz, Marianne)
Zoo (Sichelschmidt, Gustav)
Zu dir, Nicolas (Theobaldy, Jürgen)
Zuhause (Leonhard, Rudolf)
Zum Einzug des ‚Berliner Ensemble‘ in das Theater am Schiffbauerdamm
   (Brecht, Bertolt)
Zwei walisische Städtenamen (Meyer, Detlev)
Zwischen Berlin (Wiengarn, Bettina)
Zwischen Kaiser-Wilhelm-Gedächtniskirche und Halensee (Eichholz, Ma-
   rianne)
Zwischenstück V (Bisinger, Gerald)
12 Uhr mittags (Hirschfelder, Hans Ulrich)
12. Februar (May Wong)

Literaturverzeichnis

Auf eine umfassende Berlin-Bibliographie wurde aus verständlichen Gründen verzichtet. Es sind lediglich jene Quellen und Darstellungen angeführt, die im Kommentarteil (S. 1–56) zitiert werden.

I. Quellen

a) Berlin-Bibliographien

Berlin-Bibliographie, (bis 1960), bearbeitet von Hans Zopf und Gerd Heinrich (= Veröffentlichung der Historischen Kommission zu Berlin, Bd. 15), Berlin 1965.

Berlin-Bibliographie, (1961–1965), bearbeitet von Ursula Scholz und Rainald Stromeyer (= Veröffentlichung der Historischen Kommission zu Berlin, Bd. 43), Berlin 1973.

Berlin-Bibliographie, (1967–1977), bearbeitet von Ursula Scholz und Rainald Stromeyer (= Veröffentlichung der Historischen Kommission zu Berlin, Bd. 58), Berlin 1984.

Berlin-Bibliographie, (1978–1984), bearbeitet von Ute Schäfer und Rainald Stromeyer (= Veröffentlichungen der Historischen Kommission zu Berlin, Bd. 58), Berlin 1987.

Schnellinformation Berlin – Geschichte der Amerika-Gedenkbibliothek/Berliner Zentralbibliothek, Nr. 1 ff., Berlin 1984 ff.

Berlin. Eine Bibliographie (Hrsg. Buchhandlung Elwert & Meurer), Berlin 1984.

Kiepert-Berlin-Literatur-Verzeichnis zur 750-Jahr-Feier 1987. Eine Bibliographie lieferbarer Bücher und Karten. Zus. gest. von der Berlin-Abt. der Buchhandlung Kiepert (Red.: Gabriele Broch, 9. neubearb. Auflage), Berlin 1986.

b) Anthologien und berlinbezogene Sammlungen

Abteilung Literatur der Akademie der Künste (Hrsg.): *Berliner Autoren-Stadtbuch,* Berlin 1985.

Beckelmann, Jürgen/Schmid, Harald (Hrsg.): *Umsteigen bitte. Gedichte aus Berlin,* Berlin 1980.

Berger, Uwe/Kieseler, Manfred H./Wiens, Paul (Hrsg.): *Begeistert von Berlin,* Berlin (DDR), 1952.

Cohn, Mitch (Hrsg.): *Berlin, contemporary writing from Berlin,* Sa Barbara 1983.

Deicke, Günther/Greulich, E. R. (Hrsg.): *Gesicht einer Stadt. Gedichte über Berlin,* Berlin (DDR) 1959.

Feraru, Peter (Hrsg.): *Berliner Lesebuch,* Karlsruhe 1987.

Fuchs, Günter Bruno (Hrsg.): *Berlin-Buch der neuen Rabenpresse. Mit einem Calendarium auf das Jahr 1969, unter Mitarbeit zeitgenössischer Autoren in Text und Grafik,* Berlin 1968 (Unveränderte Neuauflage mit verändertem Umschlag 1969).

Gerlinghoff, Peter/Maschuff, Günter/Treichel, Hans Ulrich (Hrsg.): *Stadtansichten. Gedichte Westberliner Autoren,* Berlin 1977.

Greuner, Ruth (Hrsg.): *Berlin, Stimmen einer Stadt. 99 Autoren – 100 Jahre an der Spree,* Berlin (DDR) 1970.

Günther, Herbert (Hrsg.): *Hier schreibt Berlin. Eine Anthologie von heute,* Berlin 1929 (Neuausgabe: *Hier schreibt Berlin. Ein Dokument der Zwanziger Jahre,* Neu herausg. von Herbert Günther, München 1963).

Gustas, Aldona (Hrsg.): *Berliner Malerpoeten, mit einer Einleitung von Karl Krolow,* Herford und Berlin 1974.

Haberbosch, Gerhard (Hrsg.): *Mauerechos. Junge Literatur auf gut Deutsch. Eine Anthologie,* Berlin 1984.

Hammer, Manfried u. a. (Hrsg.): *Das Mauerbuch. Texte und Bilder aus Deutschland von 1945 bis heute,* Berlin 1981 (3. aktualisierte Aufl. 1986).

Hardellet, André (Hrsg.): *Paris, ses poètes, ses chansons,* Paris 1977.

Hartung, Rudolf (Hrsg.): *Hier schreibt Berlin heute. Eine Anthologie,* München 1963.

Herzberg, Annegret (Hrsg.): *Tausendäugig diese Häuser. Prag und Berlin in Lyrik und Prosa,* Berlin (DDR) und Weimar 1985.

Hirschfelder, Hans Ulrich/Straub, Dieter/Wichner, Ernest (Hrsg.): *Berlin-Zulage. Gedichte aus der Provinz,* Berlin 1982.

Hübner, Oskar/Moegelin, Johannes (Hrsg.): *Im steinernen Meer. Großstadtgedichte,* Berlin 1910.

Klein, Dieter H. (Hrsg.): *Berliner Hausbuch. Geschichten und Gedichte, Lieder und Berichte aus Alt-Berlin und drum herum – mit vielen alten Bildern,* Freiburg 1982.

Kochmann, Adolf Arnim (Hrsg.): *Berliner Dichterbuch,* Berlin 1919.

Kruse, Werner/Christ, Richard/Deicke, Günther (Hrsg.): *Himmel meiner Stadt. Aus der Werkstatt der Gruppe ‚alex 64‘,* Berlin (DDR) 1966.

Krüger, Ingrid/Schmitz, Eike (Hrsg.): *Berlin, du deutsche deutsche Frau. Eine literarische Chronik der geteilten Stadt mit Texten und Bildern von Autoren aus Ost und West,* Darmstadt und Neuwied 1985.

Kukowka, Robert (Hrsg.): *Junges Berlin,* Berlin 1948.

Laufenberg, Barbara und Walter (Hrsg.): *Berlin im Gedicht,* Frankfurt/M. 1987.

Lubasch, Kurt/Tuchmann, Emil F. (Hrsg.): *Berliner Gedichte,* Berlin 1931. – Unveränderte Neuauflage mit einem Nachtrag von Wulf Kirsten, Berlin (DDR) 1987.

Mathow, Karl (Hrsg.): *Der Spreetunnel. Ein Dichteralmanach aus Berlin,* Bd. 1, Berlin 1940.

Mathow, Karl (Hrsg.): *Der Spreetunnel. Ein Dichteralmanach aus Berlin,* Bd. 2, Berlin 1943.

Meunier-Thouret, Marc (Hrsg.): *Paris en poésie,* Paris 1981

Meyer, Karl (Hrsg.): *Berlin. Ein Heimatbuch. Im Auftrag der Freien Vereinigung für Kunstpflege in Berlin,* Berlin 1925.

Möller, Heinz (Hrsg.): *Großstadtlyrik,* Leipzig 1903.

Morawietz, Kurt (Hrsg.): *Deutsche Teilung. Ein Lyrik-Lesebuch,* Wiesbaden 1966.

Moss, Howard (Hrsg.): *New York: Poems,* New York 1980.

Nase, Karl (Hrsg.): *Siebenhundert Jahre berlinischen Lebens im Spiegel des Gedichts,* Berlin 1926.

Nase, Karl (Hrsg.): *Meine Heimat im Gedicht,* Berlin 1927.

Neue Gesellschaft für Literatur e. V. Berlin (Hrsg.): *Lyrik non stop. Lesungen 1974 und 1975,* Berlin 1975.

Oschilewski, Walther G. (Hrsg.): *Gedichte auf Berlin,* Berlin 1958.

Possenti, Francesco (Hrsg.): *Roma e i suoi poeti,* Mailand 1972.

Richter, Hans Werner (Hrsg.): *Berlin, ach Berlin,* Berlin 1981.

Richter, Lukas: *Der Berliner Gassenhauer. Darstellung, Dokumente, Sammlung,* Leipzig 1969.

Riha, Karl/Bergius, Hanne (Hrsg.): *Dada Berlin. Texte, Manifeste, Aktionen,* Stuttgart 1977.

Rosenkranz, Jutta (Hrsg.): *Berlin im Gedicht. Gedichte aus 200 Jahren,* Husum 1987.

Schädlich, Krista Maria/Werner, Frank (Hrsg.): *Die Hälfte der Stadt. Ein Berliner Lesebuch,* München und Königstein 1982.

Schaefer, Gustav (Hrsg.): *Die Mark und Berlin im Spiegel der Dichtung,* Berlin 1926.

Schlosser, Hanns Kristian (Hrsg.): *Berlin. 100 Gedichte aus 100 Jahren,* Berlin (DDR) und Weimar 1987.

Schumacher, Hans (Hrsg.): *Erfahrungen I, eine Anthologie. 1. Jahrbuch des ‚Literarischen Arbeitskreises' am Germanischen Seminar der Freien Universität Berlin,* Berlin 1978.

Schumacher, Hans (Hrsg.): *Erfahrungen II, Anthologie. 2. Jahrbuch des ‚Literarischen Arbeitskreises' am Germanischen Seminar der Freien Universität Berlin,* Berlin 1979.

Schumacher, Hans (Hrsg.): *Erfahrungen 3. Eine Anthologie: Lyrik und Prosa. 3. Jahrbuch des ‚Literarischen Arbeitskreises' am Germanischen Seminar der Freien Universität Berlin,* Berlin 1980.

Schumacher, Hans (Hrsg.): *Erfahrungen vier, eine Anthologie,* Berlin 1980.

Schumacher, Hans (Hrsg.): *Erfahrungen 5: Sehr identisch. Eine Anthologie: Lyrik und Prosa,* Berlin 1984.

Schutte, Jürgen/Sprengel, Peter (Hrsg.): *Die Berliner Moderne 1885–1914,* Stuttgart 1987.

Schwenger, Hannes: *Berlin zum Beispiel. Eine gesamtberliner Anthologie mit Beiträgen aus Lyrik, Prosa und Grafik,* Berlin 1964.

Seitz, Robert/Zucker, Heinz (Hrsg.): *Um uns die Stadt. Eine Anthologie neuer Großstadtdichtung,* Berlin 1931.

Sichelschmidt, Gustav (Hrsg.): *Die gespiegelte Stadt. 200 Jahre Gedichte über Berlin,* Berlin 1971.

Sichelschmidt, Gustav (Hrsg.): *Du kannst mir mal für'n Sechser. Heitere Berliner Verse,* Berlin 1970.

Speier, Hans-Michael (Hrsg.): *Berlin! Berlin! Eine Großstadt im Gedicht,* Stuttgart 1987.

Steeg, Ludwig (Hrsg.): *Am grünen Strand der Spree. Berliner Heimatgrüße an die Front,* Berlin 1943.

Werner, Bruno E./Reichel, Ortrud (Hrsg.): *Lunapark und Alexanderplatz. Berlin in Poesie und Prosa,* München 1964.

Weyrauch, Wolfgang (Hrsg.): *Das Berlin-Buch,* Leipzig 1941.

c) Sonstige Quellen

Celan, Paul: *Gesammelte Werke in fünf Bänden,* hrsg. von Beda Allemann und Stefan Reichert, unter Mitwirkung von Rolf Bücher, Frankfurt/M. 1983, Bd. II.

‚europäische ideen', Heft 7, 1974.

Harenberg, Bodo (Hrsg.): *Die Chronik Berlins,* Dortmund 1986.

Holmsten, Georg: *Die Berlin-Chronik. Daten – Personen – Dokumente,* Düsseldorf 1984.

Lienhard, Fritz: *Die Vorherrschaft Berlins. Litterarische Anregungen,* Leipzig und Berlin 1900.

Mehring, Walter: *Berlin Dada. Eine Chronik mit Photos und Dokumenten,* Zürich 1959.

Rimbaud, Arthur: *Œuvres complètes,* ed. Antoine Adam, Paris 1972.

Ruprecht, Erich (Hrsg.): *Literarische Manifeste des Naturalismus. 1880–1892,* Stuttgart 1962.

Winkler, Walter: *Berlin in Vers und Bild,* Berlin 1966.

II. Darstellungen

Anonym: *Hier schreibt Berlin* (Rezension), in: *Zeitschrift für Bücherfreunde,* Jg. 21, 1929, Heft 6, S. 317.

Bader, Urs: *Zeitbilder in den Gedichten Walter Mehrings,* in: *Text + Kritik,* Heft 78, Walter Mehring, April 1983, S. 1–10.

Bark, Joachim/Pforte, Dietger (Hrsg.): *Die deutschsprachige Anthologie.* Bd. 1: *Ein Beitrag zu ihrer Theorie und eine Auswahlbibliographie des Zeitraums 1880–1950,* Frankfurt/M. 1970; Bd. 2: *Studien zu ihrer Geschichte und Wirkungsform,* Frankfurt/M. 1969.

Bayerdörfer, Hans-Peter: *Weimarer Republik,* in: Walter Hinderer: *Geschichte der deutschen Lyrik vom Mittelalter bis zur Gegenwart,* Stuttgart 1983, S. 439–476.

Berliner Kulturrat anläßlich der Ausstellung des Realismusstudios der NGBK (Hrsg.): *Eine Kulturmetropole wird geteilt. Literarisches Leben in Berlin (West) 1945–1961,* Berlin 1987.

Best, Otto F. (Hrsg.): *Expressionismus und Dadaismus,* Stuttgart 1974.

Bollerey, Franziska: *Martin Wagners ‚Politopolis‘ oder: Berlin, die Metropole für Alle,* in: Karl Schwarz (Hrsg.): *Die Zukunft der Metropolen: Paris, London, New York, Berlin. Ein Beitrag der Technischen Universität Berlin zur Internationalen Bauausstellung Berlin. Berichtsjahr 1984. Katalog zur Ausstellung,* Band 1: *Aufsätze,* Berlin 1984, S. 365–376.

Brenner, Hildegard: *Die Republikaner beugen sich dem Wort der Obrigkeit. Die Umwandlung der Literaturabteilung der Preußischen Akademie der Künste in eine ‚Deutsche Akademie der Dichtung‘,* in: »*Das war ein Vorspiel nur …« Bücherverbrennung Deutschland 1933: Voraussetzungen und Folgen. Katalog der Ausstellung der Akademie der Künste vom 8. 5.–3. 7. 1983,* Berlin 1983.

Brenner, Hildegard: *Ende einer bürgerlichen Kunst-Institution. Die politische Formierung der Preußischen Akademie der Künste ab 1933,* Stuttgart 1972.

Buch, Hans Christoph: *Literatur als Datenschatten,* in: *Sprache im technischen Zeitalter,* Heft 86, April/Juni 1983, S. 184–186.

Citron, Pierre: *La poésie de Paris dans la littérature française de Rousseau à Baudelaire,* 2 Bde., Paris 1961.

Denkler, Horst: *Sache und Stil. Die Theorie der ‚Neuen Sachlichkeit‘ und ihre Auswirkungen auf Kunst und Dichtung,* in: *Wirkendes Wort* 18 (1968), S. 167–185.

Denkler, Horst/Lämmert, Eberhard (Hrsg.): »*Das war ein Vorspiel nur …«. Berliner Colloquium zur Literaturpolitik im ‚Dritten Reich‘,* Berlin 1985.

Diesch, Carl: *Anthologien,* in: *Reallexikon der deutschen Literaturgeschichte,* 2. Aufl., (Hrsg.): Werner Kohlschmidt/Wolfgang Mohr: Bd. 1: *A–K,* Berlin 1958, S. 68–70.

Dietrich, Richard: *Berlins Weg zur Industrie- und Handelsstadt,* in: Richard Dietrich (Hrsg.): *Berlin. Neun Kapitel seiner Geschichte,* Berlin 1960, S. 159–198.

Dittmar, Norbert/Schlobinski, Peter/Wachs, Inge: *Berlinisch. Studien zum Lexikon, zur Spracheinstellung und zum Stilrepertoire,* Berlin 1986.

Emmerich, Wolfgang: *Deutsche Demokratische Republik,* in: Walter Hinderer: *Geschichte der deutschen Lyrik vom Mittelalter bis zur Gegenwart,* Stuttgart 1983, S. 576–604.

Emmerich, Wolfgang: *Kleine Literaturgeschichte der DDR,* Darmstadt und Neuwied, 2. korr. Auflage 1984.

Engeli, Christian/Ribbe, Wolfgang: *Berlin in der NS-Zeit (1933–1945),* in: Wolfgang Ribbe: *Geschichte Berlins,* Bd. II: *Von der Märzrevolution bis zur Gegenwart,* München 1987, S. 927–1024.

Erbe, Michael: *Berlin im Kaiserreich (1871–1918),* in: Wolfgang Ribbe (Hrsg.): *Geschichte Berlins,* Bd. II: *Von der Märzrevolution bis zur Gegenwart,* München 1987, S. 691–792.

Faust, Anselm: *Die Hochschulen und der „undeutsche Geist“. Die Bücherverbrennungen am 10. Mai 1933 und ihre Vorgeschichte,* in: »*Das war ein Vorspiel nur …« Bücherverbrennung Deutschland 1933: Voraussetzungen und Folgen. Katalog der Ausstellung der Akademie der Künste vom 8. 5.–3. 7. 1983,* Berlin 1983, S. 31–50.

Flamm, Peter: *Alte Sachlichkeit,* in: *Die Weltbühne* 25, (1929), S. 364.

Dunkelmann, Henning: *Die Bedeutung neuer Medien für eine Kulturmetropole,* in: Karl Schwarz (Hrsg.): *Die Zukunft der Metropolen: Paris, London, New York, Berlin. Ein Beitrag der Technischen Universität Berlin zur Internationalen Bauausstellung Berlin. Berichtsjahr 1984. Katalog zur Ausstellung,* Band 1: *Aufsätze,* 1984, S. 537–553.

Freisfeld, Andreas: *Das Leiden an der Stadt: Spuren der Verstädterung in deutschen Romanen des 20. Jahrhunderts,* Köln und Wien 1982.

Funk, Holger/Wittmann, Reinhard: *Literatur-Hauptstadt: Schriftsteller in Berlin heute,* Berlin 1983.

Funk, Holger: *Auf der Suche nach einer neuen Natürlichkeit: Die Metropole als Ort von Literatur-Revolutionen und Literatur-Skandalen,* in: Karl Schwarz (Hrsg.): *Die Zukunft der Metropolen: Paris, London, New York, Berlin. Ein Beitrag der Technischen Universität Berlin zur Internationalen Bauausstellung Berlin. Berichtsjahr 1984. Katalog zur Ausstellung,* Band 1: *Aufsätze,* Berlin 1984, S. 326–338.

Greverus, Ina-Maria: *Der territoriale Mensch. Ein literaturanthropologischer Versuch zum Heimatphänomen,* Frankfurt/M. 1972.

Hartmann, Anneli: *Lyrik-Anthologien als Indikatoren des literarischen und gesellschaftlichen Prozesses in der DDR (1949–1971),* Frankfurt/M. und Bern 1983.

Heinrich, Ernst: *Die städtebauliche Entwicklung Berlins seit dem Ende des 18. Jahrhunderts,* in: Richard Dietrich: *Berlin. Neun Kapitel seiner Geschichte,* Berlin 1960, S. 199–238.

Hellberg, Frank: *Walter Mehring. Schriftsteller zwischen Kabarett und Avantgarde,* Bonn 1983.

Hermand, Jost/Trommler, Frank: *Die Kultur der Weimarer Republik,* München 1978.

Herzfeld, Hans: *Berlin auf dem Wege zur Weltstadt,* in: Richard Dietrich: *Berlin. Neun Kapitel seiner Geschichte,* Berlin 1960, S. 239–271.

Herzfeld, Hans/Heinrich, Gerd (Hrsg.): *Berlin und die Provinz Brandenburg im 19. und 20. Jahrhundert* (= Veröffentlichungen der Historischen Kommission zu Berlin, Bd. 25 – *Geschichte von Brandenburg und Berlin,* Bd. 3), Berlin 1968.

Höllerer, Walter: *Die Poesie und das rechte Leben. Zu Anthologien für deutsche Frauen und für den Hausgebrauch,* in: Joachim Bark/Dietger Pforte (Hrsg.): *Die deutschsprachige Anthologie,* Bd. 2, *Studien zu ihrer Geschichte und Wirkungsform,* Frankfurt/M. 1969, S. 168–198.

Hofmeister, Burkhard: *Charlottenburg und die Entwicklung der City von West-Berlin,* in: Wolfgang Ribbe (Hrsg.): *Von der Residenz zur City: 275 Jahre Charlottenburg,* Berlin 1980, S. 631–668.

Jonas, Anna: *Durchs Raster gefallen!,* in: *Sprache im technischen Zeitalter,* Heft 86, April/Juni 1983, S. 186–189.

Kähler, Hermann: *Berlin – Asphalt & Licht. Die Große Stadt in der Literatur der Weimarer Republik,* Berlin (DDR) 1986.

Klotz, Volker: *Die erzählte Stadt. Ein Sujet als Herausforderung des Romans von Lesage bis Döblin,* München 1969.

Kohlschmidt, Werner: *Der deutsche Frühexpressionismus im Werke Georg Heyms und Georg Trakls,* in: *Orbis litterarum. Revue internationale d'études litteraires,* Tome IX, Fasc. 1, S. 3–17, Kopenhagen 1954.

Köhn, Lothar: *Überwindung des Historismus. Zum Problem einer Geschichte der deutschen Literatur zwischen 1918 und 1933,* in: DVjs 48 (1974), S. 704–766; 49 (1975) S. 94–165.

Lange, Annemarie: *Berlin zur Zeit Bebels und Bismarcks. Zwischen Reichsgründung und Jahrhundertwende,* Berlin (DDR) 1972.

Lange, Annemarie: *Das Wilhelminische Berlin. Zwischen Jahrhundertwende und Novemberrevolution,* Berlin (DDR) 1967.

Lasch, Agathe: *»Berlinisch«. Eine berlinische Sprachgeschichte,* Essen 1967 (Unveränderter reprograph. Nachdruck der Ausgabe Berlin 1928, Berlinische Forschungen, Texte und Untersuchungen, Bd. 2).

Lethen, Helmut: *Neue Sachlichkeit 1924–1932. Studien zur Literatur des ‚Weißen Sozialismus‘*, Stuttgart 1970, 2. Auflage 1975.

Lorenz, Rosemarie: *Max Herrmann-Neiße*, Stuttgart 1966.

Mahr, Johannes: »*Tausend Eisenbahnen hasten… Um Mich. Ich bin nur die Mitte!*« *Eisenbahnge-dichte aus der Zeit des Deutschen Kaiserreichs*, in: Harro Segeberg: *Technik in der Literatur. Ein Forschungsüberblick und zwölf Aufsätze*, Frankfurt/M. 1987, S. 132–173.

Masur, Gerhard: *Imperial Berlin*, New York und London 1970, deutsch unter dem Titel: *Das Kaiserliche Berlin*, München/Wien/Zürich 1971.

Mattenklott, Gert und Gundel: *Berlin Transit. Eine Stadt als Station*, Reinbek b. Hamburg 1987.

Mautz, Kurt: *Mythologie und Gesellschaft im Expressionismus. Die Dichtung Georg Heyms*, Bonn 1961.

Mendelssohn, Peter de: *Zeitungsstadt Berlin. Menschen und Mächte in der Geschichte der deut-schen Presse*, Frankfurt/M., Berlin und Wien 1982.

Meritt, Richard L.: *Postwar Berlin: Divided City*, in: Friedrich Knilli/Michael Nerlich unter Mitarbeit von Heino Maß (Hrsg.): *Medium Metropole: Berlin, Paris, New York*, Heidelberg 1986, S. 53–77.

Meyer, Jochen: *Berlin-Provinz. Literarische Kontroversen um 1930*, Marbacher Magazin 35, Mar-bach 1985.

Minder, Robert: *Dichter in der Gesellschaft. Erfahrungen mit deutscher und französischer Literatur*, Frankfurt/M. 1972.

Miron, Mislin: *Die Entwicklung Berlins zur Industriestadt im Vergleich zur parallelen Entwicklung europäischer Hauptstädte (Paris, London, Wien)*, in: Karl Schwarz (Hrsg.): *Berlin: Von der Re-sidenzstadt zur Industriemetropole*, Bd. I, *Aufsätze. Die Entwicklung der Industriestadt Berlin – das Beispiel Moabit*, Berlin 1981, S. 171–181.

Oschilewski, Walther G.: *Zeitungen in Berlin. Im Spiegel der Jahrhunderte*, Berlin 1975.

Perels, Christoph: *Vom Rand der Stadt ins Dickicht der Städte. Wege der deutschen Großstadtlitera-tur zwischen Liliencron und Brecht*, in: Cord Meckseper/Elisabeth Schraut (Hrsg.): *Die Stadt in der Literatur*, Göttingen 1983, S. 57–80.

Peschken, Goerd: *Wohnen in der Metropole. Mietshaus und Villa*, in: Jochen Boberg u. a. (Hrsg.): *Exerzierfeld der Moderne. Industriekultur in Berlin im 19. Jahrhundert*, München 1984, Bd. 1, S. 208–219.

Pessin, Alain/Torgue, Henry-Skoff: *Villes imaginaires*, Paris 1980.

Pforte, Dietger: *Ansichten einer gegenwärtigen Germanistik von der Situation der ‚Schriftsteller in Berlin heute‘*, in: *Sprache im technischen Zeitalter*, Heft 86, April/Juni 1983, S. 189–195.

Pforte, Dietger: *Die Anthologie als Kampfbuch. Vier Lyrikanthologien der frühen Sozialdemokratie*, in: Joachim Bark/Dietger Pforte (Hrsg.): *Die deutschsprachige Anthologie*, Bd. 2: *Studien zu ihrer Geschichte und Wirkungsform*, Frankfurt/M. 1969, S. 199–221.

Pforte, Dietger: *Die deutschsprachige Anthologie. Ein Beitrag zu ihrer Theorie*, in: Joachim Bark/ Dietger Pforte (Hrsg.): *Die deutschsprachige Anthologie*. Band 1. *Ein Beitrag zu ihrer Theorie und eine Auswahlbibliographie des Zeitraums 1800–1950*, Frankf./M. 1970, S. XIII–CXXV.

Pinthus, Kurt: *Kortner. Typ künftiger Kunst*, in: *Das Theater* 9 (1928), S. 227.

Pleister, Michael: *Das Bild der Großstadt in den Dichtungen Robert Walsers, Rainer Maria Rilkes, Stefan Georges und Hugo von Hofmannsthals*, Hamburg 1982.

Reichel, Norbert: *Der Dichter in der Stadt. Poesie und Großstadt bei französischen Dichtern des 19. Jahrhunderts*, Frankfurt/M. und Bern 1982.

Reuther, Hans: *Die große Zerstörung Berlins. Zweihundert Jahre Stadtbaugeschichte*, Frank-furt/M. 1985.

Riha, Karl: *Berlin im Kopf. Die Stadt als literarisches Thema zwischen Realität und Imagination*, in: Friedrich Knilli/Michael Nerlich (Hrsg.): *Medium Metropole: Berlin, Paris, New York*, Hei-delberg 1986, S. 33–51.

Riha, Karl: *Deutsche Großstadtlyrik. Eine Einführung,* München 1983.

Riha, Karl: *Literarisches Kabarett und Rollengedicht. Anmerkungen zu einem lyrischen Typus in der deutschen Literatur nach dem Ersten Weltkrieg,* in: Wolfgang Rothe (Hrsg.): *Die deutsche Literatur in der Weimarer Republik,* Stuttgart 1974, S. 382–395.

Riha, Karl: *Naturalismus,* in: Walter Hinderer: *Geschichte der deutschen Lyrik vom Mittelalter bis zur Gegenwart,* Stuttgart 1983, S. 371–386.

Rossbacher, Karlheinz: *Heimatkunstbewegung und Heimatroman. Zu einer Literatursoziologie der Jahrhundertwende,* Stuttgart 1975.

Sander, Hans-Dietrich: *Die Entwicklung der Lyrik seit 1945 in der Deutschen Demokratischen Republik,* in: Klaus Weissenberger (Hrsg.): *Die deutsche Lyrik 1945–1975. Zwischen Botschaft und Spiel,* Düsseldorf 1981, S. 38–48.

Sauder, Gerhard (Hrsg.): *Die Bücherverbrennung. Zum 10. Mai 1933,* München 1983.

Schaefer, Dietrich: *Iwan Goll,* in: Wolfgang Rothe (Hrsg.): *Expressionismus als Literatur. Gesammelte Studien,* Bern und München 1969, S. 426–436.

Schäfer, Hans Dieter: *Berlin im Zweiten Weltkrieg. Der Untergang der Reichshauptstadt in Augenzeugenberichten,* München 1985.

Schäfer, Hans Dieter: *Naturdichtung und Neue Sachlichkeit,* in: Wolfgang Rothe (Hrsg.): *Die deutsche Literatur in der Weimarer Republik,* Stuttgart 1974, S. 359–381.

Schelowsky, Herbert: *Das Erlebnis der Großstadt und seine Gestaltung in der neueren deutschen Lyrik,* Diss. phil., Würzburg 1937.

Scholz, Wilhelm von: *Berlin – der deutsche Kulturmittelpunkt,* in: Herbert Günther: *Hier schreibt Berlin Eine Anthologie von heute,* Berlin 1929, S. 307–314.

Schwachhofer, René: *‚Begeistert von Berlin‘* (Rezension), in: *Börsenblatt für den deutschen Buchhandel,* 120. Jg., Leipzig 1953, Nr. 37, S. 768 f.

Speier, Hans: *Die Bedrohung Berlins. Eine Analyse der Berlin-Krise von 1958 bis heute,* Köln und Berlin 1961.

Speier, Hans-Michael: *Poesie der Metropole* (Nachwort), in: Hans-Michael Speier (Hrsg.): *Berlin! Berlin! Eine Großstadt im Gedicht,* Stuttgart 1987, S. 213–228.

Speier, Hans-Michael: *Im großen Gelausche – Probleme der Celan-Übertragung,* in: *Manna. Zeitschrift für Lyrik,* 3. Jg. (1985), Heft 3, S. 34–39.

Speier, Hans-Michael: *Klassizismus und Widerstand, Zu Friedrich Georg Jüngers Elegie ‚Der Mohn‘,* in: Harald Hartung (Hrsg.): *Gedichte und Interpretatinen,* Bd. 5: *Vom Naturalismus bis zur Jahrhundertmitte,* Stuttgart 1983, S. 323–335.

Spiero, Heinrich: *Das poetische Berlin,* Bd. 1, *Alt-Berlin,* München 1911.

Spiero, Heinrich: *Das poetische Berlin,* Bd. 2, *Neu-Berlin,* München 1912.

Spiero, Heinrich: *Das poetische Berlin,* München 1913.

Stephens, Anthony: *Loerkes ‚Das gelbe Pferd‘: Poesie und Zeit in der imaginierten Stadt,* in: Reinhard Tgahrt: *Oskar Loerke. Marbacher Kolloquium 1984,* Mainz 1986, S. 127–160.

Sternberger, Dolf: *Die Stadt als Urbild. Sieben politische Beiträge,* Frankfurt/M. 1985.

Stieg, Gerald/Witte, Bernd: *Abriß einer Geschichte der deutschen Arbeiterliteratur,* Stuttgart 1973.

Szondi, Peter: *Celan-Studien,* Frankfurt/M. 1972.

Theis, Raimund: *Zur Sprache der «cité» in der Dichtung. Untersuchungen zum Roman und zum Prosagedicht* (Realismusstudien, 1. Teil), Frankfurt/M. 1972.

Trott, Gerhard: *Anthologie-Rezeption in Zeitschriften des 19. Jahrhunderts,* in: Joachim Bark/Dietger Pforte (Hrsg.): *Die deutschsprachige Anthologie,* Bd. 2, *Studien zu ihrer Geschichte und Wirkungsform,* Frankfurt/M. 1969, S. 246–266.

Viering, Jürgen: *Ein Arbeiterlied? Über Richard Dehmels ‚Der Arbeitsmann‘,* in: Harald Hartung (Hrsg): *Gedichte und Interpretationen,* Bd. 5, *Vom Naturalismus bis zur Jahrhundertmitte,* Stuttgart 1983, S. 54–66.

Vietta, Silvio/Kemper, Hans-Georg: *Expressionismus,* Stuttgart, 2. Aufl. 1983.

Wagener, Hans: *Günter Kunert*, in: Klaus Weissenberger (Hrsg.): *Die deutsche Lyrik 1945–1975. Zwischen Botschaft und Spiel*, Düsseldorf 1981, S. 353–365.

Wechsler, Ernst: *Berliner Autoren*, Leipzig 1891.

Weissenberger, Klaus (Hrsg.): *Die deutsche Lyrik 1945–1975. Zwischen Botschaft und Spiel*, Düsseldorf 1981.

Werder, Lutz von: *Anthologie und Öffentliche Bücherei in der modernen Gesellschaft*, in: Joachim Bark/Dietger Pforte (Hrsg.): *Die deutschsprachige Anthologie. Bd. 2: Studien zu ihrer Geschichte und Wirkungsform*, Frankfurt/M. 1969, S. 298–325.

Wittmann, Reinhard G.: *Die Metropole Berlin als literarisches Sujet*, in: Karl Schwarz (Hrsg.): *Die Zukunft der Metropolen: Paris, London, New York, Berlin. Ein Beitrag der Technischen Universität Berlin zur Internationalen Bauausstellung Berlin. Berichtsjahr 1984. Katalog zur Ausstellung*, Band 1: *Aufsätze*, Berlin 1984, S. 339–345.

Wulf, Joseph: *Literatur und Dichtung im Dritten Reich. Eine Dokumentation*, Gütersloh 1963.

Zeidler, Jürgen/Cullen, Michael S.: *Druckgewerbe und Massenpresse*, in: Jochen Boberg u. a. (Hrsg.): *Exzerzierfeld der Moderne. Industriekultur in Berlin im 19. Jahrhundert*, München 1984, S. 372–379.

Zieger, Gottfried: *Berlin 1945 bis zum Viermächte-Abkommen 1971*, in: *Berlin: Berichte zur Lage der Stadt; Architektur, Bildende Künste, Literatur, Museen, Musik, Rechtsstatus, Theater, Wirtschaft, Wissenschaft* (= Pol. Dokumente, Bd. 6), Berlin 1983, S. 11–66.

WISSENSCHAFT UND STADT

COLLOQUIUM VERLAG BERLIN

WISSENSCHAFT UND STADT

Band 8   Waldemar Broser (Herausgeber)
          Chemie an der Freien Universität Berlin
          Eine Dokumentation
          XII, 122 Seiten mit 5 Abbildungen, 4 Diagrammen
          und 2 Tabellen, gebunden

Band 9   Benno Schmoldt (Herausgeber)
          Schule in Berlin – gestern und heute
          XIV, 210 Seiten mit 1 Abbildung und 4 Tafeln,
          gebunden

Band 10   Hans-Michael Speier
          Poesie der Metropole
          Die Berlin-Lyrik von der Gründerzeit bis zur
          Gegenwart im Spiegel ihrer Anthologien
          VIII, 168 Seiten, gebunden

Band 11   Gert-Joachim Glaeßner / Detlef Lehnert / Klaus Sühl
          (Herausgeber)
          Studien zur Arbeiterbewegung und Arbeiterkultur
          in Berlin
          XVIII, 342 Seiten mit 69 Abbildungen und 17 Tabellen,
          gebunden

Band 12   Erik M. Christensen / Hans-Dietrich Loock (Herausgeber)
          Georg Brandes:
          Berlin als deutsche Reichshauptstadt
          Erinnerungen aus den Jahren 1877 bis 1883
          Übersetzt aus dem Dänischen von Peter Urban-Halle
          XVI, 624 Seiten mit 83 Abbildungen,
          gebunden mit Schutzumschlag

COLLOQUIUM VERLAG BERLIN